독일 이데올로기

팡 세 총 서 2

Die Deutsche Ideologie

# 독일 이데올로기

: 포이어바흐, 브루노 바우어, 슈티르너로 대표되는
근대 독일 철학에 대한 비판, 그리고 독일 사회주의와
그 다양한 예언자들에 대한 비판

카를 마르크스 · 프리드리히 엥겔스 지음 ┃ 김대웅 옮김

두레

| 차례 |

# 『독일 이데올로기』의 이해를 위하여

카를 마르크스와 프리드리히 엥겔스의 공동저작 『독일 이데올로기Die Deutsche Ideologie』는 역사적 유물론의 방법 및 그에 따른 인간 사회의 발전사를 처음으로 체계화시킨 역작으로 평가된다. 이 저작이 어떻게 기본적·포괄적 성격을 갖게 되는지는 '제1장 포이어바흐'의 주된 내용을 보면 바로 알 수 있다.

즉, 제1장은 유물론적 시각과 관념론적 시각의 대립을 주제로 삼고 있는데, 그것은 크게 세 부분으로 나뉜다. 즉 '(A) 이데올로기 일반, 특히 독일의 이데올로기, (B) 이데올로기의 현실적 토대, (C) 공산주의, 교류 형태 자체의 생산'으로 되어 있다. 여기서 알 수 있듯이 마르크스와 엥겔스는 당시 독일의 이데올로기에 대한 비판에서 출발하여 이데올로기 일반의 현실적 토대의 규명으로 나아가, 여기서 다시 공산주의 그 자체에 대한 이론 전개에 도달하고 있다.

1932년 처음으로 이 저작이 구판 『마르크스·엥겔스 전집MEGA』의

제1부 제4권(신판 MEGA는 제1부 5권)에 완전한 모습으로 발표되었을 때, 그 편집자 아도라츠키Vladimir Victorovich Adoratskij는 다음과 같이 말했다.

"그것이 쓰어진 지 86년 후에 『독일 이데올로기』라는 제목으로 우리들에 의해 처음으로 (보존되어 있는 상태에서) 완벽히 원문대로 출판된 이 초고는 고도의 이론적, 역사적, 그리고 실천적 가치를 지니고 있다. 마르크스와 엥겔스는 여기서 프롤레타리아트의 전사戰士, 그 당시 성장 과정에 있던 공산당의 지도자, 변증법적 유물론의 옹호자로서 등장한다. 논쟁적인 기술과 더불어 그들은 몇 가지 지식 분야(인식론, 논리학, 역사, 예술, 언어학 등)에 관한 자신들의 적극적인 견해를 서술하고 있다. 그들의 초기 저작 가운데 다른 어느 것을 펼쳐 보아도 이만큼 변증법적 유물론의 기본 문제가 다방면에 그리고 남김없이 조명된 것을 찾아볼 수 없다. 제1장의 '포이어바흐'는 안타깝게도 미완성으로, 마무리되지는 못했지만, 그것은 인간의 경제발전사에 대한 그들의 역사적, 철학적 견해를 최초로 체계화시킨 것이다 이러한 모든 점들로 미루어 볼 때 이 저작은 매우 훌륭한 의의를 지니고 있다."(독일어판 서문, 9쪽)

그러면 다음에서는 『독일 이데올로기』의 성립 과정과 출판 과정 등에 관해서 그 요점만을 간단히 살펴보자.

## 1. 제목과 독일 이데올로기의 대표자들에 대하여

우선 이 초고가 '독일 이데올로기'라는 이름으로 불리게 된 것은 마르크스 자신의 요청에 따른 것이다. 초고는 1845년 늦여름 무렵부터 1846년 가을까지의 기간 동안 집필되었는데, 1847년에 마르크스는 카를 그륀Karl Grün을 반박하는 성명(《도이치·브뤼셀 신문》, 1847년 4월 8일, 28호 및 《트리어 신문Trier'schen Zeitung》, 1847년 4월 9일, 99호에 동시에 게재되었음)에서 이에 대해 언급하고 있다. 여기서 마르크스는 그륀의 『프랑스와 벨기에에서의 사회운동』에 대한 자신의 서평 원고에 대해 다음과 같이 말했다.

> "이 서평은 엥겔스와 내가 공동으로 저술한 『독일 이데올로기』의 부록으로 실렸다."(『마르크스·엥겔스 전집』(구MEGA, 제1부 제6권, 독일어판, 1932, 260쪽)

이처럼 『독일 이데올로기』라는 제목은 저자 자신의 이런 요청에 따라 붙여진 것이 틀림없다. 그러면 일반 독자의 이해를 돕기 위해서 마르크스와 엥겔스가 독일 이데올로기의 전형적인 대표자들로서 거론한 사람들을 간략히 소개해 본다.

### 1) 루트비히 포이어바흐 Ludwig Feuerbach, 1804~72
이 유명한 유물론자에 관해서는 새삼스럽게 소개할 필요가 없다. 젊은 시절의 마르크스와 엥겔스는 한때 열성적인 포이어바흐 학도였다.

루트비히 포이어바흐.

『독일 이데올로기』의 주요 부분은 포이어바흐 철학에 대한 비판을 축으로 해서 전개되고 있으며, 이 전형적인 형이상학적 유물론에 대한 비판이야말로 변증법적 유물론과 사적 유물론의 출발점이었다.

그 과정은 이 책의 부록으로 실린 「포이어바흐에 관한 테제」에서 선명하게 드러나 있다. 포이어바흐에 관한 이 11개의 테제야말로 엥겔스가 "새로운 세계관의 천재적 싹을 틔운 최초의 기록"이라고 감탄했던 바이다. 한편, 잘 알려진 것처럼, 이 독일 유물론자에 대해서는 나중에 엥겔스도 『포이어바흐와 독일 고전철학의 종말』(1888, 소위 『포이어바흐론』)에서 거론하고 있다. 이에 덧붙여 포이어바흐의 저서 중에서도 이 『독일 이데올로기』와 특히 관계가 깊은 것으로는 『기독교의 본질Das Wesen des Christentum』(1841; 개정증보 제2판, 1843), 『미래 철학의 기본명제들Grundsätze der philosophie der Zukunft』(1843), 『철학의 개혁을 위한 예비명제Vorläufige Thesen zur Reformation der Fhilosophie』(1843) 등을 들 수 있다.

2) 브루노 바우어 Bruno Bauer, 1809~82

청년 헤겔학파의 지도자. 처음에는 헤겔 우파에 동조하면서 D. F. 슈트라우스의 『예수의 생애Das leben Jesus』(1835~36)를 맹렬히 비판했으나, 마침내 급진적인 성서 비판가로서 청년 헤겔학파 편을 들었다. 동생인 에드가 바우어Edgar Bauer, 1820~86와 함께 소위 '비판적 비판kritischen kritik'의 입장을 취했다. 그들의 비판이라는 것은 갖가지 정치적 실천을 넘어 현실적 세계를 오직 관조적으로 바라보
려는 태도, 더욱 구체적으로 말하면 노동자계
급을 무비판적인 대중으로 간주하여 높은 곳
에서 내려다보려는 태도에 불과하다.

마르크스와 엥겔스는 이 형제에게 '신성가
족'이라는 별명을 부쳐 그의 저작 『신성가족
혹은 비판적 비판의 비판』(1845)에서 세밀하
고도 통렬한 비판을 퍼부었다. 브루노 바우어

브루노 바우어.

의 저작으로서는 『(공관)3복음사가의 복음사 비판Kritik der evangelischen
Geschichte der Synoptiker』(1841~42), 『발견된 기독교Das entdeckte Christentum
Eine Erinnerung an das achtzehnte Jagrhundert und ein Beitrag zur Krisis des neunzehnte』
(1843), 『루트비히 포이어바흐Ludvig Feuerbach』(《북독일신문Norddeutsche
Blätter》, 1844) 『유대인 문제에 대한 최신 저작Neueste Schriften über die
Judenfrage』(《종합문학신문Allgemeine Literatur − Zeitung》, 1844) 등이 있으며,
에드가 바우어의 저서로서는 『교회 및 국가와의 비판에 대한 논쟁
Der Streit der Kritik mit der Kirche und dem Staat』(1841), 『브루노 바우어와 그의
반대자들Bruno Bauer und seine Gegner』(1842) 등이 있다. 또한 이들 형제
의 공동저작으로는 『혁명 이후 근대사에 대한 회고록Denkwürdigkeiten zur
Geschichte der neueren Zeit Seit der Revolution』(7권, 1843) 등을 들 수 있다.


3) 막스 슈티르너 Max Stirner, 1806~56

본명은 요한 카스파르 슈미트Johann Kaspar Schmidt이며, 역시 청년 헤겔
학파에 속했다. 잠시 여학교 교사를 하다가 후에 저널리스트로 활약

막스 슈티르너.

했다. 그의 저서로 유명한 것은 『유일자와 그 소유Der Einzige und sein Eigentum』(1845)뿐이며, 『독일 이데올로기』 속에는 이 저서에서의 인용문과 그 저서에 대한 참조가 도처에 실려 있다. 그는 포이어바흐와 바우어의 견해를 한층 '급진적'으로 뛰어넘었으며, 이른바 '자아' 위에 놓인 일체의 권위를 부정했다. 즉 신神만이 아니라 인류, 황제, 교황, 조국 등은 모두 소멸될 유령에 지나지 않으며, 모든 이상은 단지 환상에 지나지 않는다고 주장했다. 따라서 슈티르너가 의지한 것은 다만 '개인'·'자아'뿐이며, 그 어떤 것에도 마음의 부담이 가지 않는 이 '유일자'·'고유인'이야말로 참된 '자유인'이라고 주장했다.

"나는 아무런 거리낌이 없다Ich hab' mein' Sach' auf Nichts gestellt"라는 슈티르너의 슬로건에서도 엿볼 수 있듯이, 그의 입장은 철저한 에고이즘(주아주의, 이기주의)인 동시에, 모든 권리(특히 국가)에 의한 지배를 부인하고 있다는 점에서 아나키즘(무정부주의)이라 할 수 있다. 마르크스와 엥겔스는 독일 소시민을 대변해 주는 이데올로그를 '성 막스Sankt Max', '우리의 성자unser Heilige' 혹은 '산초Sancho', '사람 좋은 자크Jacques le bonhomme'라는 별명으로 부르면서 그 학설의 반동적인 성격을 여지없이 폭로했다.

## 4) 독일 사회주의의 예언자들

그 주된 대표자로는 카를 그륀Karl Grün, 1817~87과 모제스 헤스Moses Hess,

1812~75를 들 수 있다.

카를 그륀의 저작으로는 『프랑스와 벨기에 에서의 사회운동Die soziale Bewegung in Frankreich und Belgien Briefe und Studien』(1845), 『정치와 사 회주의Politik und Sozialismus』(《라인연보Rheinische Jagrbücher》, 1845), 『인간적 입장에서 본 괴테 Über Goethe vom menschlichen Standpunkte』(1846), 『현 대에서의 철학·실재론과 관념론Die Philosophie in der Gegenwart Realismus und Idealismus Kritisch und Gemeinfasslich dargestellt』(1876) 등이 있다.

카를 그륀.

모제스 헤스의 저작으로는 『인류성사Die heilige Geschichte der Menschheit』 (1837), 『유럽의 삼두정치Eurapaische Triarchie』(1841), 『최후의 철학자 들Die letzten Philosophen』(1845) 등이 있다. 또한 『신세계 또는 지상에서 의 신의 나라Die neue Welt oder das Reich Gottes Erden Verkundigung』(1845), 『현 실에서의 신의 나라 혹은 조직된 자유Das Reich Gottes in der Wirklichkeit oder die organisierte Freiheit』(1845)의 저자 게오르그 쿨만Georg Kuhlmann, 1812~도 이 파에 속한다. 어쨌든 그들 모두를 대표할 수 있는 '독일 사회주의 deutscher Sozialismus' 또는 '진정 사회주의Wahrer Sozialismus'라는 용어는 이 미 프랑스나 영국에서 널리 퍼져 있던 혁신적 사회주의 사상을 사변 적인 헤겔 철학의 엄숙한 용어로 번역한 것이며, 사회에 대한 과학적 인식을 버리고 추상적 미문으로 현존 사회를 분석한 것에 불과한 것 이다. 그리고 그 자신도 1848년 혁명 후에는 그 모든 혁명의 허울을 벗어던지고 말았다. 이 '독일 사회주의' 또는 '진정 사회주의'에 대해

모제스 헤스.

서는 『독일 이데올로기』의 특별한 몇 장에서 상세히 다루어지고 있다. 그러나 그 밖에도 엥겔스는 이미 「푸리에 상업론 단편」(1845년 집필, 1846년 발표)에서 그에 대해 비판을 가했고, 「운문과 산문에 나타난 독일 사회주의」 (1846년 집필, 1847년 발표) 및 「진정 사회주의자들」(1846년 집필한 유고)에서 그것을 주제로 삼았다(전자는 『마르크스·엥겔스 전집』 제1부, 제4권, 후자 두 편은 제1부, 제6권에 수록). 또한 「공산당 선언」(1848)의 제3장, 『사회주의적 및 공산주의적 문헌』의 '제1절 반동적 사회주의'의 (C)에서도 이 '독일 사회주의' 또는 '진정 사회주의'가 거론되어 있다는 것도 아울러 덧붙여 둔다.

두 사람은 이러한 과정을 거쳐 『독일 이데올로기』에서는, 포이어바흐에서 바우어와 슈티르너를 거쳐 독일 사회주의자들에 이르기까지 당시의 유력한 독일 이데올로그들에 대한 비판 형식을 통해 자신들의 새로운 과학적 사회주의의 방법을 수립해 놓았던 것이다.


## 2. 『독일 이데올로기』의 역사와 그 의미에 대하여

『독일 이데올로기』의 초고가 완전한 형태로 발표되는 때는 1932년이다. 그래서 '완전히'라고는 하지만 그동안 어느 정도의 파손이나 누락이 없을 수는 없을 것이다. 마르크스와 엥겔스는 생전에 몇 번이나 이 초고를 발표하려 했지만 결국 그 기회를 갖지 못하고 세상을 떠났다. 마르크스와 엥겔스가 『독일 이데올로기』를 집필한 것은 브뤼셀에서 살고 있을 때인 1845~46년이었다. 1846년 초여름께에는 초고의 대부분이 완성되었지만 독일에서의 출판 사정이 여의치 못해 출판하지는 못했다(이에 대해서는 1846년 7월 31일 칼 레스케Carl W. Leske와 12월 28일 안넨코프P. W. Annenkoff에게 보낸 마르크스의 편지를 참조). 그들이 살아 있을 때 발표된 것은 그 초고의 일부인 카를 그륀의 『프랑스 및 벨기에에서의 사회운동』에 대한 비판[《베스트팔렌 증기선Westfälische Dampfboot》 (1847)]뿐이다. 그리고 그들 사후에는 보존되어 있던 초고 중 일부분이 극히 단편적이고 불완전한 형태로 발표된 적이 있다.[*] 하지만 이러한 단편들은 충분한 과학적 검토를 거친 후에 발표된 것이 아니다.

마르크스는 초고를 완성한 다음 해인 1847년 『독일 이데올로기』에 대해 언급한 적이 있었다[(1) 참조]. 그로부터 10여 년이 지난 후 마르크스는 또다시 『독일 이데올로기』에 관해 말한다. 즉 『정치경제학 비판』(1859)의 서문에서 마르크스는 다음과 같이 말했다.

"……1845년 봄 엥겔스가 브뤼셀에 정착함으로써, 우리는 사실상 지난날의 철학적 양심을 청산하기 위하여 독일 철학의 이데올로기적 견해에 대한 우리의 견해의 대립을 공동으로 집필하기로 했다. 이 계획은 헤겔 이후의 철학을 비판하는 형태로 이루어졌다. 두 권의 두꺼운 8절판으로 된 초

---

[*] E. Bernstein ed., *Dokumente des Sozialismus*, 1903/1904; Gustav Mayer ed., *Friedrich Engels in seiner Fruhzeit 1820~51*, 1920; D. Ryazanov ed., *Marx—Engels—Archiv*, vol 1, 1928.

고는 오래전에 베스트팔렌에 있는 출판사에 보관 중이었다. 그 후 사정이 달라져 출판이 불가능하다는 통보를 받았다. 그때 우리는 이미 우리의 주 목적 ─ 자기이해 ─ 을 달성했었기 때문에, 아낌없이 '쥐새끼들(헤겔 좌파를 말함 ─ 옮긴이)이 갉아먹도록' 내버려 두었다."

이 서문이 씌어진 지 30여 년이 지난 후, 『포이어바흐와 독일 고전 철학의 종말』(1888)의 서문에서 엥겔스는 다시 한번 이 말을 인용하면 서 다음과 같이 말했다.

"그 이후 40년 이상의 세월이 흘러 마르크스는 죽었고, 우리들 누구에게 도 이 제목으로 되돌아갈 기회는 주어지지 않았다.…… 이 원고(『포이어바 흐와 독일 고전철학의 종말』)를 출판사에 보내기 전에 나는 1845~46년의 해 묵은 원고를 다시 찾아내 훑어보았다. 그중 포이어바흐에 관한 장은 완성 되어 있지 않았다. 이미 완성된 부분은 사적 유물론에 관한 서술이었는데, 그것은 경제사에 대한 당시 우리의 지식이 아직도 얼마나 불완전했던가를 증명해 줄 뿐이었다. 원고에는 포이어바흐 학설 그 자체에 대한 비판은 없 었다. 그 대신에 나는 마르크스의 어떤 낡은 노트에서 포이어바흐에 관한 11개의 테제를 발견했다."

즉 『독일 이데올로기』는 그 출판 사정 때문에 출발 당시부터 애로 사항이 많았고, 불행히도 장구한 세월 동안 빛을 보지 못하고 묵혀 있 었던 것이다.
그러면 이 『독일 이데올로기』는 어떤 의미를 지닌 공동저작이었는지 한번 살펴보자.

이들 두 사람의 공동저작이라는 점에 대해서는 엥겔스가 마르크스의 『쾰른공산당 재판의 폭로』 제2판 서문(1885)에서 그 사정을 밝히고 있다.

"내가 맨체스터에서 좋든 싫든 느끼지 않을 수 없었던 것은 이제까지의 역사 기술에서 아무 역할도 못 했든 혹은 아주 조그만 역할밖에 하지 못했든 경제적 사실이 적어도 근대 세계에서는 역사의 결정적인 힘으로 되고 있다는 사실이다. 즉 경제가 바로 오늘날 계급대립 발생의 기초로 되고 있다는 사실이다. 그리고 이 계급대립이야말로 그것이 대규모 산업을 통해 충분히 발전되고 있는 나라들, 특히 영국에서는 정치적 당파 형성, 당파 투쟁, 따라서 정치사 전반의 기초를 이루고 있다. 마르크스는 단지 그와 동일한 견해에 이르렀을 뿐만 아니라 이미 《독불연보》(1844) 속에서도 그것을 일반화하고 있었다. 그것에 따르면, 일반적으로 국가가 시민사회를 제약하고 규제하는 것이 아니라 시민사회가 국가를 제약하고 규제한다. 따라서 정치와 그 역사는 경제적 관계와 그 발전으로부터 설명되어야 하며 그 역은 성립되지 않는다. 내가 마르크스를 1844년 여름 파리에서 만났을 때, 우리들이 모두 이론적 영역에 걸쳐 완전히 일치한다는 것을 알았다. 그리고 그때부터 우리의 공동작업은 시작되었다. 우리가 1845년 봄에 브뤼셀에서 다시 만났을 때, 마르크스는 지금 위에서 말한 바를 바탕으로 삼아 이미 그의 유물론적 역사이론의 요점을 완전히 전개하고 있었다. 여기서 우리는 이미 얻어진 견해를 갖가지 방향으로 상세하게 정리해 나가기 시작했다."

이렇듯 완전한 공동작업을 통해서 태어난 최초의 성과가 바로『독일 이데올로기』였다. 이 새로운 역사관, 즉 사적 유물론(유물사관)의 발견이 노동자계급의 해방 투쟁에서 얼마나 큰 실천적 의의를 갖는지는 같은 서문 속에서 피력한 엥겔스의 다음과 같은 언급을 통해 분명해질 것이다.

"그런데 이 역사과학을 변혁시키는 발견은…… 당시의 노동자 운동에 직접적으로 중요한 일이었다. 이제는 이미 프랑스 인이나 독일인 사이에 공산주의가 그리고 영국인 사이에 차티즘이 없어도 될 만한 우연적인 것이라고는 생각할 수 없게 되었다. 이들 운동이 근대의 피억압계급, 즉 프롤레타리아트의 운동일 뿐만 아니라 지배계급, 즉 부르주아지에 대한 그들의 역사적·필연적 투쟁의 발전 형태라는 것, 이들 운동이 계급투쟁의 형태를 띠면서도 그 이전의 모든 계급투쟁과는 한 가지 점에서 다르다는 것, 즉 오늘의 피억압계급인 프롤레타리아트는 동시에 전 사회를 계급분열, 따라서 계급투쟁으로부터 해방시키지 않고서는 자기해방을 성취할 수가 없다는 것 등의 사실이 이제야 분명해졌다. 따라서 공산주의는 이제 공상을 빌려서 완전한 사회이상을 꾸며 낼 수가 없게 되었다. 그것은 프롤레타리아트에 의해 수행되는 투쟁의 본성, 조건 및 거기에서 도출되는 일반적 목표를 간파함으로써 달성하게 된다."

"우리들의 책임은 우리들의 견해를 과학적으로 기초 짓는 일이었다. 그러나 마찬가지로 또한 우리에게 중요한 것은 유럽의 그리고 우선 독일의 프롤레타리아트를 우리의 확신할 수 있는 동지로 만드는 일이었다. 우리는 우리 자신의 뒤처리를 마치고 나서야 비로소 일에 착수하기 시작했다."

이미 『독일 이데올로기』에서 수립된 변증법적 유물론과 사적 유물론, 과학적 사회주의, 공산주의의 이론이 갖는 실천적 의의는 이 마지막 몇 줄을 살펴봄으로써 명백해질 것이다.


## 3. 내용 구성에 대하여

마지막으로 『독일 이데올로기』가 전체적으로 어떻게 구성되었는지를 덧붙인다. 마르크스와 엥겔스의 계획에 따르면, 『독일 이데올로기』는 두 권으로 나누어 다음과 같이 구성하려고 했었다.


제1권

(1) 서문[마르크스]

(2) 1. 포이어바흐[전체의 총괄적인 부분을 이루고 있다]

(3) 라이프치히 공회[다음 (4), (5) 두 원고의 서론이 되는 소편]

(4) 2. 성 브루노

(5) 3. 성 막스

(6) 라이프치히 공회의 종말[(5)의 계속편이며, (3)과는 대조를 이루는 소편]


제2권

(1) 진정 사회주의[서설적인 부분을 이루고 있음]

(2) 1. '라인연보' 또는 진정 사회주의의 철학

(3) 4. 카를 그륀, 『프랑스와 벨기에에서의 사회운동』(다름슈다트, 1845년) 혹은 '진정 사회주의'의 역사 기술[(2), (3) 사이에 있었던 초고 두 편은 상실되었다]

(4) 5. 홀스타인의 닥터 게오르그 쿨만 또는 '진정 사회주의'의 예언자들


이 책의 번역 대본은 *Karl Marx/Friedrich Engels Werke* Bd. 3(Dietz Verlag Berlin, 1969)이며, *The German Ideology*(Progress Publishers, Moscow, 1976)를 참조하였다. 물론 독일어판과 영어판은 체제가 약간 다르다. 그것은 영어판 출간 취지에서도 나와 있듯이, 프로그레스 출판사는 되도록 초고에 가깝도록 편집을 하기 위해서 '제1장 포이어바흐'의 내용을 나름대로 재배열하고 있다고 한다. 하지만 여기서는 MEW판을 대본으로 삼았기 때문에 모든 체계는 MEW판을 따랐으며, MEW판에 없는 영어판 편집자 주는 필요한 경우에만 옮긴이 주로 처리했다. 여기서는 제1권의 2편까지만 완역했으며, 제2권에서는 "진정 사회주의" 부문만 번역하였음을 밝혀 둔다. 부록으로 실린 6편의 논문들은 MEW판에 원래 수록된 것들이다.

역자가 나름대로 위와 같은 발췌 번역을 택한 까닭은 부록을 제외하고도 무려 530쪽이나 되는 본문 전체를 옮긴다는 게 부담스럽기 때문이기도 했다. 하지만 그보다도 이론적으로 가장 중요한 부문, 즉 사적 유물론의 기본 사상을 체계적으로 전개시킨 '제1장 포이어바흐: 유물론적 관점과 관념론적 관점의 대립'을 이해하는 것이야말로 『독일 이데올로기』를 이해하는 관건이라고 생각했던 게 더 큰 이유였다. 영

국의 런던 킹스칼리지 교수인 알렉스 캘리니코스A. Callinicos도 자신의
저서 『마르크스의 사상』에서 "제1장을 제외한 나머지는 대부분 마르
크스와 청년 헤겔주의자들 간의 애매모호한 말다툼으로 채워져 있어
안 읽어도 된다"라는 말을 남기기도 했다.

　물론 역자는 이 부분조차도 이해하기 어려웠던 게 사실이다. 그 어
려움은 저자들이 구사하고 있는 역사적·경제사적 지식을 역자가 이
해하기 힘들었기 때문만은 아니었다. 당시 독일의 특수한 정치적·사
상적 상황이 서술의 배경을 이루고 있었기 때문에 어려움을 더욱 가
중시켰던 것이다. 그럼에도 역자는 25년 전 원전을 보급한다는 사명
감으로 무모하게 번역 작업을 착수했었다. 하지만 25년여가 지난 지
금 독자층도 바뀌었으니 교정본을 내자는 출판사의 요청에 따라 번역
의 문체나 용어를 다시 손질하고, 본문에 등장하는 인물과 사건 등에
대한 참고 자료들을 덧붙여 다시 선보이게 되었다.

　마침 신MEGA판의 전권 번역이 착수되었다는 소식이 들려 무척이
나 반가웠다. 그때까지만 이 번역본이 생명을 다해도 역자로서는 무
한한 영광으로 생각할 것이다. 끝으로 교정본을 타이핑해 준 지연희
씨에게 다시 한번 고마움을 전하고 싶다.

2015년 7월
김대웅

# MEW 제3권 서문

『마르크스·엥겔스 저작집Marx-Engels Werke』 제3권은 1845년 봄에 집필된 마르크스의 「포이어바흐에 관한 테제Thesen über Feuerbach」, 그리고 과학적 사회주의의 창시자들인 마르크스와 엥겔스의 공동대작으로서 1845~46년에 완성된 『독일 이데올로기Die Deutsche Ideologie』로 구성되어 있다.

제3권에 수록된 이 저작들은 과학적 공산주의의 성립기에 해당하고, 마르크스주의 당의 철학 및 이론적 기초를 형성하는 데 하나의 중요한 단계를 이루고 있다. 이 저작들은 마르크스와 엥겔스의 최초로 완전히 성숙된 저술의 출발점이었다.

엥겔스는 「공산주의자 동맹의 역사에 관하여Zur Geschichte des Bundes der Kommunisten」에서 마르크스와 엥겔스가 이 시기에 자신들의 과제로 삼았던 바를 다음과 같이 표현하고 있다.

"우리 두 사람은 이미 정치운동에 깊이 관여하고 있었고, 식자층, 특히 서부 독일에서 어느 정도의 지지 기반을 갖고 있었으며, 조직된 프롤레타리아트와 광범한 접촉을 하고 있었다. 우리는 우리의 견해를 과학적인 토대 위에 세워야 할 의무가 있었지만, 아울러 유럽의 프롤레타리아트, 우선 독일의 프롤레타리아트에게 우리의 신념을 납득시키는 것도 중요했다."

마르크스와 엥겔스의 새로운 혁명적 세계관이 완성됨으로써 부르주아 및 프티부르주아적 이데올로기에 대한 투쟁 속에서 노동자 대중으로 향하는 길이 펼쳐졌다. 마르크스와 엥겔스는 비판의 예봉을 무엇보다도 헤겔의 객관적 관념론과 청년 헤겔학파의 주관적 관념론에 두면서 유물론적 세계관을 완성하였다. 관념론과의 투쟁 속에서 마르크스와 엥겔스는 포이어바흐가 내세운 유물론 철학의 본질적 핵심을 옹호함과 동시에, 포이어바흐의 유물론의 일관성 결여, 한계, 형이상학적 성격을 철저하게 들추어냈다. 마르크스와 엥겔스는 그들의 새로운 세계관으로 변증법과 유물론을 단일하고 불가분한 전체로서 결합시켰으며, 이를 통하여 하나의 질적으로 새로운 유물론, 곧 변증법적 유물론의 초석을 마련했던 것이다.

이 책은 포이어바흐에 관한 마르크스의 테제에서부터 시작한다. 엥겔스는 그의 저작 『루트비히 포이어바흐와 독일 고전철학의 종말 Ludwig Feuerbach und der Ausgang der klassischen deutschen Philosophie』(1888)의 서문에서 이 테제의 의의를 특징지으면서 "그것은 새로운 세계관의 천재적인 싹을 틔운 최초의 기록으로서, 그 가치는 헤아릴 수 없는 것이다"라고 썼다.

마르크스는 「포이어바흐에 관한 테제」에서 포이어바흐와 이전의 모든 유물론의 근본적인 결함, 즉 그 수동적이고 직관적인passiv anschauenden 성격, 인간의 혁명적이고, 실천적·비판적인 활동에 대한 이해의 부재를 지적하고 있다. 마르크스는 세계를 인식하고 개조하기 위한 혁명적·실천적 활동의 결정적 의의를 강조한다. 이 점에서 특히 중요한 것은 "철학자들은 세계를 단지 여러 가지로 **해석**해 왔을 뿐이다. 그러나 중요한 것은 세계를 **변혁**시키는 것이다"라는 제11테제이다. 이 테제 속에는 마르크스주의 철학과 그 이전의 모든 철학—마르크스 이전의 유물론을 포함하여—의 근본적인 차이가 간결하게 서술되어 있으며, 더구나 마르크스와 엥겔스에 의해 수립된 이론의 능동적이고 개조적인 성격, 그 이론과 혁명적 실천의 불가분의 결합이 명료하게 표현되어 있다.

마르크스는 인간을 추상적이고 비역사적으로 고찰하는 포이어바흐에 대립하여 인간성이란 사실상 '사회적 관계들의 총체ensemble der gesellschaftlichen Verhältnisse'라는 테제를 제기한다. 이렇게 해서 마르크스는 유물론을 인간 사회에 대한 이해로까지 확장시켰다.

엥겔스의 말에 따르면, 마르크스가 「포이어바흐에 관한 테제」를 썼을 즈음에는 이미 그의 유물론적 역사이론의 전개를 대략 마무리했다고 한다. 마르크스가 뒤에 회상한 바에 따르면, 1845년 봄 엥겔스가 브뤼셀에 도착했을 때, 그들은 함께 그들의 견해를 다듬어 완성하기로 결심했다. 그리고 그러한 작업을 그들은 헤겔 이후의 독일 철학에 대한 비판이라는 방식으로 수행하였다. 마르크스와 엥겔스의 이러한 공동작업의 성과가 대작 『독일 이데올로기』였다. 그러나 그들은 이 저작을 출간하지는 못했다. 마르크스는 뒤에 자신의 저작 『정치경제학 비판을 위하여Zur Kritik der Politischen Ökonomie』의 서문에 이렇게 썼다.

"우리는 자기이해Selbstverständigung라는 중요한 목적을 달성했기 때문에 그 초고를 쥐새끼들의 유치한 비판nagenden Kritik der Mause에 내맡겨 버렸다."

『독일 이데올로기』는 특히 풍부한 사상이 담긴 저작이다. 이 포괄적인 저작에는 마르크스와 엥겔스가 당시 자연과 사회의 발전법칙에 대한 하나의 참된 과학을 창조함으로써 이룩하고자 했던 위대한 혁명적 변혁이 분명히 표명되어 있다.

『독일 이데올로기』의 가장 중요한 성과는 사적 유물론의 완성으로, 그 기본적 명제들은 이 저작의 제1장에서 처음으로 상세하게 서술되었다.

마르크스와 엥겔스는 『독일 이데올로기』에서 인간의 사회적 존재가 그의 사회적 의식을 규정한다는 명제를 제시하고, 그 근거를 밝히고 있다. 그들은 인간의 전全 사회생활에서 생산양식이 갖는 결정적 역할을 제시한다. 『독일 이데올로기』에서는 생산력과 생산관계의 가장 보편적이고 객관적인 발전법칙이 처음으로 규명되었다. 이 저작은 경제적 사회구성체Ökonomischen Gesellschaftsformation라는 극히 중요한 개념을 이미 담고 있으며, 역사적으로 시기마다 나타나는 구성체들의 기본적인 특성들을 간결하게 분석한다. 그렇지만 마르크스와 엥겔스에 의해 완성된 이론의 몇 가지 기초 개념들을 밝히기 위해서 『독일 이데올로기』에서 사용되었던 용어들은, 이후 그들 자신에 의해서 그러한 새로운 개념들의 내용을 더욱 정확하게 나타내는 다른 용어들로 바뀌었다. 즉 '생산관계Produkfionsverhältnisse'라는 개념은 여기에서는 '교류 형태Verkehrsform', '교류 관계Verkehrsverhältnisse'라는 용어로 표현되고, '소유 형태Form des Eigentums'라는 용어는 사실상 경제적 사회구성체라는 개념을 포괄하게 되었다.

마르크스와 엥겔스는 사회 발전의 객관적 법칙을 분석하면서, 정치 및 이데올로기적 상부구조는 궁극적으로 역사 발전상 각각의 단계에 존재하는 경제적 관계에 의해 규정된다는 사실을 밝히고 있다. 『독일 이데올로기』에서는 경제적 지배계급의 권력 유지를 위한 도구로서의 국가가 맡고 있는 역할이 폭로되고 있다. 마르크스와 엥겔스는 계급 투쟁과 혁명을 역사 발전의 원동력으로 보았다.

『독일 이데올로기』에서는 마르크스주의의 가장 중요한 테제 중 하나인 프롤레타리아트의 세계사적 역할에 관한 테제가 더욱 포괄적이고 학문적인 기초를 부여받았다. 이 저작에서 마르크스와 엥겔스는 처음으로 프롤레타리아트에 의한 정치권력의 쟁취라는 과제를 제시하고 있다.

"…… 지배를 추구하는 각 계급은 설령 그 계급의 지배가 프롤레타리아트의 경우에서처럼 낡은 사회형태 전체와 지배 일반의 폐지를 낳은 경우라 할지라도 먼저 정치권력을 쟁취해야만 한다."

이 테제 안에는 이미 프롤레타리아트 독재에 관한 교리의 맹아가 자리 잡고 있다. 이러한 결론을 내리면서 마르크스와 엥겔스는 프롤레타리아 혁명의 주요한 경제 · 정치 · 이데올로기적 전제, 그리고 이 혁명이 이전의 다른 모든 혁명들과 근본적으로 구별되는 점을 대략적으로 특징짓고 있다. 이러한 구별의 특징은 무엇보다도 이전의 모든 혁명이 착취의 한 형태가 다른 형태로 대체되었던 것에 불과하지만, 프롤레타리아 혁명은 일체의 착취를 폐지한다는 데 있다. 프롤레타리아 혁명은 궁극적으로 어떠한 계급이건, 모든 계급지배를 계급 그 자체와 함께 폐지한다. 마르크스와 엥겔스는 공산주의 혁명의 중대한 역사적 역할을 밝히면서 이렇게 쓰고 있다.

> "**지배하는** 계급이 어떤 다른 방법으로도 타도될 수 없기 때문에 혁명이 필요할 뿐만 아니라 타도하는 계급Stürzende Klasse은 오직 혁명을 통해서만 모든 낡은 오물들을 말끔히 씻어 내고, 새로운 사회의 기초를 세울 수 있는 역량을 갖출 수 있기 때문이기도 하다."

마르크스와 엥겔스는 『독일 이데올로기』에서 경제적 관계들의 연구를 특별하게 취급한 것은 아니지만, 그런데도 이 저작에서는 마르크스주의 정치경제학에서 아주 중요한 일련의 기초적인 테제들Ausgangsthesen이 정식화되고 있다. 마르크스 자신이 말한 바에 따르면, 이 저작은 "이제까지의 독일의 학문과는 정면으로 대립되는 경제학의 입장에서 대중들을" 준비시키고자 한 것이다.

변증법적 · 사적 유물론을 완성하면서 마르크스와 엥겔스는 단지 철학과 역사관에서의 근본적인 변혁을 수행했을 뿐만 아니라, 또한 정치경제학에 하나의 참된 과학적 연구방법도 부여했던 것이다.

『독일 이데올로기』는 경제적 법칙과 범주들의 객관적 성격에 대한 분명하고도 정확하게 이해하도록 해 준다. 마르크스와 엥겔스는 부르주아 사회의 경제적 법칙과 범주들을 영구불변한 것으로 간주했던 부르주아 경제학자들과는 반대로, 그것들 가운데서 역사적으로 한정된 그리고 일시적인 사회관계의 이론적 반영을 간파한다.

"지대나 이윤 등등, 사적 소유의 현존 양식은 일정한 생산단계에 대응하는 **사회적 관계들**이다."

마르크스와 엥겔스는 마르크스주의 정치경제학에서 극히 중요한 경제적 사회구성체의 개념을 처음으로 제시하였으며, 『독일 이데올로기』에서 여러 역사 발전 단계에 따라 "노동의 재료, 도구 및 생산물에 관한 개인들 상호 간의 관계"가 변한다는 것, 또한 소유의 역사적 형태들—마르크스와 엥겔스가 이 당시에 사용했던 용어에 따르면, 부족 소유Stammeigentum, 고대적, 봉건적 및 부르주아적 소유—이 서로 교체되었다는 것을 밝히고 있다. 마르크스와 엥겔스는 이 소유 형태들 간의 차별을 보여 줌과 동시에, 사회 발전의 연속성Kontinuierlichkeit도 규명하고 있다. 그런데 이 연속성을 새로운 세대가 그 이전의 모든 세대들로부터 물려받은 생산력을 떠넘겨 주었다는 것을 의미한다.

마르크스와 엥겔스는 일정한 생산관계(교류 형태)의 총체가 그 시기에 현존하는 생산력을 토대로 성립하고, 그 생산력의 성격에 조응하며, 또 그 생산력의 발전 조건을 이루지만, 뒤에는 생산력의 발전에 질곡이 되고 그것과 모순되기에 이른다는 것을 보여 주고 있다. 이 모순은 "질곡으로 작용했던 이전의 교류 형태를 대신하여 하나의 새로운 교류 형태로, 더욱 발달한 생산력에 적합한 교류 형태로 교체됨으로써" 해결된다. 마르크스와 엥겔스는 "역사상의 모든 충돌은 그 원인이 생산력과 교류 형태 간의 모순에 있다"는 것, 그래서 이 모순은 "그때마다 혁명에 의해 작렬"되지 않을 수 없다는 것을 지적하고 있다. 이렇게 해서 마르크스와 엥겔스에 의해 발견된 법칙, 즉 생산관계가 생산력의 성격에 반드시 조응한다는 경제적 법칙이 이미 확고한 고전적 명제로 정식화되었으며, 마침내 마르크스의 저작 『정치경제학 비판』에서 찾아볼 수 있게 되었다.

마르크스와 엥겔스는 이러한 법칙을 자본주의의 분석에 적용하고 있다. 이들은 자본주의 사회를 하나의 객관적이고 필연적인 교류 형태인 동시에 역사적으로 당연히 소멸되어야 할 교류 형태로 보고 있다. 마르크스와 엥겔스는 생산력 발전의 특정 단계에서 생산수단의 사적 소유가 생산력을 구속하는 질곡으로 작용하고 있기 때문에, 이 질곡은 반드시 공산주의 혁명에 의해 극복되어야 한다는 점을 명확히 하고 있다.

『독일 이데올로기』에서는 장차 도래할 공산주의 사회에 대한 약간의 기본적 특징들이 예시되고 있다. 이 사회의 본질적 특징은, 마르크스와 엥겔스의 견해에 따르면, 공산주의 사회에서는 인간이 객관적 경제법칙을 의식적으로 이용함으로써 생산, 교환 및 그들 자신의 사회관계를 지배한다는 것이다. 인간 개개인은 공산주의 사회에서 비로소 자신의 모든 능력과 소질을 충분하고도 전면적으로 발휘할 가능성을 얻는다고 한다.

『독일 이데올로기』는 사회과학에 커다란 의미를 부여하는 심오한 사상을 포함하고 있다. 예를 들면, 여기에는 마르크스주의 언어학의 기초적 명제들이 간결하게 서술되고 있다. 마르크스와 엥겔스는 『독일 이데올로기』에서 언어의 성립과 발전이 물질적 사회생활, 그리고 인간의 노동과정과 밀접히 결부되어 있다는 것을 분명히 밝히고 있다. 그들은 언어와 인간적 사유가 불가분의 일체를 이룬다는 것을 강조하고, "사유의 직접적 현실성은 언어이며, **언어는** 실천적…… 현실적 의식이다"라는 매우 중요한 테제를 세우고 있다.

『독일 이데올로기』에서 마르크스와 엥겔스는 청년 헤겔학파의 미학적 견해를 비판하고, 마르크스주의 미학의 일련의 기초적 명제들을 세우고 있다. 예술과 예술가의 창조적 정신은 역사적 발전의 각각의 구체적 단계에서 사회의 경제적 및 정치적 생활에 의존하고 있다는 것을 명확히 했던 것이다.

마르크스와 엥겔스는 인간의 사유·정신적 욕구·관심·기호·감정 등의 본질과 역할을 명확히 하고, 그들의 변화와 발전의 결정적 원인이 사회의 물질적 생활에 있다는 사실을 보여 줌으로써 마르크스주의적인 변증법적·유물론적 심리학의 토대를 구축하고 있다.

『독일 이데올로기』에서 완성된 마르크스주의 이론은 그 이전의 철학적·사회정치적 및 경제학적 사유에 대한 비판적 분석과 밀접히 연관되어 있다.

또한 철학사의 영역에서 마르크스와 엥겔스의 간결하고 내용이 매우 풍부한 언급은 커다란 의의를 갖는다. 그들의 언급에는 고대 그리스의 유물론 철학 및 그 후 각 시대의 사상가들이 피력했던 견해에 대한 중요한 평가가 포함되어 있다. 『독일 이데올로기』는 부르주아 사회의 여러 대변자들이 피력하고 있는 철학적 견해들을 철저하게 비판하고 있다.

변증법적·사적 유물론의 입장에 서 있는 마르크스와 엥겔스는 프랑스와 영국의 공상적 사회주의와 공산주의에 대해 비판적 분석을 가하고 있다.

『독일 이데올로기』에는 영국 및 프랑스의 부르주아 경제학의 역사에 대한 일련의 간결한 개설을 담고 있다.

그들에 의해 완성된 새로운 세계관의 기본 명제들로부터 출발해서 마르크스와 엥겔스는 그들이 이미 『신성가족』에서 시작하고 있었던 청년 헤겔학파 브루노 바우어의 견해에 대한 비판을 『독일 이데올로기』에서 완수하고 있다. 과학적 공산주의의 창시자들은 무정부주의 이데올로그의 최초의 한 사람이자 청년 헤겔학파인 막스 슈티르너의 철학적·경제학적·사회학적 입장이 갖고 있는 부르주아적·반동적 본질을 폭로했다. 바우어와 슈티르너를 비판하면서 마르크스와 엥겔스는 청년 헤겔학파의 철학 전체 및 헤겔 철학과 관념론 철학 일반도 비판했다.

『독일 이데올로기』에서는 독일의 '진정' 사회주의자들의 소시민적 입장의 반동적 본질이 폭로되고 있다. 그들은 '보편적 인간애'라는 소시민적·감상적 선전으로 계급화합Klassenfriedens의 관념을 보급시키고자 했다. 이러한 선전은 혁명 전야의 독일에서 특히 해로운 것이었다. 독일에서는 절대주의와 봉건적 관계들에 대항하는 인민의 민주주의적 세력 전체의 투쟁이 격화되고 있으며, 동시에 프롤레타리아트와 부르주아지의 대립도 더욱 첨예하게 나타나고 있었기 때문이다. 또한 마르크스와 엥겔스는 '진정 사회주의자'들의 민주주의와 다른 민족에 대한 교만한 태도에 대해서도 맹렬히 비판하고 있다.

　마르크스와 엥겔스가 살아 있을 때에는 『독일 이데올로기』의 제2권 제4장만 간행되었을 뿐이다. 더구나 엥겔스 사후에는 『독일 이데올로기』의 초고가 독일 사회민주당의 기회주의적 지도자들의 수중에 들어가는 바람에 오랫동안 빛을 보지 못했다. 이 저작의 전체는 1932년에야 비로소 '마르크스-엥겔스-레닌연구소'에 의해 독일어로, 1933년에는 러시아 어로 간행되었다.

소비에트연방공산당 중앙위원회 부설<br>
마르크스-레닌주의 연구소

# 일러두기

이 책(MEW판 제3권)은 소비에트연방공산당 중앙위원회 부설 마르크스-레닌주의 연구소에서 간행된 러시아 어 판본과 완전히 일치하지는 않는다. 본문에 실린 「포이어바흐에 관한 테제」는 마르크스가 1844~47년의 메모록에 쓴 것 그대로이며, 이것에 대해 1888년 엥겔스가 표현을 수정한 것은 부록으로 실려 있다. 부록에는 이 밖에도 마르크스와 엥겔스가 1845~46년 사이에 남긴 메모들 가운데 몇 개가 더 실려 있다. 우리는 엥겔스의 노작 「진정 사회주의자들Die Wahren Sozialisten」이 독일어판 제4권에 실려야 적절하다고 생각한다. 왜냐하면 이 노작은 제4권에 실린 다른 저작들과 유기적으로 연결되기 때문이다.

본문은 원본과 대조해서 교열했으며, 마르크스와 엥겔스가 인용한 구절들도 우리가 원본을 구할 수 있는 한 원본과 대조했다. 각각의 저작에 대해서는 원래 인쇄되어 실린 출처를 표시했다.

마르크스와 엥겔스가 인용한 구절은 식별이 가능하도록 작은 활자로 실었다. 외국어 인용구와 본문에 나오는 외국어는 각주로 처리했다(옮긴이 주는 가능한 한 본문 속에 삽입시켰다—옮긴이).

맞춤법과 부호 표기는 가능한 한 현대식으로 표기했다. 의문이 가는 경우에는 표기방식을 원본에 따랐다. 독일어판 단어의 모음 표기는 수정하지 않고 원문에 따랐으며(예를 들면 'ae → ä'로 바꾸지 않았다—옮긴이), 괄호 속에 묶은 단어들은 편집자가 그렇게 한 것이다. 그리고 오늘날 거의 사용하지 않는 약어들은 특별히 표시하지 않고 그 원문을 표기했으며, 분명한 오자는 교정을 보았다.

마르크스와 엥겔스의 각주는 별표(•) 표기로 구별했으며(또한 방주는 '마르크스의 방주', '엥겔스의 방주' 등으로 표시했다—옮긴이), 편집자의 각주는 일련번호로 표기했다[여기에서는 옮긴이 나름대로 필요한 부문만 별표(•) 표기를 하고 각주에서 '편집자 주'로 처리했다—옮긴이].

설명이 필요한 부분은 그 부분에 숫자를 표시하여 후주로 실었다. 그 밖의 인명 색인, 문헌 색인, 외국어 단어에 대한 설명을 덧붙였다(여기에서는 생략함—옮긴이).

독일 통일사회당 중앙위원회 부설
마르크스-레닌주의 연구소

# 포이어바흐에 관한 테제[1]

카를 마르크스

## 1.

이제까지의 모든 유물론(포이어바흐의 것을 포함하여)의 주된 결함은 대상, 현실Wirklichkeit, 감성Sinnlichkeit이 단지 **객체 또는 직관**Anschauung의 형식하에서만 파악되고, **감성적인 인간의 활동, 즉 실천**으로서, 주체로서 파악되지 못한 점이다. 따라서 **활동적** 측면은 유물론과 대립되는 관념론─이것은 물론 현실적이고 감성적인 활동 그 자체는 알지 못한다─에 의해 추상적으로 전개되었다. 포이어바흐는─사유 객체와는 현실적으로 구별되는─감성적 객체를 원했다. 그러나 그는 인간 활동 자체를 **대상적** 활동으로는 파악하지 못했다. 따라서 그는 『기독교의 본질Wesen des Christentums』에서 오직 이론적인 태도만을 참된 인간적 태도로 보고, 반면에 실천은 단지 저 불결한 유대적 현상형태 속에서만 파악하고 고정시켰다. 따라서 그는 '혁명적인', '실천적 · 비판적인' 활동의 의미를 이해하지 못했다.

## 2.

인간의 사유가 객관적 진리를 포착할 수 있는지 여부의 문제는 결코 이론적인 문제가 아니라 **실천적인** 문제이다. 인간은 실천을 통해 진리를, 즉 그의 사유의 현실성과 위력 및 현세성Diesseitigkeit을 증명해야만 한다. 사유가 현실적이냐 비현실적이냐 하는 문제를 놓고 벌이는 ―이 사유가 실천으로부터 유리되어 있다면 ― 논쟁은 순전히 **공리공론적인**scholastische 것에 불과하다.

## 3.

환경의 변화와 교육에 관한 유물론적인 학설은 환경이 인간에 의해 변화되고 교육자 자신이 교육받아야만 한다는 사실을 잊고 있다. 따라서 이 학설은 사회를 두 부문 ― 그중 한 부분은 다른 부분보다 더 우월하게 된다 ― 으로 나눌 수밖에 없다.

환경의 변화와 인간의 활동 또는 자기변화의 일치는 오직 **혁명적 실천**으로서만 파악될 수 있으며, 또 합리적으로 이해될 수 있다.

## 4.

포이어바흐는 종교적 자기소외selbstentfremdung라는 사실, 즉 세계가 종교적 세계와 현실적 세계로 이원화된다는 사실로부터 출발한다. 그는 종교적 세계를 그 세속적 기초 안에서 해소하려고 노력한다. 그러나 세속적 기초가 그 자신으로부터 이탈하여 구름 속에서 하나의 자립적 영역으로 고착된다는 사실은 이 세속적 기초의 자기분열 및 자기모순에 의해서만 설명될 수 있다. 따라서 이 세속적 기초 그 자체는 우선 그 모순 속에서 이해되어야 하며, 다음에는 이 모순을 제거함으로써 실천적으로 변혁되어야 한다. 따라서 예컨대 지상가족이 신성가족heilige Familie의 비밀임이 폭로된 이상은 이제 지상가족 자체가 이론적 및 실천적으로 전복되어야 한다.

5.

포이어바흐는 **추상적 사유**에 만족하지 않고 직관에 호소한다. 하지만 그는 감성을 **실천적인** 인간의 감성적 활동으로서는 파악하지 못했다.

6.

포이어바흐는 종교의 본질을 **인간의** 본질 안에서 해소시킨다. 그러나 인간적 본질은 어떤 개개인에 내재하는 추상이 아니다. 그것은 현실적으로 사회적 관계들의 총체Ensemble이다.

이렇듯 현실적 본질에 대한 비판으로 들어서지 못한 포이어바흐는 불가피하게, 1. 역사의 진행으로부터 인간적 본질을 간과하고 종교적 심성Gemüt 그 자체로서für sich 고정시키며, 따라서 하나의 추상적인―**고립된**―개인을 전제로 삼지 않을 수 없었다. 2. 따라서 인간의 본질은 단지 '유Gattung'로서만, 다수의 개인들을 **자연적으로** 결합시켜주는, 내적이고 침묵을 지키는 보편성으로서만 파악될 수 있을 뿐이다.

7.

따라서 포이어바흐는 '종교적 심성' 그 자체가 하나의 사회적 산물이라는 것을, 그리고 그가 분석한 추상적 개인이 사실은 일정한 사회형

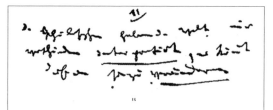

Die Philosophen haben die Welt nur verschieden *interpretirt*,
es kommt drauf an sie zu *verändern*.

태에 속해 있다는 것을 보지 못했다.

### 8.

모든 사회적 생활은 본질적으로는 **실천적**이다. 이론을 신비주의 Mystizism(us)로 유도하는 모든 신비는 인간의 실천 속에서, 그리고 이러한 실천의 개념적 파악 속에서 그 합리적 해결책을 찾아낸다.

### 9.

직관적 유물론, 즉 감성을 실천적 활동으로서 파악하지 않는 유물론이 얻을 수 있는 최고의 것은 시민사회 내에서의 개별적 인간에 대한 직관이다.

### 10.

구태의연한 유물론의 입지점은 시민사회이며, 새로운 유물론의 입지점은 인간적 사회 또는 연합적 인류die vergesellschaftete Menschheit이다.

11.

지금까지 철학자들은 단지 세계를 여러 가지로 **해석**해 왔을 뿐이지만,
중요한 것은 그것을 **변혁**시키는 일이다.

1845년 봄에
마르크스-엥겔스-레닌 연구소
모스크바, 1932년 간행본에 따름

# 제1권

포이어바흐, 브루노 바우어, 슈티르너로 대표되는
근대 독일 철학에 대한 비판[2]

# 서문

사람들은 지금까지 항상 자신들이 무엇이며 무엇이어야만 하는가에
대해 잘못된 관념을 형성해 왔다. 사람들은 신이나 정상적 인간 등에
대한 자신들의 관념에다 자신들의 관계를 합치시켜 왔다. 인간 두뇌
의 산물들은 벌써 인간들이 만만하게 다룰 수 없는 것으로 변해 버렸
다. 그 창조자인 인간들은 자신들이 창조한 피조물 앞에 굴복해 왔다.
어떤 사람*은 이제부터 인간을 짓누르는 멍에들, 즉 망상과 이성과 도
그마와 비실재적 존재들로부터 인간을 해방시키자고, 이러한 사상의
지배에 대한 반란을 일으키자고 말한다. 또 어떤 사람**은 이러한 환상
들을 인간의 본질에 상응하는 관념으로 바꾸도록 가르치자고 말한다.

---

* 포이어바흐—옮긴이.
** 브루노 바우어—옮긴이.

또 어떤 사람은 이것들에 대해 비판적인 태도를 취하도록 가르치자고 말하며, 또 어떤 사람*은 이러한 환상들을 인간의 머릿속에서 지워 버릴 수 있도록 가르치자고 말한다―그러면 존재하는 현실은 무너지리라.

이렇듯 순진하고 유치한 환상들이 최근에 청년 헤겔학파 철학의 핵심을 이루고 있으며, 이 철학은 독일에서 일반 대중들에게 공포와 경외와 더불어 받아들여지고 있을 뿐만 아니라, **철학적 영웅들**philosophischen Heroen에 의해 몸소 세계를 전복시킬 듯한 위험과, 그리고 범죄성을 띤 무분별함에 대한 엄숙한 의식도 함께 제시되고 있다. 이 책 제1권의 목적은, 자신들을 늑대로 여기고 있고 또 그렇게 여겨지고 있는 이 양 떼들의 가면을 벗겨 내 이들이 독일 부르주아 계급의 환상들을 단지 철학적 형태로 흉내 내며 짖어 대는 것에 불과하다는 사실을 폭로하고, 또 이 철학 분석가들의 허풍들이 단지 독일의 현 상태가 비참하다는 사실을 반영하고 있음을 보여 주는 데 있다. 또한 이 책의 목적은 꿈속을 헤매다 정신이 혼미해진 독일 민중들에게 이들이 확언하고 있는 현실의 그림자에 맞선 철학적 투쟁을 조롱하고 모욕하려는 것이다.

옛날에 어떤 용감한 친구는 사람들이 물에 빠지는 이유는 무게라는 관념Gedanken der Schwere에 사로잡혀 있기 때문이라고 생각했었다. 만일 인간이 이러한 관념을 머릿속에서 지워 버린다면, 그러면서 이러한 관념을 미신이나 종교적 관념에 불과하다고 공언한다면, 인간은 물에 대한 어떤 공포로부터도 초연할 수 있을 것이다. 무게의 해로운 결과

---

* 막스 슈티르너―옮긴이.

들에 대해 그에게 새롭고도 다양한 증거들을 제공해 주었던 바로 그
무게에 대한 환상에 대항하여, 그는 일생 동안 투쟁해 왔다. 이 용감한
친구야말로 독일의 새로운 혁명적 철학자의 유행이라 할 수 있을 것
이다.*

---

\* [초고에서는 삭제됨]. 독일 관념론은 다른 민족들의 이데올로기와 특별한 차이점이 없다.
또한 이것은 세계를 이념에 의해 지배되는 것으로 간주하고, 이념과 개념을 결정적 영향
을 미치는 원리로 간주하며, 특정한 사상들을 철학자들에게 접근할 수 있는 물질적 세계
의 신비로 간주한다.
　헤겔은 실증적 관념론(positiven Idealismus)을 완성시켰다. 그는 단지 물질세계 전체를
하나의 사상세계로 바꾸거나, 역사 전체를 사상의 역사로 바꾼 것은 아니였다. 헤겔은 사
상적 실체를 기록하는 데 만족하지 않고, 한 걸음 나아가 생산활동을 서술하고자 시도하
였다.
　자신들의 환상세계(Traumwelt)로부터 깨우친 독일의 철학자들은 이 사상세계에 저항
했고, 이 사상세계에다 현실적이고 생동감 넘치는 표상을 (……) 독일의 철학적 비판가
들은 모두 이념·표상·개념이 지금까지 인간들을 지배·규정해 왔고, 현실적 세계(die
wirkliche Welt)는 이념적 세계(ideellen Welt)의 산물이라고 주장했다. 이러한 상황이 지금까
지도 전개되고 있다. 그러나 이것은 반드시 달라져야만 한다. 자신들이 생각하기에 자신
들 고유의 고정된 사상의 힘 아래서 탄식하는 인간 세계를 구원하는 방식에 따라 서로
구별된다. 하지만 이러한 사상의 지배를 신봉하는 점에서는 서로 일치하며, 자신들의 비
판적 사고행위가 현존하는 것들을 파괴시켜야만 한다는 신념에서도 서로 일치한다. 또한
자신들의 고립된 사고행위를 충분한 것으로 간주하거나 또는 보편적 의식을 획득하려는
점에서도 서로 일치한다.
　실재적 세계(die reelle Welt)가 이념적 세계의 산물이라는 믿음, 이념의 세계 (……)
　독일의 철학자들은 헤겔의 사상체계를 잘못 보고, 지금까지 자신들이 생각해 온 바대
로, 즉 **헤겔의 환영**(Illusion Hegels)에 따라서 실제의 세계를 생산·규정·지배하는 사고
들·이념들·표상들에 대항하였다. 이들은 대항하였고 소멸해 버렸다. (……)
　헤겔의 체계에 따르면 이념·사상·개념들은 인간의 현실적 삶·물질적 세계·실제적
관계들을 생산·규정·지배한다. 헤겔에 대해 반란을 일으킨 제자들이 오히려 이것들을
헤겔로부터 취했다. (……)

마르크스가 손으로 쓴 『독일 이데올로기』 초고 첫 장.

# Ⅰ. 포이어바흐: 유물론적 관점과 관념론적 관점의 대립

## 머리글

독일의 이데올로그들의 말대로, 독일은 최근 수년 동안에 일찍이 그 유례를 찾아볼 수 없을 정도로 대변혁을 겪었다. 슈트라우스Strauß로부터 시작된 헤겔 체계의 분해 과정은 일대 세계적인 소요로까지 발전했고, '과거의 강자들Machte der Vergangenheit'이 모두 이 와중에 휩쓸려 들어갔다. 이 같은 전반적인 혼돈 속에서 강력한 왕국들이 세워졌다가 곧 멸망해 버렸고, 영웅들이 순간적으로 출현했다가 다시 더 용감하고 강력한 경쟁자들에 의해 암흑 속으로 내동댕이쳐졌다. 그것은 프랑스혁명을 어린애 장난처럼 보이게 할 정도의 혁명이었고, 디아도코이Diadochen[3]의 전쟁조차도 하찮게 보이게 할 정도의 세계적인 투쟁이었다. 온갖 원리들은 상호 배척했으며, 사상적 영웅들은 전례 없이 빠른 속도로 상호 격돌했다. 그리고 1842년부터 1845년까지의 3년 동안에 독일에서는, 다른 시대 같으면 3세기가 걸렸을 일보다 더 많은 일들이 한꺼번에 일소되었다.

이 모든 일들이 순수한 사상의 영역 속에서 일어났다.

이것은 확실히 하나의 흥미로운 사실, 곧 절대정신의 부패 과정이다. 절대정신이라는 생명의 마지막 불꽃이 꺼진 뒤, 이 잔해殘骸, caputmortuum*의 여러 성분들이 분해하기 시작해 새로운 화합물을 만들고 새로운 물질을 형성했다. 이제까지 절대정신을 착취하며 살아 왔던 철학기업가들die philosophischen Industriellen은 이제 그 새로운 화합물에 몰두했다. 그들은 저마다에게 할당된 몫을 최대한 열심히 내다 팔았다. 이것은 경쟁을 일으키지 않을 수 없었다. 처음에는 경쟁이 제법 시민적이고도 건실하게 이루어졌다. 하지만 나중에 독일의 시장이 공급과잉 상태에 놓이고, 온갖 노력에도 상품이 세계 시장에서도 잘 팔리지 않자, 장사는 뻔한 독일 식으로, 즉 대량생산 및 모조품 생산, 품질의 열악화, 원료의 조악성, 상표의 위조, 허위거래, 어음의 부도, 그리고 아무런 실제적 기반도 갖지 못한 신용제도 등의 방식에 의해 타락해 갔다. 경쟁은 치열한 투쟁으로 전화되었는데, 그것이 오늘날에는 우리에게 세계사적인 대격변으로서, 가장 위대한 성과와 수확의 산출자로서 찬양되고 날조되고 있는 실정이다.

지긋한 독일 시민의 가슴에조차 애국심을 불러일으켰던 이러한 철

---

* 글자 그대로 '죽은 머리'를 말하는데, 화학에서는 증류 후에 남은 찌꺼기를 말한다. 여기서도 찌꺼기, 나머지의 뜻으로 쓰임 — 편집자.

학적 허풍쟁이들을 올바로 평가하기 위해서는, 그리고 청년 헤겔학파 운동 전체의 왜소성과 지역적 편협성, 특히 이 영웅들의 현실적인 업적들과 이 업적들에 대한 환상 사이의 희비극적인 대조를 명확히 하기 위해서는, 일단 독일을 벗어난 관점에 서서 그러한 광경을 전반적으로 조망해 보지 않으면 안 된다.*

## A. 이데올로기 일반, 특히 독일의 이데올로기

독일에서의 비판은 최근의 노작들Efforts에 이르기까지 결코 '철학'이라는 지반을 벗어나지 못했다. 그 비판은 자신의 보편적·철학적 전제

---

* [초고에서는 삭제됨]. 그러므로 우리는 이 운동 개개 대표자를 개별적으로 비판하기에 앞서 약간의 일반적 고찰을 더 해 보기로 한다. [이러한 고찰들은 후에 계속되는 개별적 비판들을 이해하고 기초를 잡아 주는 데 필요한 범위 내에서 우리 비판의 입장을 명확히 하는 것으로 충분할 것이다. 우리는 이러한 고찰들과 포이어바흐를 직접 대조한다. 왜냐하면 그는 적어도 어느 정도 진보적인 유일한 사람이며, 사람들이 그의 주제들을 훌륭한 신앙으로서(de bonne foi) 받아들일 수 있는 유일한 사람이기 때문이다.]*

　이들 중 어떤 고찰들은 그들 모두에게 공통된 이데올로기적 전제들을 더욱 상세히 밝혀내는 것이 될 것이다.

　■ [ ]안의 글은 초고에서 줄을 그어 삭제시킨 부분이다―편집자.

　1. 이데올로기 일반, 특히 독일 철학

　우리는 단지 하나의 유일한 과학인 역사학을 알 뿐이다. 역사는 두 가지 측면으로, 즉 자연의 역사와 인간의 역사로 나누어 고찰할 수 있다. 그러나 양 측면은 분리될 수 없다. 인간이 존재하는 한, 자연의 역사와 인간의 역사는 상호 제약한다. 자연의 역사 소위 자연과학은 여기에서 우리와 관련이 없다. 우리는 인간의 역사를 문제로 삼는다. 왜냐하면 모든 이데올로기는 이 역사에 대한 왜곡된 이해이거나, 아니면 역사에 대한 완전한 추상화 작업일 뿐이기 때문이다. 이데올로기 그 자체는 역사의 측면들 가운데 하나일 뿐이다.

들을 검토해 보지도 않았으며, 그 모든 문제들은 특정한 철학 체계, 즉 헤겔 체계의 지반에서 성장한 것일 뿐이다. 문제에 대한 대답뿐만 아니라 이미 문제 그 자체에도 신비화가 자리 잡고 있다. 이러한 헤겔에 대한 의존이야말로 최근의 비판가들이 헤겔을 극복했다고 누누이 강조하면서도 그 어느 누구도 헤겔 체계에 대한 포괄적인 비판을 시도조차 하지 못했다는 근거가 된다. 헤겔에 대한 논박 그리고 그들 상호 간의 논쟁은 각자가 끄집어내고, 이것을 전 체계에, 그리고 다른 사람이 채택한 측면에 대립시키는 데 한정되어 있다. 처음에 그들은 '실체'나 '자기의식'과 같은 변조되지 않은 순수한 헤겔적 범주를 취했으나, 나중에는 이러한 범주들에 류類, Gattung, 유일자Einzige, 인간Mensh 등과 같은 세속적인 이름들을 붙임으로써 그것들을 속류화했다.

슈트라우스에서 슈티르너에 이르는 독일의 철학적 비판은 모두 **종교적** 표상의 비판에 한정되어 있다.[*] 사람들은 현실의 종교와 본래의 신학에서부터 출발했다. 종교적 의식意識이나 종교적 표상이 무엇인가 하는 것은 그 뒤의 계속된 과정 속에서 여러 가지로 규정되었다. 발전이 있었다면 그것은 지배적인 형이상학적, 정치적, 법적, 도덕적 그리고 그 밖의 표상들을 종교적 또는 신학적 표상들의 영역으로 포섭하고, 마찬가지로 정치적, 법적, 도덕적 의식을 종교적 또는 신학적 의식이라고 선언한 데 있었으며, 또한 정치적, 법적, 도덕적 인간, 결국

---

[*] [초고에서는 삭제됨]. (그래서 이 비판은 자신이야말로—편집자) 악의 구렁텅이에 빠져 있는 세계의 절대적 구원자라고 주장하고 나섰다. 종교는 이 철학자들의 정신이 조성해 놓은 모든 상황의 궁극적 원인이자 불구대천의 원수로 간주되어 다루어졌다.

'인간이라는 것den Menschen'을 종교적으로 선언한 데 있었다. (현실에 대한—편집자) 종교의 지배가 전제되어 있었다. 일체의 지배관계는 점차 종교적 관계라고 차례차례 선언되었으며, 이윽고 그것은 숭배로, 곧 법률에 대한 숭배나 국가에 대한 숭배 등으로 바뀌어 버렸다. 어디서나 교리와 교리에 대한 신앙만이 문제가 되었다. 세계의 성역화 범위가 점점 더 확대되어, 마침내 저 귀하신 성 막스Sankt Max는 세계를 성스러운 것이라고 선언함으로써 세계를 단번에 정리할 수 있게 되었다.

노장 헤겔학파는 모든 것들이 헤겔의 논리적 범주로 환원되기만 하면, **개념적으로 파악**해 버렸다. 청년 헤겔학파는 모든 것을 종교적 표상이라고 몰아붙이거나 신학적인 것이라고 선언함으로써 그것을 **비판해 버렸다**. 청년 헤겔학파 역시 현실 세계가 종교와 개념과 보편자의 지배를 받는다고 믿는 점에서는 노장 헤겔학파와 일치한다. 다만 한쪽은 이러한 지배를 침탈侵奪, Usurpation이라고 공격하는 데 반해, 다른 한쪽은 그것을 정당한 것이라고 찬양하는 점이 다를 뿐이다.

이처럼 청년 헤겔학파는 표상과 사상과 개념이, 즉 그들이 독립시켜 준 의식의 산물 일반이 인간 본래의 질곡으로 되고 있다고 보기 때문에, 노장 헤겔학파가 그것들을 인간 사회의 참된 관계로 설명하는 것과 마찬가지로 투쟁해야 할 대상 역시 오로지 그러한 의식의 환상일 뿐이라고 여긴다. 그들(청년 헤겔학파)의 망상에 따르면, 인간의 관계들, 모든 활동과 충동들 그리고 인간의 질곡과 한계들은 곧 인간의 의식이 만들어 낸 산물이다. 따라서 (청년 헤겔학파는 그 당연한 귀결로 인간의 현재의 의식을 인간적이거나 비판적인 또는 이기적인 의식으로 바꾸어야 한다는 도덕적 요청을, 그럼으로써 자신의 한계를 극복하라는 도덕적 요청을 인간에게 부여한다) 의식을 변화시키라는 이러한 요청은 현존하는 것을 다른 것으로 해석하라는, 즉 그것을 다른 해석에 의해 승인하라는 요구와 다름없다. 청년 헤겔학파의 이데올로그들은 그들이 말하는 '세계를 뒤흔드는'이라는 문구에도 불구하고 최고의 보수주의자들이다. 그들 중 가장 나이 젊은 축들이 자신들은 '문구'에 대해서만 싸운다고 주장하는 것이야말로 자신들의 활동에 대한 정확한 표현이라 할 수 있다. 그들은 단지 이러한 문구들에 대해 오직 문구로써만 대치<sup>對置</sup>했을 뿐이며, 오직 이 세계의 문구만을 공격했지 결코 현실적으로 존재하는 세계를 공격하지 못했다는 점을 잊고 있었던 것이다. 이 철학적 비판이 가져온 유일한 성과가 있다면, 그것은 기독교에 대한 몇 가지 단면적인 종교사적 해명뿐이다. 그 밖의 모든 주장들은 이 사소한 해명을 가지고 마치 세계사적 발견이나 한 것처럼 떠드는 것에, 자기들의 권리 주장을 윤색한 것에 지나지 않는다.

이 철학자들은 독일 철학과 독일 현실과의 관련에 대해서, 또 그들의 비판과 그들 자신의 물질적 환경과의 관련에 대해서 아무도 문제삼지 않았다.


\* \* \* \* \*


우리가 출발점으로 삼는 전제는 자의적인 것도, 도그마도 아니다. 그것은 오직 상상 속에서만 도외시될 수 있는 현실적인 전제이다. 그것은 현실의 개인들 및 그들의 행위이며, 또한 이미 존재하는 것과 그들의 행위를 통해 산출된 것을 비롯한 그들 생활의 물질적 조건이다. 따라서 이러한 전제들은 순전히 경험적인 방법을 통해서만 확인될 수 있을 뿐이다.

모든 인간 역사의 제1의 전제는 물론 살아 있는 개인들의 실존Existenz이다.* 그러므로 가장 먼저 확인되어야 할 사실은 이러한 개인들의 신체적 조직이며, 이 신체적 조직에 따라 맺어진 나머지 자연과의 관계이다. 물론 우리는 여기서 인간의 신체적 소질 자체 또는 인간이 직면하고 있는 자연조건들, 예컨대 지질학적, 지리적, 기상학적 그리고 그 밖의 상태들까지 신경을 쓸 수는 없다.** 모든 역사 기술은 이러한 자연적 기초로부터, 또 역사의 진행 속에서 인간의 행동을 통해 이러한 기초가 변경된다는 사실로부터 출발해야 한다.

인간은 의식에 의해서, 종교에 의해서 그리고 의욕意慾하는 것에 의해서 동물과 구별될 수 있다. 인간은 자신의 생활수단을 **생산하기** 시작하면서부터 자신을 동물과 구별하기 시작한다. 그리고 생활수단의 생산은 인간의 신체적 조직에 의해 조건지어지는 하나의 조치ein Schritt이다. 그러면서 인간은 간접적으로 자신의 물질적 생활 자체를 생산해 낸다.

인간이 자신의 생활수단을 생산하는 양식은 무엇보다도 기존의 생

---

* [초고에서는 삭제됨]. 개인을 동물과 비교해 주는 최초의 **역사적** 행위는 바로 사고한다는 점이 아니라 **자신들의 생활도구를 생산하기** 시작했다는 점이다.
** [초고에서는 삭제됨]. 이러한 관계는 그러나 단지 원천적이고 자연발생적인 인간의 유기체, 말하자면 인종적 차이뿐만 아니라, 지금까지의 이들의 지속적인 발전 또는 비발전을 설정하는 것이 필요하다.

활수단과 또한 재생산해야 하는 생활수단의 성질에 달려 있다. 이러한 생산양식은 단순히 개인들의 육체적 생존의 재생산이란 측면에서만 고찰되어서는 안 된다. 오히려 그것은 이러한 개인들의 일정한 활동방식이고, 자신의 삶을 표현하는 일정한 방법이며, 일정한 **생활양식**이다. 개인들은 각자 자신의 삶을 표현하는 방식에 따라 존재한다. 따라서 그들이 어떤 존재인가 하는 것은 그들의 생산과, 다시 말해서 그들이 **무엇**was을 생산하는가, 그리고 **어떻게**wie 생산하는가와 일치한다. 그러므로 개인이 어떤 존재인가 하는 것은 자신의 생산에 부여된 물질적 조건에 달려 있다.

이 생산은 비로소 **인구의 증가**와 더불어 나타난다. 그것은 또한 개인들의 상호 교류Verkehr를 전제로 한다. 이러한 교류의 형태는 다시 생산에 따라서 조건이 주어진다.[4]

여러 국가들 간의 상호관계는 그들이 자신들의 생산력, 분업 내부 교류를 얼마나 발전시켰는가에 달려 있다. 이 원칙은 보편적으로 인정받고 있는 것이다. 그리고 한 국가의 다른 국가에 대한 관계뿐만 아니라 이 국가 자체의 전반적인 내부 구성까지도 자신들의 생산의 발전 단계와 내부 및 외부 교류의 발전 단계에 따라 규정된다. 한 국가의 생산력이 얼마나 발전했는지는 분업의 발전 정도에 따라 가장 명백히 드러난다. 각각의 모든 새로운 생산력은 그것이 기존 생산력의 단순한 양적인 확대(예컨대, 경작지의 개간)가 아닌 한 새로운 분업이 형성된다.

한 국가 내에서의 분업은 우선 농업노동으로부터 산업·상업노동을 분리시키고, 그에 따라 **도시**와 **농촌**이 분리되고 양자의 이해가 대립하게 된다. 이 분업이 더욱 발전되면 산업노동으로부터 상업노동이 분리된다. 동시에 이들 각 분야에서 진행되는 분업화에 의해서 특정 노동에 함께 종사하는 개인들 사이에서도 여러 가지 구분이 나타난다. 이 구분들 상호 간의 지위는 농업, 산업, 상업노동의 운영방식 Betriebsweise(가부장제, 노예제, 신분제, 계급제)에 따라서 규정된다. 교류가 더욱 빈번해질 경우에는 서로 다른 국가들 상호 간의 관계에서도 똑같은 상태가 발생한다.

분업의 발전 단계가 다양해지면 소유의 형태도 그만큼 다양해진다. 다시 말해서 분업이 그때그때 도달한 단계들은 노동의 재료, 도구 및 생산물과 관련된 개인들 상호 간의 관계까지도 규정한다.

소유의 최초의 형태는 부족 소유Stammeigentum이다.[5] 그것은 생산의 미발전 단계에 대응하는 것이다. 이 단계에서 부족은 수렵 및 어로에 의해서, 목축에 의해서 또는 가장 발전된 경우인 농경에 의존해 생활했다. 이 가장 발전된 상태(농경)의 부족 소유는 대규모의 미개간지를 전제로 했다. 이 단계에서 분업은 극히 미미하게 발전되었고, 가족 내에 주어진 자연발생적 분업의 확장에 한정되었다. 그러므로 사회적 분절체gesellschaftliche Gliederung는 가족의 확장 형태에 지나지 않았다. 곧 가부장적 부족장, 그 아래 있는 부족 구성원, 그리고 마지막으로 노예가 그 사회의 분절이었다. 가족제도 내에 잠재해 있던 노예제는 인구와 욕구의 증가 및 전쟁과 교역 양자를 포함한 외적 교류의 확장에 따라 점차적으로 발전한다.

제2의 형태는 고대적 공동 소유 및 국가 소유이다. 이것은 계약 또는 정복에 의해서 몇몇 부족들이 하나의 **도시**로 통합되면서 출현했고, 거기에는 여전히 노예제가 존속했었다. 공민Staatsbürger은 자신들의 공동체 내에서만 노동노예를 지배할 권한을 가졌는데, 바로 이런 이유에서 그들은 이미 공동 소유 형태에 속박되어 있는 것이나 다름 없었다. 공동 소유는 노예들과 대립적 상태에 있으면서, 이러한 자연발생적 연합방식에 머물 수밖에 없었던 유권공민有權公民, der aktiven Staatsbürger들의 공동체적 성격을 띤 사적 소유에 불과했다. 따라서 여기에 기초를 둔 사회적 분절체와 그 부족의 세력은 부동산의 사적 소유가 발전함에 따라 붕괴하고 말았다. 분업은 더욱 발전해 버렸다. 우리는 이미 도시와 농촌의 대립, 그리고 도시 내에서의 산업과 해상무역 사이의 대립을 보았다. 시민과 노예 사이의 계급관계가 완벽하게 형성된 것이다.

이런 식의 전반적인 역사 파악은 정복이라는 사실과 모순되는 것처럼 보인다. 사람들은 이제까지 폭력, 전쟁, 약탈, 강도, 살인 등을 역사의 추동력으로 간주해 왔다. 논의를 핵심으로만 국한할 때, 우리는 이에 대한 가장 두드러진frappanteste* 예를 제시할 수 있다. 야만 민족에 의한 고대 문명의 붕괴와 그에 뒤이어 새로이 시작하는 하나의 새로운 사회적 분절체의 형성이 바로 그것이다(로마와 야만족들, 중세와 갈리아 족, 동로마 제국과 터키 족). 정복자인 야만족들의 경우에는 그 자체가 이미 시사한 바처럼 하나의 합법적 교류 형태인데, 이것은 그들에게 유일하게 가능했던 전래의 미숙한 생산양식에 인구의 증가에 따라 요

---

* MEGA: frappante — 편집자.

구된 새로운 생산수단의 필요성이 제기될수록 더욱 신속하게 진행되었다. 이와 반대로 이탈리아에서는 토지 소유의 집적(이것은 매점과 부채뿐만 아니라 상속에 의해서도 일어났다. 그것은 음란한 풍속이 번성하고 결혼이 드물어짐에 따라 옛 가문들이 점차 단절되고 그 토지 소유가 소수에게 집중되었기 때문이다)과 토지의 방목지로의 전화(이것은 아직까지도 작용하는 통상적인 경제적 원안뿐만 아니라 약탈 및 공납 곡물의 수입 및 이에 따른 이탈리아산 곡물의 소비 감소 때문에 이루어졌다)로 인해 자유인은 거의 소멸되었고, 노예도 차례로 죽어갔으므로 새로운 노예들이 보충되어야만 했다. 노예제는 모든 생산의 토대로 존재하고 있었다. 자유인과 노예 사이에 위치했던 평민은 결코 룸펜 프롤레타리아트를 벗어나지 못했다. 일반적으로 로마는 결코 도시 이상을 넘어서지 못했고, 각 속주들과는 단지 정치적인 유대 관계를 맺는 데 그치고 말았다. 이러한 관계는 물론 정치적인 사건들에 의해 언제든지 붕괴될 수 있는 것이었다.

사적 소유가 발전함에 따라서 우리는 여기서 단지 그 규모만 확대되었을 뿐, 근대적인 사적 소유 내에서 발견하게 되는 것과 똑같은 관계를 처음으로 발견하게 된다. 그 가운데 하나로서 사유재산의 집적 Konzentration을 들 수 있다. 사유재산의 집적은 로마에서는 아주 일찍부터 시작해서(리키니우스의 경지법 Licinische Ackergesetz[6]이 그 증거이다), 내전 이래 그리고 황제시대에 급속도로 진행되었다. 또 다른 하나도 사유재산의 집적과 관련된 것인데, 평민 신분의 소농이 프롤레타리아트로 전락하는 것을 들 수 있다. 하지만 이러한 현상은 재산을 소유한 시민과 무산노예 사이의 중간이라는 그들의 지위 때문에 어떠한 독자적인 전개를 보이지 않았다.

제3의 형태는 봉건적 또는 신분적 소유feudale oder ständische Eigentum이
다. 고대가 **도시**와 그 작은 영토들로부터 출발했다면, 중세는 **농촌**에서
부터 출발했다. 광대한 대지 위에 산재한 상태에서 사람들이 살고 있
었고, 또 정복자들이 이주해 왔음에도 인구가 크게 증가하지 않았다
는 사실이야말로 고대와는 달라진 중세 출발기의 전제 조건이다. 그
러므로 봉건제적 발전은 그리스나 로마와는 대조적으로 야만족의 로
마 정복과, 처음에는 그것에 수반된 농업의 확장 및 더욱 광활한 대
지 위에서 시작되었다. 붕괴하는 로마 제국의 마지막 몇 세기 그리고
야만족에 의한 로마 정복은 생산력을 상당 부분 파괴시켰다. 그에 따
라 농업은 침체되었고 산업은 판매부족으로 쇠퇴했으며, 사업은 소
멸하거나 치명적으로 붕괴됨으로써 농촌과 도시 모두 인구가 감소했
다. 기존의 관계와 이에 따라 조건지어진 정복지의 조직 방식은 게르
만 병제germanischen Heerverfassung의 영향하에서 봉건적 소유를 발전시켰
다. 봉건적 소유도 공동 소유와 마찬가지로 하나의 공동체를 기초로
하고 있지만 고대와는 달리 노예제가 아니라 예농적 소농민die leibeigene
Kleinen Bauern을 직접적인 생산계급으로 내세웠다. 봉건제의 완전한 형
성과 동시에 도시와 다시 대립하게 되었다. 토지 소유의 위계구조 그
리고 그것과 관련된 무장가신단bewaffneten Gefolgschaften은 귀족에게 농
노에 대한 권한을 부여해 주었다. 이러한 봉건적 조직은 고대의 공동
소유와 마찬가지로 피지배 생산계급에 맞서는 하나의 연합조직이었
다. 결국 여러 가지 생산조건들 때문에 단지 연합조직의 형태와 직접
적인 생산자에 대한 관계만이 변화했을 따름이다.

이러한 토지 소유의 봉건적 구조에 상응하여 **도시** 내에서 조합적 소유Korporative Eigentum, 곧 봉건적 수공업 조직이 생겨났다. 여기서 재산은 주로 각 개인의 노동을 토대로 구성되어 있다. 약탈 귀족의 연합에 대항할 연합조직의 필요성, 산업자가 동시에 상인이었던 시대의 공동 시장의 필요성, 번창한 도시로 몰려드는 탈출농노들 사이에 심화되는 경쟁, 국토 전체의 봉건적 편제 등이 **동업조합**Zunfte을 발생시켰다. 개별 수공업자들의 수효가 안정되자 직인-도제 관계가 발전하면서 도시에서도 농촌과 같은 위계질서가 성립되었다.

　이렇게 해서 봉건시대의 주요한 소유 형태는 한편으로는 토지에 속박된 농노노동에 의한 토지 소유와 다른 한편으로는 장인노동을 규제하는 소자본의 예속노동이다. 양자의 구성은 편협한 생산관계—소규모의 조야한 토지 경작과 수공업적 산업—에 의해서 규정되어 있었다. 분업은 봉건제도의 전성기에는 거의 발견되지 않는다. 모든 농촌은 도시와 농촌의 대립을 내재적으로 갖고 있었다. 물론 신분 분화는 아주 첨예하게 나타났지만, 농촌에서의 영주Fürsten, 귀족Adel, 승려Geistlichkeit, 농민Bauern의 구별과 도시에서의 장인Meistern, 직인Gesellen, 도제Lehrlingen 그리고 좀 뒤에 여기에 덧붙여지는 날품팔이 천민Taglöhnerpöbel의 구별 외에는 별로 중요한 구분이 없었다. 농업에서의 분업은 삼포식 경작 때문에 어려웠고, 이와 병행하여 농민 자영의 가내공업Hausindustrie이 발생했다. 산업에서 개별수공업einzelnen handwerken 내의 분화는 오래된 도시들에서는 일찍부터 존재했지만, 새로 생긴 도시들에서는 훨씬 늦게, 곧 도시들이 상호 간에 관계를 갖게 되면서부터 비로소 발전했다.

더욱 큰 영토를 봉건왕국feudalen königreichen으로 통합시키는 것은 지주귀족뿐 아니라 도시의 입장에서도 필요한 것이었다. 그러므로 지배계급, 곧 귀족의 조직은 어디서나 그 정점에 한 사람의 군주를 두고 있었다.

따라서 다음과 같은 사실이 명백해진다. 즉 일정한 방식으로 생산활동을 하는 특정 개인들은 특정의 사회적·정치적 관계들과 연관되어 있다. 경험적 관찰은 각각의 개별적 경우에서조차 사회적·정치적 분절Gliederung과 생산의 연관을 경험적으로, 그리고 신비화나 사변 없이 보여 주어야만 한다. 사회적 분절과 국가는 항상 특정한 개인들의 생활 과정에서 비롯된다. 그러나 여기 이 개인들은 자신의 또는 타인의 표상 안에서 현상하는 바의 개인이 아니라, 그가 **현실적으로** 존재하는 바의 개인이다. 즉 그들은 활동하고 물질적으로 생산하는 개인이다. 그러므로 그들은 자신의 의지로부터 독립된 일정한 물질적 제약, 전제, 조건 아래서 활동하는 개인이다.*

이념, 표상, 의식의 생산은 우선 인간의 물질적 활동과 물질적 교류

---

* [초고에서는 삭제됨]. 이 개체들을 만들어 내는 표상은 개체와 자연의 관계 혹은 개체 서로 간의 관계 혹은 개체 자신의 특성에 관한 표상이다. 이 모든 경우에서 현실적으로든 환상적으로든 표명(Ausdruck)의 표상은 그 자신의 현실적 관계이자 활동이며, 그 자신의 생산, 그 자신의 교류, 그 자신의 사회적·정치적 유기체라는 사실이 명확해진다. 그에 대립되는 예외는 인간이 현실적, 물질적으로 조건이 주어지는 개체들의 정신 외부에 분리되어 있는 정신을 전제로 할 때만 가능하다. 이러한 개체들의 현실적 관계들에 대한 의식적 표명이 환상적이고, 또 그들이 자신들의 표상 속에서 자신의 현실을 전도시킨다면, 다시금 자신의 편협한 물질적 활동방식과 그로부터 비롯되는 자신의 편협한 사회적 관계들로 귀결될 것이다.

및 현실적 생활의 언어와 직접적으로 연관되어 있다. 인간의 표상, 사유, 정신적 교류는 아직 그의 물질적인 행동의 직접적인 발현으로서 나타난다. 한 국민의 정치, 법률, 도덕, 종교, 형이상학 등의 언어 속에 표현된 정신적 산물에 대해서도 동일한 사실이 적용된다. 인간은 그들의 표상, 관념 등의 생산자이지만, 그는 생산력과 그에 상응하는 교류의 일정한 발전에 의해 조건지어진 그대로 현실적으로 활동한다. 의식das bewußtsein은 의식된 존재das bewußte Sein 이외의 그 어떤 것도 아니며, 인간의 존재는 그의 현실적 삶의 과정이다. 만약 전체 이데올로기 속에서 인간과 그들의 관계가 사진기의 어둠상자Camera Obscura에서처럼 전도되어 나타난다면, 마치 망막 위의 전도된 영상이 망막의 직접적인 육체적 구조에서 생겨나는 것처럼 이러한 현상은 인간의 역사적 생활 과정 때문에 생겨나는 것이다.

하늘에서 땅으로 내려오는 독일 철학과는 정반대로 우리는 땅에서 하늘로 올라간다. 즉 우리는 인간이 말하고 상상하고 관념화시킨 것으로부터 출발하거나 또는 말해지고, 상상되고 표상된 인간으로부터 출발하여 그로부터 육체를 가진 인간에게 도달하려는 것이 아니다. 오히려 우리는 현실적으로 활동하는 인간으로부터 출발하며, 또한 그의 현실적인 생활 과정 속에서 이 생활 과정의 이데올로기적 반영과 반향der ideologischen Reflexe und Echos을 서술하려고 한다. 인간의 두뇌 안에서 형성된 환영들도 마찬가지로 인간이 물질적으로나 경험적으로 확인할 수 있으며, 물질적인 전제들에 연결된 생활 과정의 필연적인 승화물이라 할 수 있다. 그러므로 도덕, 종교, 형이상학 그리고 그 밖의 이데올로기 및 그에 상응하는 의식 형태들은 더 이상 자립성의 가상Schein을 갖지 못한다.

그것들은 아무런 역사도 갖고 있지 않으며, 아무런 발전도 없다. 오히려 자신의 물질적 생산과 물질적 교류를 발전시키는 인간이 자기의 현실과 함께 자기의 사고와 그 사고의 산물을 변화시키는 것이다. 의식이 삶을 규정하는 것이 아니라, 삶이 의식을 규정한다. 첫 번째 고찰방식에서는 인간을 살아 있는 개인의 의식이라는 관점에서부터 출발하지만, 현실 생활에 대응하는 두 번째 고찰방식에서는 현실 속의 살아 있는 개인 자체에서부터 출발하며, 의식을 단지 그러한 개인들의 의식으로서만 고찰하고 있다.

이러한 고찰방식이 무전제적인 것은 아니다. 그것은 현실의 전제에서 출발하여 잠시도 그것을 버리지 않는다. 그 전제들은 어떤 환상적이고 완결되고 고정화된 인간이 아니다. 특정한 조건 아래에서 현실적이고 경험적으로 관찰될 수 있는 발전과 정상적인 인간이 바로 그 전제들이다. 이러한 '활동적인 생활 과정'이 드러나기만 하면, 역사는 추상적 경험론자들[7]에게 나타나는 상상된 주체의 상상된 행위가 아니게 된다.

그러므로 사변이 멈추는 곳, 즉 현실적인 생활에서 실제적이고 긍정적인 과학, 인간의 실천적 활동 및 실천적 발전 과정에 대한 기술記述이 시작된다. 의식에 관한 공론이 사라지고 실제적인 지식이 이것을 대신해야 한다. 자립적인 철학은 현실의 서술과 더불어 자신의 실질적인 존재의 매개물을 상실한다. 단지 인간의 역사적 발전 과정에 대한 고찰로부터 추상될 수 있는 가장 일반적인 결론들의 총체만이 그것을 대신할 수 있을 뿐이다. 이 추상들은 그 자체로서는, 다시 말해서 현실적인 역할로부터 분리되면 아무런 가치도 갖지 못한다. 추상들은 역사적 자료를 쉽게 정돈하고, 그 각각의 배열 순서를 암시하는 데만 사용될 수 있을 뿐이다. 그러나 철학과 마찬가지로 추상도 결코 역사 상의 시대가 정돈될 수 있는 방법이나 틀을 마련해 줄 수 있는 것이 아 니다. 그와 반대로 오히려 어려운 점은 역사자료들―그것이 과거의 것이든 현재의 것이든―을 고찰하고 정리할 때 그리고 그것의 현실 적인 서술에 착수할 때 비로소 나타난다. 이러한 어려움은 여러 가지 전제들을 해결함으로써 해소될 수 있다. 그러한 전제들은 여기서 확 실하게 제시될 수는 없으며, 현실적인 생활 과정과 각 시대의 개인들 의 행위에 관한 연구를 통해서만 비로소 밝혀질 것이다. 우리는 여기 서 이데올로기와는 대조적인 의미로 사용되는 추상들 가운데 몇 가지 를 들어내 이것을 역사적 사례들 속에서 해명해 보도록 하겠다.

## 1. 역사

우리는 전제라고는 도무지 모르는 독일인들 사이에서 모든 인간적 실 존의 전제, 따라서 또한 모든 역사의 제1전제, 곧 인간은 '역사를 만들' 수 있기 위해서 먼저 생활할 수 있어야 한다는 전제를 확인하는 데서 부터 출발하지 않으면 안 된다.* 그러나 생활할 수 있기 위해서는 우선 음식, 주거, 의복 그리고 그 밖의 여러 가지 것들이 필요하다. 그러므

---

* [마르크스의 방주]. 헤겔. 지질학적 수리학적(水理學的) 등. 관계, 인간적 삶, 욕구와 노동.

로 최초의 역사적 행위는 이러한 욕구를 충족시켜 주는 수단의 산출, 곧 물질적 생활 자체의 생산이다. 이것은 사실 인간의 삶을 그저 유지하기 위해 수천 년 전과 마찬가지로 오늘도 끊임없이 충족시켜야 할 역사적 행위이자 모든 역사의 기본 조건이라 할 수 있다. 성 브루노가 말하듯, 감성적 세계가 최소한의 것으로 축소되어 한 개의 막대기 정도로 환원된다 할지라도, 그 막대기는 그것을 생산하는 활동을 전제로 한다. 그러므로 모든 역사적 파악 중에서 제일 먼저 해야 할 것은 근본 사실을 전체적인 의미와 전반적인 영역에서 고찰하고, 이것에 정당한 위치를 부여하는 일이다. 주지하다시피 독일인은 이러한 일을 한 번도 해 본 적이 없고, 따라서 역사의 **현세적**irdische 기초를 가져 본 적도 없으며, 그 결과 독일에서는 어떠한 역사가도 존재하지 않았다. 프랑스 인과 영국인은 비록 이러한 사실과 그들이 말하는 역사의 관계를 지극히 일면적으로 파악했지만, 그들이 정치적 이데올로기에 매몰되어 있었을 동안에는 특히 그랬지만, 어쨌든 부르주아 사회의 역사, 상업과 산업의 역사를 처음으로 기술함으로써 역사 기술에 물적 토대를 부여하는 최초의 시도를 감행했었다.

두 번째 전제는 충족된 최초의 욕구 자체 및 그 충족 행위와 이미 획득한 충족 수단이 새로운 욕구를 낳는다는 것이다—이러한 새로운 욕구 창출이 최초의 역사적 행위이다. 여기서 독일인의 위대한 역사적 지혜가 어떤 것의 정신적 후손인지를 즉각 알 수 있다. 그들은 실증적인 자료가 바닥나고 신학적인 것이건 정치적이거나 문학적인 것이건 일체의 허튼소리도 거론할 수 없는 경우에 놓이면, 역사가 아니라 '선사시대'를 등장시킨다. 하지만 그들은 우리에게 어떻게 이렇듯 무의미한 '선사'에서 본래적인 의미의 역사로 들어가는가에 대해서는 아무것도 설명해 주지 않는다. 그럼에도 그들이 자신들의 역사적 사변 속에서 특히 '선사'에 열중하는 까닭은 자기들이 거기에 있으면 '조잡한 사실'의 침입으로부터 안전하다고 믿기 때문이며, 또한 거기서는 그들의 사변적 충동이 마음 내키는 대로 무수한 가설들을 세웠다 뒤집었다 할 수 있기 때문이다.

세 번째 전제는 처음부터 역사를 갖고 있었는데, 즉 자신의 삶을 나날이 새롭게 만드는 인간이 종족을 번식시키기 시작한다는 것이다―곧 부부 사이, 그리고 부모와 자식 사이의 관계인 **가족**이다. 처음에는 유일한 사회적인 관계였던 가족은 나중에 증가된 욕구가 새로운 사회관계를 낳고, 증가된 인구가 새로운 욕구를 낳으면서 종속적인 것으로 전락했다(독일은 예외). 그러므로 가족은 독일에서 흔히 그렇듯 '가족의 개념'에 의해서가 아니라, 실존하는 경험적 자료를 바탕으로 다루어지고 전개되어야 할 것이다.* 물론 이와 같은 사회활동의 세 가

---

\* 주택 건축. 원시인들이 각 가족마다 동굴이나 움막집을 갖는다는 것은 유목민이 각 가족마다 자기만의 텐트를 갖는 것만큼이나 당연한 일이다. 이렇게 분리된 가계(Hauswirtschaft)는 사유재산이 이전보다 발전함에 따라 더욱 필요해진다. 농민들이 공동가계(gemeinsame Hauswirtschaft)를 꾸리는 것은 공동경작(gemeinsame Bodenkultur)만큼이나 불가능한 일이다. 도시의 건설은 거대한 진보였다. 지금까지의 모든 시기를 살펴볼 때, 사유재산의 폐지와 분리될 수 없는 개별경제(getrennten Wirtschaft)의 폐지란 물질적 조건이 존재하지 않았기 때문에 이미 불가능한 일이었다. 공동가계의 성립은 기계의 발전, 자연력의 이용 그리고 수많은 다른 생산력들, 즉 수도, 가스등, 스팀 등등을 전제로 한다. 그럼으로써 도시와 농촌의 대립이 지양된다. 이러한 조건이 없다면 공동경제는 그 자체가 새로운 생산력으로 되지 못하며, 모든 물질적 토대를 상실하게 되고, 단순히 이론적인 기초에만 의존하게 될지도 모른다. 즉 단순하게 돌연변이에 그치고 말아 결과적으로 수도

지 측면은 세 개의 다른 단계로서가 아니라, 역사의 여명과 최초의 인류 이래 동시적으로 존재해 왔고 오늘날에도 여전히 역사에서 관철되고 있는 세 가지 측면으로서, 독일인들이 알기 쉽게 말하자면 세 가지 '계기'로서 받아들여져야 한다.

생명의 생산은, 다시 말해서 노동 속에서 자신의 생활을 생산하는 것과 생식 과정에서 다른 생명을 생산하는 것은 이제 하나의 이중적 관계로서, 즉 한편으로는 자연적 관계로서, 다른 한편으로는 사회적 관계로서 나타난다. 사회적이라는 것은 생산이 어떤 조건하에서 어떤 방법으로 그리고 어떤 목적을 갖고 이루어지든 간에 다수 개인들의 협업으로 이루어진다는 뜻이다. 이로부터 특정한 생산양식 또는 산업적인 단계들은 항상 특정한 협업 양식이나 각 사회적 단계와 결합된다는 것, 그리고 이러한 협업 양식은 그 자체가 하나의 '생산력'인 만큼, 인간이 이용할 수 있는 생산력들의 양은 사회적 상태를 조건지우고, 따라서 '인류의 역사'는 산업 및 교환의 역사와 관련지어 연구하고 개작해야 한다는 사실을 이끌어 낼 수 있다. 독일인들에게는 이러한 역사를 쓰는 데 필요한 파악 능력과 자료가 결여되어 있을 뿐만 아니라 '감각적 확실성'도 없기 때문에, 독일에서 이러한 역사를 쓴다는 것은 확실히 불가능하다. 또 라인 강 건너편으로는 더 이상 역사가 진행

---

원 경제(Klosterwirtschaft)가 되어 버리고 말지도 모른다. 그것이 가능하다면, 개별적이고 특정한 목적(감옥, 병영 등)을 위해 주택을 건설하는 것과 도시로 밀집하는 것에서만 나타날 수 있다. 개별적인 가계를 지양하는 일이 가족의 폐지와 분리될 수 없다는 사실은 자명하다 ─ 편집자.

되지 않았기 때문에 그곳에서 사는 사람들은 이런 일들에 대해 아무런 경험도 갖고 있지 않다. 따라서 인간의 요구와 생산양식에 의해 조건지우고 또 인간 자신만큼이나 오래된 이러한 인간 상호 간의 유물론적 연관은 이미 처음부터 분명하게 드러난다. 이러한 연관은 항상 새로운 형태를 취하고 있으며, 그러므로 인간을 별도로 결속시킨다는 그 어떤 종교적 또는 정치적 난센스가 존재하지 않더라도 하나의 '역사'를 보여 주고 있는 셈이다.

근원적이고 역사적인 관계의 네 가지 계기 또는 네 가지 측면을 고찰한 뒤에야 우리는 비로소 인간이 '의식'도 갖고 있다는 사실을 깨닫는다.* 그러나 이것 역시 처음부터 '순수'의식은 아니었다. '정신'은 애초부터 물질에 '사로잡혀' 있다는 저주스러운 운명을 짊어지고 있는데, 여기서 그 물질은 운동하는 공기층, 음성, 요컨대 언어라는 형태를 띠고 나타난다. 언어는 의식만큼 오래됐다—언어는 실천적인 것이며, 또한 다른 사람을 위해 존재하고 그에 따라 비로소 나 자신을 위해서도 존재하는 현실적인 의식이다. 언어는 의식과 마찬가지로 요구에서, 그리고 다른 인간과 교류하고자 하는 절박한 필요에서 발생한다.** 어떤 관계가 존재할 경우, 그것은 나에 대해서 존재한다. 반면에 동물은 자신을 어떤 것과도 **관계시키지** 않으며, 일반적으로 관계하지도 않

---

* 인간은 역사를 갖는다. 왜냐하면 인간은 자신의 삶을, 그것도 특정한 방식으로 생산해야만 하기 때문이다. 이것은 인간의 육체적 기관을 통해 주어져 있다. 그리고 똑같이 인간의 의식을 통해서도 주어져 있다.

** [초고에서는 삭제됨]. 내 주위에 대한 나의 관계가 바로 나의 의식이다.

는다. 동물에게는 다른 것에 대한 자신의 관계가 관계로서 존재하지 않는다. 그러므로 의식은 처음부터 이미 하나의 사회적 산물이며, 무릇 인간이 존재하는 한 영속적으로 존재한다. 물론 의식은 처음에는 당연히 **가장 가까운** 감각적 환경에 대한 의식일 뿐이며, 점차적으로 자신을 의식하는 개인의 외부에 있는 타인이나 다른 사물과의 제한적 연관에 관한 의식일 뿐이다. 동시에 그것은 자연에 관한 의식이다. 이 자연은 처음에는 인간에게 완전히 낯선, 그리고 전지전능하고 범접할 수 없는 위력으로서 등장한다. 인간은 자연에 대해 순전히 동물적으로 관계하며 또한 그것에 대해 가축처럼 굴복한다. 따라서 그런 의식은 순전히 자연에 대한 동물적 의식(자연종교)이다.

우리는 여기서, 이러한 자연종교 혹은 자연에 대한 이 특정한 태도가 사회적 형태에 의해 조건지어지며, 또한 그 역도 성립한다는 것을 금방 알 수 있다. 다른 어디서나 마찬가지로, 여기서도 인간과 자연의 동일성은 자연이 아직 역사적으로 거의 변형되지 않았다는 바로 그 이유 때문에, 자연에 대한 인간의 제한된 태도가 인간 상호 간의 제한된 태도를 규정하고, 또한 인간 상호 간의 제한된 태도가 자연에 대한 인간의 제한된 관계를 규정하는 식으로 나타난다. 다른 한편으로 그것은 자기 주위의 개인들과 반드시 구속적 관계를 맺어야 하는 필요성의 의식, 그가 일반적으로 하나의 사회에 살고 있다는 의식의 단초이기도 하다. 이러한 의식의 단초는 이 단계의 사회생활 자체와 마찬가지로 동물적인 것으로, 그것은 단순한 무리의식Herdenbewußtsein에 지나지 않는다. 여기서 인간을 양과 구별 짓는 것은 오직 인간에게만 의식이 본능을 대신한다는 사실 또는 인간의 본능이 의식된 본능이라는 사실뿐이다.

이러한 양¥의 의식 또는 종족의식Hammel-oder Stammbewußtsein은 증대된 생산과 욕구의 증대 그리고 양자의 근저를 이루는 인구 증가를 통해 더욱 발전되고 확장된다. 이와 더불어 노동의 분업이 발전하는데, 그것은 원래 성적im Geschlechtsakt 분업에 불과하다가 다음에는 자연적 소질(예를 들면 체력), 욕구, 우연 등에 의해 저절로 또는 자연스럽게 발전한 분업이다.* 이 분업은 육체노동과 정신노동의 분화가 나타나면서부터 진정한 분업이 된다.** 이 순간부터 의식은 자신을 현존하는 실천의식과는 다른 그 무엇을, 즉 현실적인 그 무엇을 표상하지 않고서도 현실적으로 무언가를 상상할 수 있게 된다. 이때부터 의식은 자기를 세계로부터 해방시켜 '순수한' 이론, 신학, 철학, 도덕 등을 형성할 수 있는 위치에 놓이게 된다. 그러나 설령 이러한 이론, 신학, 철학 등이 현존하는 관계와 모순되더라도, 이것은 오로지 현존의 사회관계가 현존의 생산력과 모순될 때에만 일어날 수 있다―그뿐만 아니라 이것은 특정한 국민적 관계 영역에서는 그 국민의 영역 내에서가 아니라 이 국민의 의식과 다른 국민의 실천 사이에,*** 즉 한 국가의 국민의식과 일반의식 사이의 모순에 의해서도 일어날 수 있다.

더 나아가서 의식이 스스로 무엇을 시작한다면 그것은 정말이지 크게 신경 쓰지 않아도 될 일이다. 우리는 이 모든 쓰레기 더미 속에서

---

* [마르크스의 방주]. 인간의 의식은 실제의 역사 발전 과정 속에서 발전한다.
** [마르크스의 방주]. 최초의 이데올로기 담당자는 **제사장**(pfaffen)이었다.
*** [마르크스의 방주]. 독일인들은 종교 그 자체를 **이데올로기**로 받아들였다.

단 하나의 결론을 얻을 뿐이다. 그것은 분업이 시작되면서 정신적 활동과 육체적 활동, 향유와 노동, 생산과 소비가 이 모든 것들과 전혀 무관한 개인들 몫으로 돌아갈 가능성, 아니 그러한 현실성이 있기 때문에 이러한 세 가지 계기, 곧 생산력 · 사회상태 · 의식은 모순에 빠질 수 있고, 또 반드시 빠진다는 것이다. 따라서 그것들이 모순에 빠지지 않게 될 유일한 가능성은 분업을 재차 지양하는 데 있다. 더구나 '유령 Gespenster', '결속Bande', '더 높은 본질höheres Wesen', '개념Begriff', '주저함 Bedenklichkeit'은 단지 관념적이고 정신적인 표현이며, 고립된 개인의 피상적 표상이고, 생활의 생산양식 그리고 그것과 결부된 교류 형태가 그 안에서 운동하는 지극히 경험적인 질곡과 제약의 표상일 뿐임은 자명한 사실이다.

이러한 모든 모순들을 내포하고 있는 분업은, 그리고 가족 내의 자연발생적 분업에 기초하고 있는 분업은, 사회가 각기 대립적 가족으로 분열되는 데 기초하고 있는 분업은 분업임과 동시에 분배Verteilung이다. 그것도 노동과 그 생산물의 양적 및 질적으로 불평등한 분배이며, 그에 따른 소유이기도 하다. 이 소유의 싹 또는 최초의 형태는 처와 자식이 이미 남편의 노예로 되어 있는 가족 내에서 이루어졌다. 이런 가족 내의 잠재적 노예 상태는 아직 매우 조야하기는 하지만 최초의 소유 형태라 할 수 있다. 그러나 이 단계에서조차도 소유는 그것을 타인의 노동력에 대한 처분력이라고 부르는 근대 경제학자의 정의와 완전히 일치한다. 결국 분업과 사적 소유는 동일한 표현이다—즉 똑같은 것이 한편에서는 활동에 관해서, 다른 한편에서는 활동의 산물에 관해서 일컬어지고 있는 것이다.

나아가 노동의 분업과 더불어 고립된 개인 혹은 개별 가족einzelnen Familie의 이익과 상호 교류하는 모든 개인이 가진 공동 이익 사이의 모순도 나타난다. 더구나 이 공동 이익은 단지 관념상의 '일반 이익'으로서 실재하는 것이 아니라, 무엇보다도 먼저 서로 노동을 분배하는 개인들의 상호의존 관계로서 현실 속에 존재한다. 그리고 마지막으로 분업은 우리에게 다음과 같은 사실, 곧 인간이 자연발생적인 사회에 머무르는 한, 다시 말해서 특수 이익과 공동 이익 사이에 균열이 존재함으로써 활동이 자유의지에 의해서 분배되지 않고 자연발생적으로 분배되는 한, 인간 자신의 행동은 그에 대립하는 낯선 힘으로서, 인간에 의해 지배되는 것이 아니라 오히려 인간을 구속한다는 사실의 최초의 실례를 우리에게 보여 준다. 노동이 분화되자 각 개인은 하나의 일정한 배타적 영역을 갖게 되고, 이 영역이 그에게 강요되기 때문에 그는 이것을 벗어나지 못한다. 그는 한 사람의 사냥꾼, 한 사람의 양치기, 한 사람의 어부 혹은 한 사람의 비평가이며, 그가 그의 생계수단을 잃지 않고자 하는 한 계속 그렇게 살아가야 한다. 이에 반해 아무도 배타적인 영역을 갖지 않고 각자가 그가 원하는 어떤 분야에서나 스스로를 도약시킬 수 있는 공산주의 사회에서는 사회가 전반적인 생산을 조절하기 때문에 사냥꾼, 어부, 양치기 혹은 비평가가 되지 않고서도 내가 마음먹은 대로 오늘은 이것을, 내일은 저것을, 곧 아침에는 사냥을, 오후에는 낚시를, 저녁에는 목축을, 밤에는 비평을 할 수 있게 된다. 사회적 활동이 이렇게 고착화된다는 것, 곧 우리 자신이 생산한 것이 우리의 통제를 벗어나고 우리의 기대를 뒤집어엎고 우리의 계산을 수포로 만들고, 우리를 넘어선 물질적 폭력으로 토착화된다는 것은 지금까지의 역사 발전에서 주요한 계기 중 하나이다. 그리고 특수 이익과 공동 이익 사이의 이러한 모순으로 인해 공동 이익은 국가라는, 즉 현실의 개별 이익과 전체 이익으로부터 분리된 하나의 독립적 형태를 취한다. 그와 동시에 공동 이익은 하나의 환상적인 공동체로서의 성격을 갖지만, 언제나 그 공동체는 혈육, 언어, 비교적 대규모의 분업 및 그 밖의 이해관계 등의 온갖 가족 및 씨족 집단의 현존하는 유대에, 특히 우리가 뒤에서 전개해 보겠지만, 이미 분업이 낳은 계급에, 다시 말해서 그와 같은 각각의 인간 무리로 나뉘고 그 가운데서 하나가 다른 모두를 지배하는 계급에 그 실질적 토대를 두고 있다. 이것으로부터 국가 내의 모든 투쟁, 곧 민주제, 귀족제 그리고 군주제 사이의 투쟁, 선거권 등을 위한 투쟁은 각 계급 상호 간의 현실적인 투쟁이 행해질 때의 환상적 형태에 지나지 않는다는 사실이 도출된다(이 점에 관해서 독일의 이론가들은 이미 《독불연보》와 『신성가족』[8]에서 그것을 이해하기 위한 충분한 안내서를 제공받았음에도 불구하고 조금도 생각이 미치지 못하고 있다). 나아가 지배권을 노리는 모든 계급은, 프롤레타리아트의 경우와 같이 그 지배가 낡은 사회형태와 지배 일반을 완전히 폐지하는 데까지 도달한다 하더라도, 그 정치 권력을 획득하여 그 이익을 일반적인 것으로 표현해야 하는데, 그것은 처음에는 어쩔 수 없이 수행해야만 하는 일이다. 개인들이 특수 이익만을 추구하기 때문에, 또한 그들이 보기에 특수 이익이 그들의 공동 이익과 일치하지 않기 때문에, 공동 이익은 그들로부터 '낯선' 그리고 그들로부터 '독립된' 것으로, 그것 자체가 특수하고 고유한 '일반' 이익으로 간주된다. 그렇지 않으면 그들 자신은 민주제에서처럼 이러한 양분상태 속에서 움직

여야만 한다. 다른 한편으로 언제나 환상적인 공동 이익과 **현실적으로** 배치되는 이러한 특수 이익을 위한 **실천적** 투쟁은 국가 형태에 내재된 환상적 '일반' 이익의 **실질적** 간섭과 제약을 필연적으로 동반한다. 사회제력, 곧 분업이 낳은 다양한 개인들 사이의 협업을 통해서 성립되는 배가된 생산력은 그들의 협업이란 것이 자발적이 아니라 자연발생적이기 때문에, 그들 자신의 통일된 힘으로서가 아니라 낯선 하나의 외적 강제력으로서 등장한다. 더구나 그들은 그 위력의 시작도 끝도 알지 못하며, 따라서 그들이 그 힘을 지배하기는커녕 오히려 그것이 인간의 의지와 행동으로부터 독립한 독자적인 것으로서, 인간의 의지와 행동을 지배하는 일련의 국면과 발전 단계를 관통해 나간다.

철학자들에게는 알기 쉽게 **소외**로 표현되는 이러한 현상은 물론 두 가지 **실천적** 전제 아래서만 지양될 수 있다. 그 소외를 '견딜 수 없는' 힘으로, 곧 사람들이 그것에 대해 혁명을 일으키게 만드는 힘으로 되게 하려면 대부분의 인간을 철저하게 '무산자Eigentumslos'로 만들고, 아울러 그들로 하여금 현존하는 부의 세계와 문화적 세계에 모순이 발생하도록 하는 것이 필요하다. 이 두 가지 전제는 상당히 커지고 고도로 발전된 생산력을 필요로 한다. 그리고 다른 한편으로 이러한 고도의 생산력 발전(이것은 동시에 지역적인 현존재Dasein로서의 인간 대신에, **세계사** 속에서 현존적 · 경험적으로Vorhandne empirische 존재하는 인간을 내포하고 있다) 없이는 **결핍**Mangel이 일반화될 뿐이며, 그럼으로써 **궁핍**Notdurft과 함께 필수품을 둘러싼 투쟁도 다시 시작될 수밖에 없다. 그리고 일체의 해묵은 오물이 필연적으로 재발생하기 때문에 생산력의 발전은 절대적으로 필요한 하나의 전제이다. 그뿐만 아니라 이러한 보편적 생산력의 발전과 더불어 사람들 사이의 **보편적** 교류가 확립되는데, 그 때문에 한편으로는 모든 국가에서 동시적으로 '무산'대중이라는 현상 (일반적 경쟁)을 만들어 내 각 국가들을 타국의 변혁에 종속시키며, 마침내 지역적으로 국한된 개인들을 세계사적 보편경험을 가진 개인들로 바꾸어 놓는다. 이것 없이는, 1) 공산주의는 단지 하나의 지역적 모습으로서 존재할 뿐이다, 2) 교류의 **위력** 자체도 보편적인 것으로, 즉 견딜 수 없는 힘으로 발전할 수 없을 것이며, 향토적이고 미신적인 '허례'에 그칠 것이다, 3) 교류의 확장은 각기 지역적인 공산주의를 폐지시킬 것이다. 경험적으로 공산주의는 오로지 '단 한 번에' 그리고 동시적으로auf einmal und gleichzeitig* 이루어지는 지배적인 민족들의 행위로서만 가능하며, 이것은 생산력과 그와 연결된 세계적 교류의 보편적 발전을 전제로 삼는다.[9] 만약 그렇지 않다면, 예컨대 소유가 어떻게 해서 일반적으로 하나의 역사를 가질 수 있었으며, 여러 가지 형태를 취할 수 있었단 말인가? 그리고 어떻게 해서 토지 소유가 오늘날 제각기 현존하는 상이한 전제들에 따라, 예컨대 프랑스에서는 분할된 토지 소유제에서 소수의 손으로의 집중으로, 영국에서는 소수의 손으로의 집중에서 분할 소유로 진행될 수 있었단 말인가? 결국 다양한 개인들과 국가들 사이에 이루어지는 생산물의 교환Austausch, 즉 교역Handel이 어떻게 수요와 공급 관계—영국의 한 경제학자(애덤 스미스를 가리킨다—옮긴이)의 말을 빌리면, 고대 세계의 운명과도 같이 지상을 떠돌면서 보이

---

* MEGA에는 'auf einamal' oder gleichzeitig로 되어 있음—편집자.

지 않는 손으로 인간에게 화와 복을 나눠 주고 제국들을 흥망시키며 민족을 생멸시키는 관계―를 통해 전 세계를 지배하는 일이 일어날 수 있을까? 또한 그 반대로 토대, 사유재산의 폐지와 함께, 다시 말해서 생산의 공산주의적 통제(그리고 이에 내포된 것으로서, 자신의 생산물에 대한 인간의 낯선 태도의 지양)와 더불어 수요와 공급의 관계가 가졌던 위력이 무無로 전락하는데 교환, 생산 그리고 인간들 상호 간에 이루어지는 행위의 방식에 대한 통제를 다시 한번 획득하는 일이 어떻게 일어난단 말인가?

우리에게 공산주의는 조성되어야 할 하나의 **상태** 또는 현실이 따라야 할 하나의 **이상**이 아니다. 우리는 오늘날의 상태를 지양하는 **현실적인** 운동을 공산주의라고 일컫는다. 이 운동의 조건들은 현존하는 전제들로부터 생겨난다. 그리고 **한갓** 노동자에 불과한 대중―자본 또는 어떤 제한된 욕구 충족과 단절된 대규모의 노동력―이라 할지라도 **세계 시장**을 전제로 하며, 또한 바로 그 때문에 경쟁으로 인해 일종의 보장된 생활원천이라 할 수 있는 노동 활동 자체를 이제 항상적으로 잃어버리는 것도 **세계 시장**을 전제로 한다. 그러므로 공산주의와 마찬가지로 프롤레타리아트는 오직 **세계사적으로만** 존재할 뿐이며, 그들의 활동은 오직 '세계사적' 존재로서만 나타날 수 있다. 곧 그것은 개인의 세계사적 존재, 다시 말해서 세계사와 직접적으로 연결된 개인적 존재인 것이다.

지금까지의 모든 역사 단계에서 존재했던 생산력에 의해 조건지어지고, 거꾸로 그것들을 조건지우는 교류 형태가 바로 **시민사회**이다. 시민사회는 우리가 이미 언급했던 것에서 분명히 알 수 있듯이, 단일가족die einfache Familie 그리고 종족이라고 하는 복합가족die Zusammengesetzte Familie을 그 전제와 기초로 가지고 있으며, 그에 관한 더 자세한 규정은 이미 앞에서 내린 바 있다. 이 시민사회가 모든 역사의 진정한 초점이자 무대라는 것은, 그리고 현실적인 관계들을 무시하고 군주나 국가의 행위에만 관심을 기울이는 종래의 역사관이 얼마나 불합리한 것인지는 여기서 이미 명백해진다.*

시민사회는 생산력의 특정 발전 단계 내에서 개인들의 전체적인 물질적 교류를 포괄한다. 그것은 한 단계의 상업 및 산업 활동 전체를 포괄하고, 그런 한에서만 국가와 국민을 넘어선다. 한편 이것은 시민사회가 외적으로는 국민으로서 자기를 주장하고, 내적으로는 국가로서 자기를 구성하지 않을 수 없다 하더라도 마찬가지다. 시민사회라는 말은 소유 관계가 이미 고대 및 중세적 공동체를 벗어났던 18세기에 나타났다. 진정한 의미의 시민사회는 부르주아지와 더불어 비로소 발전한다. 그렇지만 모든 시대의 국가 및 그 밖의 관념적 상부구조의 토대를 구성했던, 생산과 교류로부터 직접 발전한 사회조직은 계속 같은 이름으로 불려 왔다.

---

* [초고에서는 삭제됨]. 지금까지 우리는 주로 단지 인간 활동의 한 측면, 즉 인간을 통한 **자연의 가공**만을 관찰해 왔다. 다른 측면, 즉 **인간**을 통한 **인간의 가공**…… 국가의 기원 그리고 시민사회에 대한 국가의 관계.

마르크스가 손으로 쓴 '제1장 포이어바흐' 초고 15쪽.

## 2. 의식의 생산에 관하여

지금까지의 역사에서 각 개인들은 자신의 활동이 세계사적 활동으로 확대됨에 따라 점점 더 자신들에게 낯선 힘(그들이 이른바 세계정신 따위의 잔꾀 정도로 생각해 왔던 하나의 힘) 아래 굴복하게 된다는 것, 이것은 확실히 하나의 경험적 사실이나 다름없다. 그리고 그 힘은 점점 더 커져 결국에는 **세계 시장**으로서 자신을 드러낸다. 하지만 공산주의 혁명(이에 대해서는 나중에 설명하겠다)을 통해, 그리고 이와 같은 의미인 사유재산의 폐지를 통해 독일의 이론가들에게 그토록 신비적이었던 이 힘이 해체되고, 따라서 역사가 완전히 세계사로 전환하는 것처럼, 각 개인의 해방이 이루어진다는 것 역시 경험적인 근거를 가진다. 위로부터 명확해지는 것은 개인의 현실적인 정신적 부富야말로 전적으로 자신의 현실적 관계들의 부에 달려 있다는 점이다. 오직 이것만이 각 개인을 온갖 국가적·지역적 한계들로부터 해방시켜, 그들로 하여금 전 세계의 생산(인간의 창조물)을 향유할 수 있는 능력을 획득하도록 해 준다. 개인들의 전면적인 의존, 곧 개인들의 **세계사적** 협동의 이 자연적 형태는 공산주의 혁명에 의해 인간 상호 간의 작용에서 발생하여 지금까지는 그들에게 완전히 낯선 힘으로서 그들을 억압하고 지배해 왔던 힘에 대한 통제와 의식적 지배로 전환될 것이다. 그런데 이 견해도 역시 '유類의 자기창출Selbsterzeugung der Gattung'('주체로서의 사회')과 같은 사변적·관념적인, 곧 환상적인 방식으로 표현될 수 있다. 그럼으로써 상호 연관된 개인들의 연속적인 연관은 스스로를 창출해 내고 신비로운 일을 행하는 유일한 개인으로 표상될 수 있다. 이러한 맥락에서 분명한 것은 개인들은 육체적으로나 정신적으로나 의심할 바 없이 **서로**를 만들어 나가지만, 성 브루노의 난센스나 '유일자'나 '만들어진' 인간이라는 의미에서처럼 스스로를 만드는 것은 아니라는 사실이다.

이러한 역사관은 직접적인 생활의 물질적 생산에서 출발하여 현실적인 생산과정을 전개한 데서, 이러한 생산양식과 관련되고 그로부터 산출된 교류 형태, 즉 각기 다른 단계에 있는 시민사회를 전체 역사의 기초로 파악한 데서 기인한 것이다. 그리고 이 역사관은 시민사회의 행위를 국가의 활동으로 서술하며, 아울러 의식, 종교, 철학, 도덕 등등의 모든 다양한 이론적 산물과 형태들이 어떻게 시민사회로부터 생겨났는가를 설명하고, 그것들이 그 기초로부터 형성된 과정을 추적한다. 그에 따라 모든 것들이 시민사회의 총체성 속에서 (이러한 다양한 측면의 상호작용도 또한) 제시될 수 있다. 이 역사관은 관념론적 역사관처럼 모든 시대에 적용되는 하나의 범주를 찾아 적용시키지는 않는다. 오히려 현실의 역사적 **지반** 위에 서서 관념으로부터 실천을 설명하는 것이 아니라, 물질적 실천으로부터 관념적 구성물을 설명함으로써 다음과 같은 결론에 이른다. 그 결론이란 의식의 모든 형태 및 산물은 정신적 비판에 의해서 그리고 '자기의식'으로의 해소에 의해서 또는 '요괴', '유령', '망상' 등으로의 변형에 의해서가 아니라, 오직 이러한 관념론적 허구들이 도출되는 현실적 사회관계의 실천적 전복에 의해서만 해소될 수 있다는 것이다―역사와 종교와 철학 그리고 그 밖의 모든 종류의 이론의 추진력은 비판이 아니라 혁명이다. 이러한 역사관에서 살펴보면, 역사는 '정신의 정신'으로서의 '자기의식' 속으로 해소됨으로써 끝나는 것이 아니다. 역사의 각 단계는 그 선조로부터 각 세대가 물려받은 물질적 성과, 생산력의 총합, 자연에 대한 그리고 각 개인들 상호 간의 역사적으로 창조된 관계를 포함하고 있음을 보여 준다. 다시 말해서 일군의 생산력, 자본, 환경이 존재하고, 이것들이 한편으로는 새로운 세대에 의해 개조되지만, 다른 한편으로는 새로운 세대에 대해 그 특유의 생활조건들을 규정하며, 그 세대에 특정한 발전 및 하나의 특수한 성격을 부여한다는 사실을 보여 준다. 그러므로 이것은 인간이 환경을 만드는 것과 마찬가지로 환경이 인간을 만든다는 사실도 보여 준다. 모든 개인과 모든 세대를 주어진 그 무엇 etwas Gegebenes으로 파악하는 생산력, 자본 그리고 사회적 교류 형태의 이러한 총체야말로 철학자들이 '실체'나 '인간의 본질'이라고 생각하는 것의, 그리고 그들이 신성시하고 공격하는 것의 실재적인 근거이다. 그리고 그것은 철학자들이 '자기의식'이나 '유일자'로서 그것에 대항하더라도 인간에 대한 그 효과나 영향 면에서는 조금도 방해를 받지 않는 실재적인 근거이다. 다양한 각 세대들 속에서 발견되는 이러한 생활 조건들은 또한 역사에서 주기적으로 재현되는 혁명적 진동이 일체의 기존 질서의 토대를 전복할 정도로 강력한 것인가의 여부를 결정한다. 그리고 이렇듯 하나의 완전한 혁명의 물질적 요소가 존재하지 않는다면―곧 한편으로는 현존의 생산력에 대해서, 다른 한편으로는 기존 사회의 개별 조건들에 대해서뿐만 아니라 기존의 '생활의 생산' 자체가 토대로 삼고 있는 '전체적 활동'에 대해서도 반항하는 혁명적 대중이 형성되지 않는다면―공산주의의 역사가 증명하고 있듯이, 이러한 혁명의 **이념**이 수백 번 표방된다 하더라도 실제로 혁명의 발전과는 아무런 관계도 없다.

　지금까지의 역사관에서 역사의 이러한 현실적 토대는 전적으로 무시되었거나 역사 과정과는 별로 상관없는 하나의 지엽적인 문제로 여겨져 왔다. 그러므로 역사는 언제나 역사 밖에 있는 기준에 따라서 기술되어야 한다. 따라서 현실적 생활방식은 비역사적인 것으로 나타나고, 반면에 역사적인 것은 일상생활에 유리된 것이나 특별히 초세속적인 것으로서 나타난다. 이와 더불어 자연과 역사가 대립하게 된다. 이러한 역사관은 결국 역사에서 군주나 국가의 정치적 행위 그리고 종교 및 그 밖의 이론적 투쟁만을 볼 수 있을 뿐이며, 특히 각각의 역사적 시기에서 그들은 **그 시기의 환상들을 공유하지** 않을 수 없었다. 예컨대 한 시대의 '종교'나 '정치'는 그 시대의 현실적 동기들의 형식에 불과하지만, 그 시기 자체가 순수한 '정치적' 혹은 '종교적' 동기에 의해 규정되고 있다고 상상한다면, 그 시대 역사가는 그러한 견해를 받아들이는 셈이 된다. 현실적 실천에 관한 이러한 특정인들의 '상상'이나 표상은 그들의 실천을 지배하고 규정하는 유일한 규정적·능동적 힘으로 전화된다. 인도인이나 이집트 인들에게서 발견되는 조야한 분업 형태가 이들 민족의 국가와 종교에서 세습신분제Kastenwesen를 낳았을 경우, 역사가는 세습신분제가 이러한 조야한 사회형태를 산출한 힘이라고 믿는다. 적어도 프랑스 인과 영국인은 어쨌든 현실에 더욱 가까운 정치적 환상에 집착하는 데 반해, 독일인은 '순수정신'의 영역에서 움직이고 있으며, 종교적 환상을 역사의 추동력으로 만들어 버렸다. 헤겔의 역사철학은 독일의 이러한 역사 기술 전체를 최후의 '가장 순수한 표현'으로 적용한 결과이다. 그것의 역사 기술상 문제는 현실적인 이해관계가 아니며, 심지어 정치적인 이해관계도 아닌 순수한 사상이다. 그러므로 그것은 성 브루노에게는 서로 다른 편을 먹어 치우고 결국 자기의식으로 몰락해 버리는 '사상'의 계열로 나타날 수밖에 없다. 그리고 역사에 대해서 전혀 알지 못하는 막스 슈티르너는 역사 과정을 더 철저하게 한갖 '기사', 강도 그리고 유령의 이야기로 나타낼 수밖에 없었는데, 물론 그가 이 환상들로부터 자신을 구하는 길은 고작 그것들에 '구원이 없다'는 점에 의존하는 것이었다.* 이러한 견해는 정말이지 종교적이다. 그것은 종교적 인간을 모든 역사의 출발점인 원형적 인간Urmenschen으로 가정하고, 그 상상 속에서 생활수단 및 생활 자체의 현실적인 생산 대신에 종교적 환상의 생산을 끼워 넣는다. 이 모든 역사관은 그 해체나 그로부터 나타나는 의혹 및 불안까지 포함해서 순전히 독일인의 **민족적** 관심사로만 남아 있을 뿐이며, 단지 독일에 대한 **지역적** 관계를 갖는 데 불과할 뿐이다. 예컨대 최근에 논의되어 온 중요한 문제, 곧 도대체 사람은 어떻게 "신의 왕국에서 인간의 왕국으로 오는가"**와 같은 문제가 일례이다―마치 이 '신의 왕국'이 상상 속이 아니라 어딘가에 존재하는 것처럼, 그리고 학자들은 가끔 '인간의 왕국'에 그들이 살고 있다는 것을 잊어버린 채 '인간의 왕국'으로 가는 길이 어디에 있는지를 계속 찾고 있는 것처럼, 또 이 이론적 공중누각의 신비를 설명하는 (그 이상의 아무것도 아닌) 학문

---

* [마르크스의 방주]. 소위 **객관적** 역사 기술의 본질은 바로 역사적 관계들을 활동(Tatigkeit)과 분리시켜 파악하는 데 있다. 반동적 성격.

** 포이어바흐의 『기독교의 본질』에 나오는 문구이다―편집자.

적 도락은 거꾸로 현실의 세속적 관계 속에서 공중누각이 발생한다는 것을 증명하는 데 그 의의를 갖고 있지 않다는 것처럼, 독일인들은 주로 눈앞에 주어진 난센스를 어떤 다른 망상 속에서 해소시키는 것을 중요시한다. 즉 완전한 난센스에 어떤 특별한 의미가 있는 것처럼 상상하여 그 특별한 의미를 찾는 것을 중요하게 여긴다. 그러면서도 현존하는 실제적 관계들에서 비롯된 이론적 문구들을 설명하는 것은 전혀 도외시하고 있다. 하지만 이 이론적 문구들의 현실적이고 실천적인 해소, 또 인간의 의식으로부터 관념들의 제거는 우리가 이미 말했듯이 환경의 변혁을 통해 이루어지는 것은 아니다. 인간 대중, 곧 프롤레타리아트에게는 이러한 이론적 표상이 존재하지 않기 때문에 해소할 필요도 없으며, 그리고 어쩌다 한 번이라도 이 대중이 예컨대 종교와 같은 이론적 표상들을 가진 적이 있었다 하더라도, 이것들은 이미 오래전에 환경에 의해 해소되고 말았다.

이러한 문제와 그에 대한 해명들이 순전히 민족적인 성격만 갖는다는 것은 이 이론가들이 '신인神人', '인간' 따위의 망상의 산물이 역사의 각 시대를 주재해 왔다고 곧이곧대로 믿고 있다는 점에서 또다시 등장한다(심지어 성 브루노는 오직 "비판과 비판가만이 역사를 만든다"라고 주장하는 데까지 이르렀다). 그리고 그들이 직접 역사를 구성하는 경우에는, 과거의 모든 시대를 신속하게 뛰어넘어 '몽골'에서 곧바로 '의미 있는 내용으로 가득 찬inhaltsvolle' 역사로, 다시 말해서 《할레연보》나 《독일연보》[10]의 역사나 헤겔학파의 일반적인 입씨름으로 해소되는 역사로 옮겨 간다. 그들은 다른 모든 국민들, 다른 모든 현실적인 사건들을 잊어버리고, 세계 극장(Theatrum mundi: 신의 섭리 속에서 각자 맡은

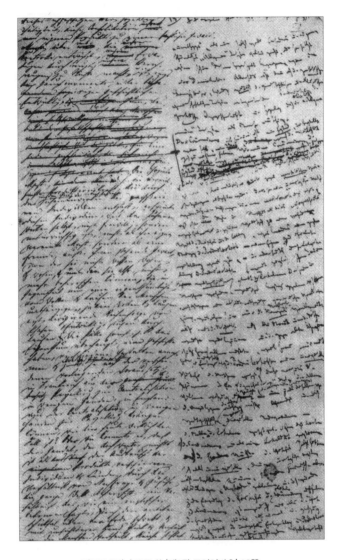

마르크스가 손으로 쓴 '제1장 포이어바흐' 18쪽.

역할을 해내는 것이 삶이라는 중세의 관념―옮긴이)을 라이프치히의 서적 시장과 '비판', '인간', '유일자' 사이의 상호논쟁에 한정시켜 놓는다. 설령 이 이론가들이 실제로 18세기와 같은 역사적 주제를 다룬다고 할지라도, 이들은 그 근저에 있는 사실과 실천적인 발전으로부터 유리된 하나의 관념사를 제시할 뿐이다. 그리고 이것조차도 그 시대를 아직 불완전한 준비 단계로, 다시 말해서 진정한 역사적 시기인 1840년부터 1844년까지의 독일의 철학적 투쟁기에 대한 아직 제한된 예비 단계로 등장시키기 위해 다룰 뿐이다. 비역사적인 한 인물의 용맹함과 환상을 더욱 빛나도록 하기 위해 전前시대의 역사를 기술한다는 이 목적에서는 다음과 같은 것이 예측된다. 즉 모든 현실의 역사적인 사건, 심지어 실제로 있었던 정치의 역사에 대한 개입조차 다루지 않고, 그 대신 연구가 아닌 자의적 구상이나 문학적 잡담 정도나 늘어놓을 것이다. 지금은 잊혀져 버린 『18세기의 역사』[11]에서 성 브루노가 말한 것처럼, 자신들이 모든 국민적 편견을 무한히 초월해 있다고 믿는 이 오만방자한 사상소매상들은 실제로는 통일된 독일을 꿈꾸는 시정배들보다 훨씬 더 심한 민족적 편견을 가지고 있다. 그들은 다른 민족의 행위를 전혀 역사적인 것으로 인정하지 않는다. 그들은 독일 안에서, 독일에 맞서 그리고 독일을 위해 살고 있다. 또한 그들은 〈라인 강의 노래Rheinlied〉[12]를 일종의 성가로 바꾸어 놓았다. 그리고 그들은 프랑스라는 국가 대신에 프랑스의 철학을 훔침으로써, 프랑스의 주 대신에 프랑스의 사상을 게르만화함으로써 알자스와 로렌을 정복했다. 이론의 세계 지배 속에서 독일의 세계 지배를 선언한 성 브루노와 성 막스에 비한다면 그래도 베네디Venedy 씨가 훨씬 더 사해동포주의자이다.

그러므로 포이어바흐가 '보통 사람'이라는 자격을 갖추었기 때문에 스스로를 공산주의자라고 선언했을 때, 그리고 공산주의자를 인간이 **라는 것**의 한 술어로 봄으로써 현실 세계에서 특정한 혁명 정당의 소 속자를 가리키는 공산주의자란 단어를 하나의 단순한 개념 범주로 전 환시킬 수 있다고 믿었을 때(《비간트 계간지Wigand's Vierteljahrsschrift》, 1845 년, 제2권),[13] 그가 얼마나 큰 오류를 범하고 있었는지가 위의 논의로부 터 분명해진다. 인간 상호 간의 관계를 두고 포이어바흐가 수행한 전 체 영역은 오직 인간이 서로를 필요로 하고, 또 **항상 필요로 해 왔다**는 사실을 입증하고자 했을 따름이다. 그는 이 사실에 관한 의식만을 확 정하고자 했다. 다시 말해서 그는 다른 이론가들과 마찬가지로 단지 **존재하는** 사실에 대한 정확한 의식을 산출하고자 했을 따름이다. 하지 만 실제로 진정한 공산주의자에게는 기존 사물의 질서를 무너뜨리는 것이 급선무이다. 그렇지만 우리는 포이어바흐가 바로 **이러한** 사실에 대한 의식을 산출하려고 노력하는 과정에서 한 사람의 이론가가 이론 가나 철학자가 되는 것을 그만두지 않고 할 수 있는 데까지 했다는 것 은 충분히 인정한다. 그러나 특기할 만한 것은 성 브루노와 성 막스가 곧바로 현실적인 공산주의자를 포이어바흐식 공산주의자관으로 바 꾸어 놓았다는 사실이다. 그들이 이렇게 한 것은 '정신의 정신'으로서, 하나의 철학적 범주로서, 하나의 대등한 적수로서 공산주의와 싸우기 위해서였다―성 브루노의 경우에는 실질적인 이해가 있었기 때문에 그러했다. 우리는 포이어바흐가 아직도 우리의 적들과 함께 공유하고 있는 현존사물에 대한 승인과 그의 잘못된 이해의 예로서 『미래 철학 의 근본원칙』의 한 구절을 떠올릴 수 있다. 곧 그는 거기서 한 사물 또는 한 인간의 존재는 동시에 그것의 또는 그의 본질이라는 견해를, 또한 하나의 동물적 또는 인간적 개별자의 특정한 존재 관계 및 생활양식 그리고 활동 속에서 그 개체의 본질은 자신을 충족시켜 나가는 것이라는 견해를 피력했다. 여기서는 모든 예외들이 하나의 불행한 우연으로서, 변경시킬 수 없는 하나의 변태로서 이해된다. 따라서 수백만의 프롤레타리아트가 그들의 생활관계에 결코 만족을 느끼지 못하는 경우에는, 또 그들의 '존재'가(……).*

  현실적으로 **실천적인** 유물론자, 즉 공산주의자들에게는 현존의 세계에 혁명을 일으키는 것이, 즉 기존의 사물을 실천적으로 파악하여 변혁하는 것zu Verändern이 중요한 문제이다. 포이어바흐에게서도 가끔 그러한 견해가 발견되기도 하지만, 그것은 결코 산만한 예감 이상을 넘지 못했으며, 발전가능성이 있는 맹아 이상으로 보기에는 그러한 견해가 그의 전반적인 사고방식에 끼친 영향이 너무 적었다. 감성적 세계에 관한 포이어바흐의 '파악Auffassung'은 한편으로는 단순한 직관 자체에, 다른 한편으로는 단순한 발견에 한정되어 있기 때문에, 그는 '현실의 역사적 인간' 대신에 인간이라는 **것**에 대해 말한다. 인간이라는 **것**은 실제로는 '독일인'이다. 첫 번째 경우, 곧 감성적 세계의 **직관** 속에서 그는 필연적으로 그의 의식과 그의 감정에 모순되는 사물들에

---

* 영어판에는 다음과 같이 계속되어 있다. "그들의 '본질'과 조금도 일치하지 않는 경우에는, 그것은 위에 인용한 구절에 의거하여 어쩔 도리가 없는 불행으로 치부되며, 따라서 조용히 참고 지내지 않으면 안 된다"—편집자.
  초고에서는 궐문 형태로 중단되어 있다. 부록 264쪽을 참조할 것—편집자.

직면하게 되며, 그가 전제한 감성적 세계의 부분들 사이의 조화, 특히 인간과 자연의 조화를 교란하는 사물들에 직면하게 된다.* 그러자 그는 이러한 사물들을 제거하기 위해 일종의 이중직관doppelten Anschauung, 즉 단지 '언뜻 보기에 명백한 것auf platter Hand Liegende'만을 간취하는 세속적 직관과 사물의 '참된 본질'을 간취하는 더 고차원적인 철학적 직관 사이에서 도피처를 구해야만 했다. 그는 자신을 둘러싼 감성적 세계가 예부터 직접 주어진 것이 아니라, 산업과 사회 상태의 산물이라는 사실을 보지 못했다. 더구나 그는 그와 같은 의미에서 감성적 세계가 역사적 산물이고, 여러 세대의 활동의 산물이며, 각 세대는 그에 앞선 세대들을 딛고 그 산업과 교통을 더욱 발전시키며, 그 사회질서를 자신들의 변화된 욕구에 따라 수정해 간다는 사실을 파악하지 못했다. 가장 단순한 '감각적 확실성Sinnlichen Gewißheit'의 대상들조차도 오직 사회의 발전, 산업, 상업적 교류를 통해서만 그에게 주어진다. 벚나무는 거의 다른 모든 과실수와 마찬가지로 수 세기 전에 **상업**에 의해서 비로소 우리 지역에 심어진 것이다. 그러므로 대상들은 일정한 시대의 특정한 사회적 행동을 **통해서** 비로소 포이어바흐의 '감각적 확실성'에 제공되었다.

그뿐만 아니라, 사물을 이렇게 현실적으로 있는 그대로 또 발생한

---

* N. B. 포이어바흐의 오류는 언뜻 보기에 명확한 것, 즉 감각적 **가상**(schein)을 감각적 사실의 정확한 고찰을 통해 확인된 감각적 현실에 종속시킨 데 있는 것이 아니다. 실은 그의 '눈'을 통해, 즉 **철학자**의 '안경'을 통해 관찰하지 않고서는 궁극적으로 감성(sinnlichkeit)을 규명할 수 없다는 데 있다.

그대로 파악하려는 태도에서는, 뒤에서 좀 더 자세히 살펴보겠지만, 모든 심오한 철학적 문제가 아주 단순한 하나의 경험적 사실로 해소된다. 예를 들어 '실체'와 '자기의식'에 관한 '헤아릴 수 없을 정도의 고차원적인 저작들'[14]을 낳게 했던 자연과 인간의 관계[브루노는(110쪽)[15] 마치 자연과 역사가 두 가지 별개의 '사물들'이고, 또한 인간은 언제나 그 앞에 하나의 역사적 자연과 하나의 자연적 역사를 가졌던 것은 아니었다는 듯이, '자연과 역사의 대립'을 말하는 데까지 이르렀다]라는 중요한 문제는 우리가 다음과 같은 것을 이해했을 때 저절로 무너지고 만다. 다시 말해서 그 유명한 '인간과 자연의 통일'은 산업 가운데 언제나 존재했고, 그것도 산업의 발전 정도에 따라 각 시기에 다양한 형태로 존재했다. 그러므로 인간의 생산력이 하나의 상응한 토대 위에서 발전하기까지는 통일과 마찬가지로 인간과 자연의 '투쟁'도 존재한다. 이것들은 산업과 상업, 생활필수품의 생산과 교환 쪽에서 제약을 받으며, 그 경영 방식에 따른 분배 및 각종 사회계급의 구성에 의해 제약을 받기도 한다—그러므로 포이어바흐가 백 년 전에는 물레와 베틀밖에 볼 수 없었던 맨체스터에서, 지금은 공장과 직조기만을 보는 것이며, 혹시 그가 아우구스투스 시대에 있었더라면 로마 자본가들의 포도밭과 장원들Villen 외에 아무것도 보지 못했을 로마 평원Campagna di Roma에서 지금은 목장과 늪만을 보고 있는 셈이다. 그러나 산업과 상업 없이 어떻게 자연과학이 있었겠는가? 이러한 '순수한' 자연과학조차도 상업과 산업을 통해서, 또 인간의 감성적 활동을 통해서 비로소 주어진다. 이 활동, 즉 끊임없는 감성적 노동과 창조, 이 생산이야말로 현존하는 감성적 세계 전체의 기초이기 때문에 그것이 단 일 년만이라도 중단된다면 포이어바흐는 자연계에서 엄청난 변화를 보게 될 것이며, 전체 인간세계와 그의 고유한 직관능력, 더구나 그 자신의 존재마저도 당장 사라지고 말 것이다. 이 모든 경우에도 외적 자연의 선재성先在性, Priorität은 여전히 존속한다. 물론 앞에서 말한 모든 상황들은 원시적이고 자연발생적으로 탄생한 인간에게는 해당되지 않는다. 그러나 이러한 구별은 인간을 자연과 구별된 것으로 고찰하는 한에서만 의미를 가질 뿐이다. 나아가 인간의 역사에 선행하는 자연이란 포이어바흐가 살고 있는 자연이 아니며, 또한 새로이 발생한 오스트레일리아의 몇몇 산호섬 이외에는 오늘날 그 어디에도 존재하지 않는, 따라서 포이어바흐에 대해서도 존재하지 않는 그러한 자연도 아닌 것이다.

물론 포이어바흐가 인간도 역시 '감성적 대상sinnlicher Gegenstand'이라는 것을 통찰하고 있다는 점에서는 '순수한' 유물론자보다는 훨씬 탁월하다. 하지만 그가 인간을 '감성적 활동'으로서가 아니라 단지 '감성적 대상'으로서만 파악하고 있다는 점은 차치하더라도, 여기에서도 이론에 머물러서 인간을 자신에게 주어진 사회적 연관 속에서, 또 현재의 모습대로 만들어 낸 눈앞의 생활 조건 속에서 파악하지 않았기 때문에, 그는 결코 현실적으로 실존하고 활동하는 인간에 도달하지 못하고 '인간'이라는 추상물에 머물러서 '현실적, 개별적, 육체적' 인간을 단지 감각 속에서만 인정하는 데 그쳤다. 다시 말해서 그는 '인간에 대한 인간의', '인간적 관계'에 대해서는 연애와 우정, 그것도 관념화된 형태로서의 그것만 알고 있었다. 거기에는 현재의 생활관계에 대한 비판이 전혀 없다. 따라서 그는 감성적 세계를, 그것을 형성하는 개인들의 총체적이고 살아 있는 감성적 '활동'으로 파악하는 데는 결코 이르지 못했다. 그러므로 건강한 인간이 아닌, 즉 연주창에 걸려 있거나 과로와 폐병에 시달리는 일군의 굶주린 사람들을 보게 될 경우, '더욱 높은 직관'과 '류類'에서의 관념적 '평균화'로 도피할 수밖에 없으며, 거기에서 곧바로 관념론으로 역전되지 않을 수 없다. 반면에 공산주의적 유물론자는 바로 거기에서 산업뿐만 아니라 사회구성 변혁의 필연성과 동시에 그 조건까지도 파악한다.

포이어바흐가 유물론자인 한 그에게는 역사가 나타나지 않으며, 또한 그가 역사를 고찰하는 한에는 결코 유물론자가 못 된다. 그가 표방하는 유물론과 역사는 위에서 말한 바에서 이미 분명해졌지만 전혀 별개의 것이다.*

역사는 각 세대의 연속일 뿐이고, 각각의 세대는 모든 선행세대로부터 자신들에게 전해진 재료, 자본, 생산력을 이용한다. 따라서 한편으로는 완전히 변화한 환경 아래서 전래된 활동을 계속하고, 다른 한편으로는 완전히 변화된 활동으로써 낡은 환경을 변경시키는데, 이제는 그것이 사변적으로 왜곡되어 후대의Spätere 역사가 전대의frühren 역사의 목적으로, 예컨대 아메리카의 발견이 기본적으로 프랑스 혁명의 발발에 도움을 줄 목적이 있었다는 식으로 들린다. 그럼으로써 이제 역사는 자신만의 특별한 목적을 가지고 '다른 여러 인물들과 나란히

---

* [초고에서는 삭제됨]. 그럼에도 우리가 지금 여기에서 역사에 좀 더 가까이 다가서면 그렇게 될지 모른다. 왜냐하면 독일인들은 역사와 역사적이라는 말에서 단지 현실적인 것만이 아니라, 가능한 모든 것들을 생각하는 데 익숙해 있기 때문이다. 특히 '설교적인' 성 브루노 씨는 그것의 훌륭한 본보기라 할 수 있다.

선 또 다른 인물'(왜냐하면 거기에는 자기의식, 비판, 유일자 등이 있으므로)이 되지만, 전대의 역사의 '사명', '목적', '맹아', '이념'으로 불리는 것들은 역사에 대한 하나의 추상화, 전대의 역사가 후대의 역사에 미치는 능동적 영향에 대한 하나의 추상화 이외의 아무것도 아니다.

이제 이러한 발전 과정에서 상호작용하는 개별 영역이 더욱 늘어날수록, 발전된 생산력과 교류 및 그로부터 자연히 파생된 여러 국가들 사이의 분업과 각 국가들의 원시적 고립이 타파될수록 역사는 점차 세계사로 변화한다. 예컨대 영국에서 어떤 기계가 발명되어, 그것이 인도나 중국의 수많은 노동자들의 생계를 앗아가고 이들 국가의 모든 존재 형태를 변화시킨다면, 이 발명은 하나의 세계사적 사실로 자리 잡는다.

또한 나폴레옹의 대륙봉쇄정책[16] 때문에 생긴 설탕과 커피의 부족이 독일인으로 하여금 나폴레옹에 맞서 싸우게 만들어 1813년의 빛나는 해방 전쟁의 실질적 토대가 됨으로써, 이 생산물들은 19세기에서 지니는 세계사적 의의를 입증하기도 했다. 바로 여기에서 역사에서 세계사로 전환되는 것은 결코 '자기의식', 세계 정신 혹은 그 밖의 어떤 형이상학적 유령의 추상적 행위가 아니라, 완전히 물질적이고 경험적인 행위, 서서 걸어 다니고 먹고 마시고 있는 각 개인이 몸으로써 입증하는 행위라는 결론이 나오게 된다.

어떤 시대에서나 지배계급의 사상이 지배적인 사상이다. 다시 말해서 사회의 지배적인 **물질적** 힘인 지배계급이 동시에 그 사회의 지배적인 **정신적** 힘이라는 말이다. 물질적 생산의 수단을 통제하는 계급은 그 결과 정신적 생산의 수단도 통제하고 있으며, 그에 따라 정신적

나폴레옹 군대와 프로이센 등 반(反)프랑스 동맹군 사이에 벌어진 '뤼첸 전투(Schlacht von Großgörschen)'(1813년 5월 2일).

생산수단을 가지지 못한 계급의 사상은 대체로 물질적 생산의 수단에 종속된다. 지배적인 사상은 지배적인 물질적 관계들의 관념적 표현, 사상으로서 파악된 지배적인 물질적 관계일 뿐이다. 그러므로 한 계급을 지배계급으로 만드는 관계들의 표현, 곧 이 계급의 지배사상 이외의 아무것도 아니다. 지배계급을 구성하는 개인들은 무엇보다도 의식, 즉 사상을 갖는다. 그렇기 때문에 그들이 하나의 계급으로서 지배하고 한 역사적 시대의 전全 범위를 규정하는 한, 그들은 이 의식을 전반적인 영역에서 행한다. 따라서 무엇보다도 사고하는 자者로서, 사상의 생산자로서 지배하고 그 시대의 사상의 생산과 분배를 규제하기 때문에 그들의 사상이 지배적이라는 것은 너무도 자명하다. 예컨대, 왕권, 귀족 그리고 부르주아지가 지배권을 다투고 있고, 그에 따라 지배권이 분할되어 있는 시대나 국가에서는 권력분립의 이론이 지배적이라는 것이 입증되고, 그것이 하나의 '영원한 법'으로 표방된다.

우리가 이미 앞에서 지금까지의 역사의 주요한 추동력의 하나로서 보았던 분업은 이제 지배계급 내에서도 정신노동과 육체노동의 분업으로 나타났다. 그에 따라서 이 계급 내부에서 한 부분은 그 계급의 사상가로서 등장하고(그들은 자신들의 계급에 대한 환상의 형성을 자신들의 주요한 생계 원천으로 삼으면서 적극적이고 구상력을 가진 그 계급의 이데올로그들이다), 또 다른 부분은 이러한 사상과 환상들에 대해서 수동적이고 수용적인 태도를 취한다. 왜냐하면 그들은 현실적으로 이 계급의 능동적인 구성원이므로 자기 자신에 대한 환상이나 사상을 만들어 낼 시간이 부족하기 때문이다. 이 계급 내부에서의 이러한 균열은 양 부분 간의 일정한 대립이나 적대로까지 발전할 수도 있다. 하지만 이 계급 자체가 위태로워질 만한 실질적인 충돌이 생긴다면 이러한 대립은 항상 저절로 없어진다. 또 그 경우에는 지배적인 사상이 지배계급의 사상이 아니듯이, 권력의 획득이 이 지배계급의 힘과는 별개의 것처럼 보이던 가상도 사라지고 만다. 특정한 시대에서 혁명적 사상의 존재는 이미 하나의 혁명적 계급의 존재를 전제로 한다. 그 전제에 필요한 것들에 관해서는 앞에서 이미 서술한 바 있다.

우리가 역사의 과정을 고찰할 때, 지배계급의 사상을 지배계급 자체로부터 떼어 놓고 그것을 독립적인 존재로 간주하거나, 사상의 형성 조건과 그 생산자들에 관해서는 숙고하지 않은 채 그저 어떤 시기에 이러저러한 사상이 지배적이었다고 말하고, 그 사상들의 원천인 개인들과 세계의 조건을 무시한다고 가정해 보자. 그렇게 되면 우리는 귀족이 지배하고 있던 시대에는 명예, 충성 등의 개념이 지배했고, 부르주아가 지배하던 시대에는 자유, 평등 등의 개념이 지배했다고 말할 수 있을 것이다.* 지배계급은 대체로 이와 같이 엉뚱한 생각을 하고 있다. 특히 18세기 이후로 모든 역사가들에게 공통된 이 역사관은 필연적으로 더욱더 추상적인 사상, 즉 더욱더 보편성의 형태를 취하는 사상이 지배한다는 현상에 부딪칠 것이다. 기존의 지배계급을 대체하는 새로운 계급은 각각 그 목적을 관철하기 위해서라도 자신의 이익을 사회구성원 모두의 공동 이익으로, 다시 말해서 관념적으로 표현할 수밖에 없다. 결국 그들은 자신의 사상들에 보편성의 형식을 부여하고, 그것들을 유일하게 합리적이고 보편적 타당성을 지닌 것으로 표현해야만 한다. 혁명을 일으키는 계급은 그들이 한 **계급**에 대립한다는 이유만으로도 처음부터 하나의 계급으로서가 아니라 사회 전체의 대표로서, 하나의 지배계급에 대항하는 사회의 모든 대중으로서 나타난다.** 혁명을 일으키는 계급이 이렇게 될 수 있는 이유는, 애초부터 그들의 계급 이익이 다른 모든 피지배계급의 공동 이익과 현실적으로 상당히 연관되어 있고, 또 기존 관계의 압박 아래서는 그들의 이

---

* [초고에서는 삭제됨]. 이러한 '지배적 개념들'은 지배계급이 자신들의 이익을 모든 사회구성원들의 이익으로 명시하도록 강제할수록 더욱 보편적이고 포괄적인 형식을 갖추게 된다. 지배계급 자체는 일반적으로 다음과 같이 생각한다. 즉 이렇듯 그들의 개념들이 지배적이고, 그것이 영원한 진리로 묘사됨으로써 이전 시대의 지배적 표상들과는 구별된다는 것이다.

** [마르크스의 방주]. 보편성은 (1) 계급 대 신분 (2) 경쟁, 세계 교류 등 (3) 수많은 지배계급 (4) 공동 이익의 환상(처음에는 이 환상이 옳았다) (5) 이데올로그들의 기만과 분업에 상응한다.

익이 특수 계급의 특수 이익으로까지 발전할 수 없었기 때문이다. 그러므로 그 계급의 승리는 지배적인 위치를 획득하지 못한 다른 계급들의 많은 개인들에게도 이익이 되겠지만, 그것은 승리가 이러한 개인들을 지배계급의 일원으로 상승시킬 수 있을 때만 그렇다. 프랑스의 부르주아지가 귀족의 지배를 타도했을 때, 다수의 프롤레타리아트가 프롤레타리아트를 넘어설 수 있게 해 주었지만, 그것은 프롤레타리아트가 부르주아지로 상승되는 한에서만 그러했다. 따라서 모든 새로운 계급은 그 이전의 지배계급보다 더 넓은 토대 위에서만 지배권을 획득한다. 그러면서 다른 한편으로는 그 새로운 지배계급에 대한 피지배계급의 저항은 훨씬 더 첨예화되고 심화된다. 이 두 가지 사실을 통해 이 새로운 지배계급에 대한 투쟁도 기존의 모든 지배 추구적 계급이 할 수 있었던 것보다 더 결정적인 부정과 기존 사회상태의 근본적인 부정을 목표로 삼을 것이라는 사실을 이끌어낼 수 있다.

한 특정 계급의 지배가 어떤 사상의 지배에 불과한 것처럼 보이는 이 모든 가상들은 당연히 계급지배 일반이 사회조직 형태가 되기를 그만 둠과 동시에, 다시 말해서 지배계급 일반이 더 이상 특수한 이익을 일반적인 것으로서 또는 '일반 이익'을 지배적인 것으로서 나타낼 필요가 없게 되자마자 저절로 사라지고 만다.

일단 지배적인 사상이 지배자들로부터 그리고 무엇보다도 주어진 생산양식의 단계에서 생겨나는 관계들로부터 분리됨으로써 역사에서는 언제나 사상이 지배한다는 결론이 성립된다. 그다음에 이러한 각종 사상들을 근거로 역사의 지배적인 힘으로서의 이념, **사상** 등을 추구하는 것은, 그리고 그에 따라 이 모든 개개의 사상과 개념들을 역사

속에서 발전하는 개념의 '자기규정Selbsitbestimmungen'으로 파악하는 것은 지극히 쉬운 일이다. 그렇게 되면 모든 인간관계는 인간의 개념, 표상된 인간, 인간의 본질인 **인간이란 것**dem Menschem에서 도출될 수 있다는 사실도 자연스럽게 성립된다. 이것이 바로 사변철학이 행해 온 바이다. 헤겔은 『역사철학』의 결론에서 그가 '**개념의** 진행fortgang만을 고찰하고' 역사에서 '진정한 **변신론**Theodizze'만을 기술했다고 고백했다(446쪽). 이렇게 되면 다시 '개념의' 생산자, 즉 이론가, 이데올로그 그리고 철학자에게로 되돌아갈 수 있고, 거기서 어느 시대나 철학자와 사상가들이 역사를 지배해 왔다는 결론, 즉 우리가 살펴보았듯이, 헤겔에 의해 표명된 그런 결론에 도달한다. 따라서 역사에서 정신의 주도성Oberherrlichkeit(슈티르너의 경우에는 정신의 위계Hierarchie이다)을 입증하려는 모든 곡예들은 다음과 같은 세 가지 시도로 귀착된다.

1. 경험적인 원인들을 근거로 하여, 경험적인 조건들 아래서, 그리고 물질적 개인으로서 지배하는 사람들의 사상을 그 지배자들로부터 분리시켜야 하며, 그럼으로써 역사에서의 사상 또는 환상의 지배를 인정해야만 한다.

2. 이 사상의 지배에 하나의 질서를 부여하여 그러한 일련의 지배사상들 사이의 신비적 연관을 입증해야만 하는데, 이는 이 사상들을 '개념의 자기규정'으로 인식함으로써 가능해진다(이것이 가능한 까닭은 이 사상들이 경험적 기초를 매개로 해서 현실적으로 상호관련하고, 또 그것들이 오로지 사상으로 파악된 것으로서 자기구별, 즉 사유에 의해 만들어진 구별이기 때문이다).

3. 이 '자기규정하는 개념'의 신비로운 외관을 감추기 위해서는 이

개념을 하나의 인격—'자기의식'—으로 전환시키거나, 철저하게 유물론적인 것으로 보이도록 하기 위해 역사에서 '개념'을 대표하는 일련의 인격들, 곧 '사상가', '철학자', 이데올로그로 전환시키는데, 이들은 다시 역사의 제조자, '감시위원회der Rat der Wächter', 지배자로서 파악된다.* 이렇게 해야 역사에서 모든 유물론적 요소들이 제거되고, 이제 그들의 사변적인 말馬들이 마음대로 달릴 수 있게 된다.

일상생활에서 사람들이 그렇다고 자인하는 것was Jemand zu sein vorgibt과 그가 현실적으로 있는 것was erwirklich ist을 구분하는 것은 소매상인들조차 익히 알고 있으나, 우리의 역사 기술은 이러한 평범한 인식에조차 도달하지 못했다. 그것은 각 시대가 자신에 관하여 말하고 상상하는 것을 그대로 믿고 있기 때문이다.

무슨 까닭에서인지 모르지만, 특히 독일에서 지배적인 이러한 역사 인식의 방법은 이데올로그들의 환상 일반, 예컨대 법률가, 정치학자(현실적인 정치가를 포함한)들의 환상과의 연관 속에서, 그리고 이들의 독단적 몽상과 왜곡 속에서 설명되어야만 한다. 그리고 이러한 몽상과 왜곡은 그들 생활에서의 실질적인 지위, 그들의 직업, 그리고 분업에 의해서 아주 쉽게 설명된다.

---

* [마르크스의 방주]. 인간적인 것='사유된 인간 정신'.

# B. 이데올로기의 현실적 토대

## 1. 교류와 생산력

물질적 노동과 정신적 노동의 최대의 분업은 도시와 농촌 간의 분리이다. 도시와 농촌 간의 대립은 야만에서 문명으로, 부족제에서 국가제로, 국지성에서 민족으로 이행하는 것과 더불어 시작하여 오늘날 (반反곡물조례동맹)[17]에 이르기까지 문명사 전체를 관통해 왔다. 도시의 출현과 동시에 행정, 경찰, 조세 등 간단히 말해서 자치제도 Gemeindewesens와 정치 일반에 대한 필연성이 나타났다. 여기에서 처음으로 시민이 양대 계급으로 분화되는 현상이 나타나는데, 그것의 직접적인 토대는 노동분업과 생산도구들이었다. 도시는 이미 인구, 생산도구, 자본, 향락, 욕구 들이 집중된 곳이었으나, 농촌은 이와 정반대의 현상, 즉 고립화와 개별화를 보이고 있었다. 도시와 농촌 간의 대립은 사적 소유라는 테두리 안에서만 존재할 수 있다. 그것은 개인을 분업, 즉 규정된 강제적 활동으로 포섭시킨다는 것을 가장 두드러지게 나타내 준다. 이러한 포섭은 한쪽의 사람을 꽉 막힌 도시동물로, 다른 쪽 사람을 꽉 막힌 농촌동물로 만들어, 양쪽의 이해관계가 날마다 새롭게 대립하게 만든다. 여기서도 또다시 노동이 개인들을 **지배하는**über 위력의 핵심으로 자리하고 있는데, 이 위력이 존재하는 한 사적 소유도 반드시 존재하게 마련이다. 도시와 농촌이 대립에서 벗어나는 것은 공동체를 위한 제1의 조건들 중 하나로서, 누구나 금방 알 수 있듯이, 다시 일련의 물적 전제들에 의해 규정되기 때문에 단순한 의지意志

만으로는 충족될 수 없는 사항이다(이 조건들은 다시 설명할 필요가 있다). 도시와 농촌의 분리는 또한 자본과 토지 소유의 분리로도 이해할 수 있다. 또한 자본, 즉 단지 노동과 교환만을 자신의 기초로 삼는 소유가 토지 소유로부터 독립하여 존재하고 발전하기 시작한 단서로도 파악할 수 있다.

중세시대의 경우, 이전 시대에 이미 완성되어 전승된 것이 아니라 자유민이 된 농노에 의해 새로이 형성된 도시에서는 자유민들이 휴대했던 최소한의 수공도구만으로 구성된 소자본을 제외하고는 각자의 특수노동이 그들의 유일한 소유였다. 끊임없이 도시로 탈출하는 농노들의 경쟁, 도시를 끊임없이 공격하는 농촌으로 인한 도시의 조직적 · 자치적 군사력의 필요, 특정한 노동 분야에서의 공동 소유라는 속박, 장인이 동시에 상인Commerçants일 경우 그들 상품의 공동판매를 위한 판매장의 필요성, 그리고 그와 함께 이 판매장에 나타난 무자격자의 축출, 다양한 수공업 상호 간의 이익 대립, 그들이 힘들여 습득한 기술을 보호할 필요성, 그리고 모든 농촌의 봉건적 조직 등이 각 수공업 노동자들을 동업조합으로 단결하게 한 원인들이다. 이러한 맥락에서 볼 때, 그 이후의 역사적 발전에 따라 동업조합 체계에 나타난 다양한 변화들에 관해서는 더 이상 살펴볼 필요가 없겠다. 농노들이 농촌을 벗어나 도시로 탈출하는 일은 중세 전체를 통해 끊임없이 행해졌다. 농촌에서 영주들의 박해를 받은 이 농노들은 뿔뿔이 도시로 흘러들었으나, 거기에서 하나의 조직적인 공동체를 발견하게 된다. 그들은 그 공동체에 대해 무력했기 때문에 그 안에서 자신들의 노동에 대한 수요와 조직적인 도시 경쟁자들이 정해 준 지위를 받아들일 수밖에 없었다. 개별적으로 흘러든 온 이 도시 노동자들은 결코 하나의 세력을 형성하지 못했다. 그들의 노동이 숙련을 요구하는 동업조합적인 것의 경우에는 동업조합장이 그들을 자신에게 종속시키고 자신의 이익에 따라 그들을 조직했기 때문이며, 또 그들의 노동이 숙련을 요구하지 않는 날품팔이노동Taglöhnerarbeit일 경우에는 결코 조직을 가질 수 없는 천민에 불과했기 때문이다. 결국 도시에서의 날품팔이노동에 대한 필연성이 천민을 만들었던 것이다.

이 도시들은 각 성원의 재산을 보호하고 생산과 방위 수단을 증대시키기 위한 직접적 필요성 때문에 형성된 사실상의 '연합체Vereine'였다. 도시의 천민들은 뿔뿔이 흩어져 흘러들어 온 개인들로 구성되었으며, 게다가 이 개인들은 조직적이고 무장한 그들의 감시세력을 비조직적으로 상대했기 때문에 일체의 권력을 박탈당하고 말았다. 직인Gesellen과 도제Lehrlinge 제도는 어떤 수공업에서든 장인Meister의 이익에 가장 잘 부응하도록 조직되어 있었다. 직인과 장인이 맺었던 가부장적 관계는 장인에게 이중의 권력을 부여해 주었다. 한편으로는 장인들이 직인의 생활 전체에 직접적인 영향을 미쳤고, 다른 한편으로는 동일한 장인 밑에서 일하는 직인들 입장에서 볼 때 이 가부장적 관계가 다른 장인의 직인들로부터 자신들을 결속시켜 주고 다른 직인들과 분리시켜 주는 현실적인 유대였기 때문이다. 그리고 마지막으로 직인들 스스로가 장인이 되려고 하는 자신들의 이해관계를 따져 보더라도 이미 기존의 질서와 연결되어 있었다. 그러므로 완전히 비효과적이었을지라도 천민들의 폭동이 최소한 도시 질서 전체에 대항해 일으켰던 반면에, 직인들은 자신들의 무력함 때문에 동업조합 체계상 당연히 있게 마련인 사소한 반항조차 개개의 동업조합 내에서 시도하는 정도에 그치고 말았다. 중세의 대규모 반란은 모두 농촌에서 일어났으나, 농촌의 고립성과 그로 인한 미성숙 때문에 언제나 실패로 끝나고 말았다.

도시에서의 분업은 개별 동업조합 사이에는 이미 (완전히 자연발생적으로) 행해지고 있었으나, 같은 동업조합 내의 개별 노동자들 사이에는 전혀 행해지지 않았다. 각 노동자는 작업의 모든 범위에 걸쳐 숙련되어 있어야 하며, 자신의 도구들을 가지고 만들 수 있는 것은 무엇이든 만들어야 했다. 제한된 교통, 개별 도시들 사이의 미약한 유대, 인구의 부족, 협소한 수요 때문에 이 이상의 분업은 나타날 수 없었다. 따라서 장인이 되고자 하는 사람은 누구나 자기 수공업의 전 범위에 걸쳐 숙련되어 있어야 했다. 따라서 중세의 수공업자들은 자신들의 특수한 노동과 그 숙련에 관심을 갖고 있었으며, 이것은 제한적이나마 일종의 예술적 의미로까지 고양될 수 있었다. 바로 이런 이유 때문에 중세의 모든 수공업자들은 자신의 노동에 몰두함으로써 자신의 노동에 대해 무관심한 근대의 노동자들보다는 훨씬 더 자기 노동 안에 포섭되어 있었다.

이 도시들의 자본은 주택, 노동도구, 세습적인 단골고객Kundschaft 등으로 이루어진 자연발생적인 것으로, 교류의 낙후성과 유통의 불충분성 때문에 환금이 되지 않아als unrealisierbar 자손들에게 물려주어야만 했다. 화폐로 평가될 수 있고 물건의 형태와는 무관하게 투자 가능한 근대의 자본과 달리, 이 자본은 소유자의 특정 노동과 직접 연관되어 있었기 때문에 그로부터 분리될 수 없었으며, 그렇기 때문에 **신분적**

Ständisches 자본이었다.

그다음에 나타난 분업의 확장은 생산과 교류의 분리, 즉 특수한 상인계급의 형성이었다. 이 분리는 역사적으로 전래된 (특히 유대인이 살고 있던) 도시에서는 선대로부터 계승된 것인데, 새로이 형성된 도시에서도 곧바로 나타났다. 이와 함께 인근 지역을 넘어서는 상업적 교류의 가능성이 생겨났다. 이 가능성의 실현 여부는 기존의 교류수단, 정치적 상황에 제약을 받고 있었던 농촌에서의 치안상태에 따라, (주지하다시피 중세 전체를 통해 상인들은 무장 대상隊商, bewaffneten Karawanen을 이루어 여행했다) 그리고 교류가 미칠 수 있는 지역의 당시 문화 발전 단계에 따라 형성된 욕구의 발전 정도에 달려 있었다.

하나의 특정 계급에 의해 확립된 교류, 상인에 의해 이루어진 도시의 인근 지역을 벗어난 교역의 확장, 그리고 생산과 교류 간의 상호작용이 바로 여기서 등장한다. 도시들이 **서로** 연계를 맺고, 새로운 도구들이 한 도시에서 다른 도시로 전파되자, 또 생산과 교통의 분리가 곧바로 개별 도시들 사이의 생산에서 새로운 분화를 가져오자 마침내 각 도시들은 하나의 주요한 산업분야에 종사하게 되었다. 마침내 초기의 지역적 제한성이 점차 해소되기 시작한 것이다.

중세의 각 도시 시민들은 농촌귀족Landadel에 맞서 일치단결하여 기필코 자신들을 지켜야만 했다. 그리고 상업의 확장, 교류의 개통을 계기로 똑같은 적을 상대로 투쟁하고 똑같은 이해관계를 관철시키고 있던 각 도시들이 서로를 알게 되었다. 아주 점진적으로 각 도시의 수많은 국지적 시민층들Bürgerschaften이 드디어 시민**계급**으로 등장하게 되었다. 개별 시민들의 생활 조건은 현존 관계의 대립과 그로부터 생긴

노동방식에 따라 그들에게 공통적이면서 동시에 그들 각자로부터 독립된 것으로 정착되었다. 시민들은 스스로를 봉건적 속박에서 해방시킨 경우에만 그런 조건들을 만들어 냈으며, 자신들의 앞에 놓인 봉건 성과의 대립에 의해 규정된 경우에만 그 조건들을 만들어 냈던 것이다. 각 도시들 사이에 서로 연락이 가능해지자 이 공동의 조건들은 계급적 조건으로 발전했다. 동일한 조건, 동일한 대립, 동일한 이익은 대체로 동일한 풍습을 낳게 마련이다. 부르주아지들은 처음에는 그 조건들과 함께 점차적으로 자신들을 발전시키고, 분업에 따라 다시 여러 분파로 분열하다가, 결국 기존의 모든 소유가 산업자본 또는 상업자본으로 전환되는 정도에 따라 기존의 모든 유산계급을 자기 안으로 흡수해 버렸다*(다른 한편으로 부르주아지는 대부분의 기존 무산계급과 유산계급 일부분을 하나의 새로운 계급, 곧 프롤레타리아트로 발전시켰다). 각 개인들은 그들이 다른 한 계급에 대한 공동의 투쟁을 벌여야 할 경우에만 하나의 계급을 형성하며, 그 밖의 경우에는 경쟁 속에서 서로 적대적으로 대립한다. 다른 측면에서 보면 계급은 개인들로부터 독립해 있고, 그 결과 개인들은 자신들의 생활 조건을 미리 예정된 것으로 생각하며, 계급에 의해 자기들의 생활상의 지위 그리고 그에 따른 인격적 발전이 규정된다고 여김으로써 계급에 포섭된다. 이것은 개개인이 분업에 포섭되는 것과 마찬가지 현상으로, 이는 사적 소유와 계급노동

---

\* [마르크스의 방주]. 부르주아는 우선 무엇보다도 국가에 직접 귀속되는 노동의 분리를 흡수하며, 그런 후 ±(다소) 이데올로기적 신분을 흡수한다.

자체의 지양을 통해서만 제거될 수 있다. 이처럼 개인들이 계급으로 포섭되는 것이 어떻게 동시에 표상으로 포섭되는 것으로 발전하는가는 이미 여러 차례 시사한 바 있다.

한 지역에서 전개된 생산력, 특히 여러 발명들이 그 후의 발전 과정에서 상실될 것인가의 여부는 전적으로 교류의 확장에 달려 있다. 인접지역을 벗어날 수 있는 교류가 존재하지 않는 한 모든 발명은 각 지역에서 개별적으로 이루어질 수밖에 없었다. 또한 야만족의 침입과 같은 우연사나 통상적인 전쟁이 일어나면, 발전된 생산력과 욕구를 가진 한 국가가 처음부터 다시 시작해야 할 정도로 파괴되었다. 초기의 역사에서는 모든 발명이 날마다 새롭게, 그리고 각 지역에서 독립적으로 이루어져야 했다. 상업이 비교적 상당히 발전한 경우조차도 고도로 발전한 생산력이 완전히 파멸할 수 있다는 것은 페니키아 인이 증명해 준다. 그들의 발명은 대부분 이민족을 상업으로부터 축출해 버린 알렉산드로스 대왕의 정복과, 그 결과로 나타난 몰락 때문에 오랫동안 잊히고 말았다. 마찬가지로 중세의 스테인드글라스가 그러했다. 우선 교류가 세계적인 교류로 될 때에만 그리고 그 기초로서 대규모의 산업이 갖춰졌을 때에만 경쟁적인 모든 민족들을 끌어들일 수 있으며 획득한 생산력의 귀속성을 보장받을 수 있다.

각 도시들 사이의 분업의 직접적인 결과는 매뉴팩처의 등장, 곧 동업조합의 틀을 넘어선 생산양식의 발생이었다. 외국과의 교류는 매뉴팩처가 융성하게 된 최초의—이탈리아 그리고 뒤에는 플랑드르에서의—역사적 조건이었다. 예를 들어 영국이나 프랑스 같은 나라에서 매뉴팩처는 상당한 인구—특히 농촌에서—의 집중을 전제로 하고,

동업조합에 대한 규제에도 불구하고 일부는 동업조합에서 나타나며, 다른 일부는 상인들 사이에서 나타나기 시작한 각 개인들의 자본의 상당한 집적을 전제로 한다.

아직 극히 조야한 형태지만, 처음부터 기계를 전제로 하는 노동은 곧 가장 큰 발전능력을 가진 노동임을 보여 주었다. 과거에는 농촌에서 농민들이 자신에게 필요한 옷감을 얻기 위해 부업으로 해 왔던 직물업은 교류의 확장에 영향을 받아 더 한층 육성된 최초의 매뉴팩처로 변모했다. 직물업은 최초의 매뉴팩처이자, 여전히 주요한 매뉴팩처였다. 인구 증가에 따른 의류의 수요 증대, 가속화된 유통을 통한 자연발생적 자본의 동산화Mobilisation와 축적의 개시, 그리고 이것에 의해 요청받고 교류 일반의 점진적인 확장에 의해 조성된 사치품에 대한 욕구는 이 직물업에 양적·질적인 자극을 가했으며, 직물업을 기존의 생산 형태로부터 분리시켜 놓았다. 과거에서부터 존속해 왔고, 지금도 여전히 존속하는, 자가 소비용으로 베를 짜는 농민과 병행하여 도시에서는 직물업자라는 새로운 계급이 나타났다. 그리하여 그들의 직물은 전체 국내 시장으로, 그리고 대개는 외국 시장으로 팔려 나갔다.

대부분의 경우 거의 숙련이 필요 없고 무수히 많은 부분으로 분업화된 노동인 직물업은 전반적인 속성상 동업조합의 굴레에 반발하고 나섰다. 그러므로 직물업은 대부분 동업조합 조직이 없는 촌락이나 소규모 시장바닥에서 이루어졌다. 하지만 그 지역들은 점차 도시로 변해 갔으며, 그것도 얼마 후 각국에서 가장 번창한 도시로 탈바꿈했다. 동업조합에 속박되지 않는 매뉴팩처의 출현과 더불어 소유 관계도 변화했다. 자연발생적·신분적 자본을 넘어서는 최초의 진전은 상인의 출현에 의해서 시작된다. 그들의 자본은 애초부터 동산動産이었는데, 당시의 관계들 속에서 말한다면 근대적 의미의 자본이었다. 매뉴팩처와 함께 자본은 두 번째로 진전하게 된다. 매뉴팩처는 일군의 자연발생적 자본을 동산화했는데, 자연발생적 자본의 양보다는 동산 자본의 양을 급속도로 증대시켰다.

동시에 매뉴팩처는 농민을 축출하거나 그들에게 열악한 보수밖에 주지 않는 동업조합과는 반대였다. 일찍이 동업조합 도시가 (농촌귀족에게 억압받는) 농민을 위한 도피처 역할을 했던 것과 마찬가지로 농민들의 도피처가 된 것이다.

매뉴팩처의 시작과 동시에 이루어진 봉건가신단feudalen Gefolgs-chaften의 폐지, 가신Vasallen에 대항하여 국왕이 채용한 용병군단Zusam-mengelafenen Armeen의 해체 및 농업 개량과 광대한 경작지의 목초지화는 부랑자Vagabundentum의 시대를 열어 놓았다. 이것만으로도 이 부랑자가 봉건제도의 해체와 밀접한 연관이 있다는 것이 분명해진다. 일찍이 13세기에도 드문드문 이러한 시기가 나타나긴 했지만, 15세기 말이나 16세기 초에 가서야 이 부랑자들이 전반적이고 지속적으로 나타난다. 예컨대 영국의 헨리 8세가 재위 기간(1509~1547) 동안 7만 2천 명을 교살할 만큼 부랑자들이 상당히 많았는데, 그들은 극도의 빈곤을 겪고 가혹한 학대에 쫓기면서 오랜 저항을 지속한 뒤에야 비로소 노동을 할 수 있었다. 특히 영국에서 매뉴팩처의 급속한 번창은 점차 그들을 흡수하기 시작했다.

매뉴팩처의 출현과 함께 각국은 서로 경쟁적인 관계, 즉 무역 전쟁, 보호관세, 수입 금지 등을 투쟁 무기로 삼는 상업전쟁에 돌입했다. 하

재위 38년 동안 부랑자들을 7만 2천 명이나 학살한 헨리 8세. 이후 1597년 영국에서는 '부랑자법(Vagabonds Act)'을 통과시켜 부랑자들의 추방을 합법화했다.

지만 이전에는 각국이 상호 결속되어 있는 한 손해가 없는 교역을 해 왔다. 이후로 교역은 정치적 의미를 지니게 된다.

매뉴팩처가 발달함과 동시에 고용주와 노동자의 관계에 변화가 생겨났다. 동업조합에서는 직인과 장인 사이에 가부장적 관계가 존재했으나, 매뉴팩처에서는 그것 대신에 노동자와 자본 사이에 화폐관계가 나타난다. 이 관계는 농촌이나 소도시에서는 아직 가부장적 색채를 띠고 있으나, 본래부터 매뉴팩처가 발달한 더 큰 도시들에서는 일찍부터 거의 모든 가부장적 색채들이 사라져 버렸다.

매뉴팩처와 생산운동 등은 아메리카의 발견 및 동인도 항로의 발견 때문에 교류가 확장되면서 엄청나게 비약한다. 그곳들로부터 수입된 새로운 생산물들, 특히 다량으로 유통된 금과 은은 계급 상호 간의 위치를 총체적으로 변화시켰고, 특히 봉건적 토지 소유자와 노동자에게 타격을 주었다. 모험상인단Abenteurerzüge, 식민화, 그리고 점점 더 세계 시장으로 확대되는 시장 확장은 역사 발전 과정에서 하나의 새로운 국면을 가져왔는데, 여기서는 그 전반에 대해서 더 이상 자세히 들어가지는 않겠다. 새로이 발견된 지역의 식민화를 통해 각국 상호 간의 상업전쟁은 새로운 활력을 띠게 되었으며, 그에 따라 싸움은 더욱 확산되고 치열해졌다.

상업과 매뉴팩처의 확장은 동산 자본의 축적을 가속화했는데, 이에 비해 생산의 확장에 자극을 받은 적이 없었던 동업조합에서는 자연발생적 자본이 그대로 정체하거나 때로는 감소하기에 이르렀다. 상업과 매뉴팩처는 대

16세기경 라마를 이용해 은을 나르는 볼리비아의 포토 시 광부들과 이들을 감시하는 스페인 병사.

부르주아지를 창출했고, 동업조합에는 소부르주아지가 모여들었다. 소부르주아지는 더 이상 전과 같이 도시의 지배세력이 되지 못했으며, 대상인과 공장 경영자들에게 굴복하지 않을 수 없었다.* 이로써 동업조합은 매뉴팩처와 접촉하면서부터 몰락하기 시작했다.

지금까지 논의해 온 시대를 살펴볼 때, 각국 사이의 교류 관계는 두 개의 서로 다른 형태를 보이고 있다. 초기에는 소량으로 금·은이 유통되었기 때문에 이들 금속의 수출 금지 조치가 취해졌다. 그리고 증가하는 도시 인구를 고용할 필요가 있었기 때문에 부득이 생길 수밖에 없었고, 또 그 대부분이 외국으로부터 이식된 산업은 특권 없이는 경영할 수가 없었다. 그런데 이러한 특권은 국내에서의 경쟁은 물론

---

* [마르크스의 방주]. 소시민 - 중산계층 - 대부르주아지.

이고 주로 해외 경쟁에 대처하기 위해 주었던 것이었다. 동업조합의 국지적인 특권은 이러한 원천적 금지 조치의 테두리 안에서 전국적으로 확장되었다. 관세는 봉건영주가 자신의 영토를 통과하는 상인들을 강도로부터 보호해 주는 대가로 징수한 공납에서 발달한 것인데, 공납이 나중에는 똑같이 도시에서도 부과되었고, 이후 근대국가의 등장과 함께 국고에 화폐를 조달하는 가장 손쉬운 수단으로 자리 잡았다.

유럽에 유입된 아메리카산 금·은, 산업의 점진적 발전, 교역의 급속한 확장과 그 결과로 나타난 비동업조합 부르주아지의 성장, 그리고 화폐의 중요성의 증대는 이러한 방법들에 또 다른 의미를 부여했다. 점점 더 화폐 없이는 지탱할 수 없게 된 국가는 이제 재정상의 이유로 금·은 수출 금지 조치를 관철해 나갔다. 한편 새로이 시장에 투입된 대량의 화폐를 폭리의 주요 대상으로 삼은 부르주아지는 그 조치에 매우 흡족해했다. 이제 기존의 특권들은 정부의 수입원 중 하나가 되었고, 이 특권은 화폐를 받고 팔렸다. 또한 관세 입법에서는 수출 관세가 제정되었는데, 이것은 산업에 장애가 될 뿐이었기 때문에 전적으로 재정적 목적에서 등장했음을 알 수 있다.

제2의 시대는 17세기 중반에 시작되어 거의 18세기 말까지 계속되었다. 상업과 항해는 매뉴팩처보다 더 급속도로 신장했고, 그에 따라 매뉴팩처는 부차적인 역할을 맡게 되었다. 식민지들은 점차 유력한 소비자로 되어 가고 있었으며, 오랜 전쟁이 끝난 뒤에 각국은 개방되어 가는 세계 시장을 자기들끼리 분할했다. 이 시대는 「항해법 Navigationsgesetzen」[18]과 식민지 독점과 더불어 시작된다. 각국 사이의 경쟁은 관세율, 수출입 금지 조치, 조약 등을 통해 가능한 한 배제되었

항로의 독점권을 통해 네덜란드를 견제하기 위한 올리버 크롬웰
(왼쪽)의 「항해법」(1651, 오른쪽).

다. 그리고 최후의 경우에 경쟁전은 무력전쟁(특히 해전)으로 이어져
그 승패가 결정되었다. 해상 최강국인 영국은 이미 상업과 매뉴팩처
에서 우위를 확보했다. 여기서 이미 한 국가로의 집중이 나타났다.

매뉴팩처는 국내 시장에서는 보호관세Schutzzölle에 의해서, 식민지
시장에서는 독점에 의해서, 그리고 타국에서는 가능한 한 많은 차등
관세Differentialzölle[19]에 의해서 항상 보호를 받았다. 자국산 원료의 가공
은 권장되고(영국에서의 모직과 아마포), 자국산 원료의 수출은 금지되
었으며(영국에서의 양모), 또한 수입된 원료의 가공은 인정되지 않거나
억압당했다(영국에서의 면화). 해상무역과 식민지 세력에서 우세한 국
가는 당연히 또한 매뉴팩처의 최대의 양적·질적 팽창을 확보했다. 일
반적으로 보호 없이는 매뉴팩처를 유지해 나갈 수 없었다. 만일 다른
국가에서 사소한 변화가 일어나면 매뉴팩처는 그 시장을 잃고 파멸할
수 있으며, 또 상당히 좋은 조건에서는 한 국가에 쉽게 도입되지만 바
로 그 이유 때문에 쉽게 파괴될 수도 있기 때문이다. 동시에 매뉴팩처

는 그것이 수행되어 온, 특히 18세기에 농촌에서 수행되어 온 방식에 따라 그만큼 상당수 개인들의 생활 조건과 밀접하게 뒤얽혀 있었다. 따라서 그 어느 나라도 자유경쟁의 허용을 통해 자국의 존립을 위태롭게 만들려고 하지는 않았다. 따라서 그것은 매뉴팩처가 수출되기에 이르기까지는 전적으로 상업의 확장 또는 제한에 의존했으며, 상업에 대해 상대적으로 아주 미미한 반작용을 하는 데 그쳤다. 결국 18세기에는 매뉴팩처의 부차적인 역할과 점증하는 상인의 영향력이 부각되었다. 누구보다도 강하게 국가 보호와 독점을 요구한 것은 상인들과 특히 선주들이었다. 물론 매뉴팩처의 경영자들도 역시 보호를 요구하고 또 실제로 보호를 받았지만, 정치적인 중요성을 감안해 보더라도 언제나 상인보다는 미미했다. 상업도시, 그중에서도 특히 해양도시는 어느 정도 문명화되고 대부르주아적으로 변모했으나, 공장도시에서는 여전히 소시민층이 대부분이었다(존 에이킨John Aikin 등의 저서를 참고하라). 18세기는 상업의 세기였다. 핀토Pinto는 이렇게 표현했다.[20]

"상업은 세기의 대유행이 되었다." 그리고 "근자에는 사람들이 오직 상업, 항해, 해군에 대해서만 이야기하고 있다."*

---

* 자본의 운동이 현저히 가속화되었다가 여전히 비교적 느린 채 남아 있다. 각기 다른 민족에 의해 개척된 개별 부분에서의 세계 시장의 분할, 민족들 사이의 경쟁의 배제, 생산 그 자체의 미숙성, 겨우 걸음마 단계를 벗어나기 시작한 금융제도는 그 유통을 정체시켰다. 그로부터 귀결되는 것은 아직 모든 상인과 상업 경영 방식 전체에 깔려 있던 타산적이고 비천한 정신이었다. 그들을 매뉴팩처의 제조자(Manufacturier)와, 더구나 수공업자와 비교해 보면 바로 대시민(Großbürger), 즉 부르주아였으며, 바로 다음 시기의 상인 및 산업가와 비교해 보면 소시민에 지나지 않았다. 애덤 스미스(A. Smith)[21]를 참고할 것.

이 시기는 또한 금·은 수출 금지 조치와 국채·은행·금융거래법·지폐·주식 및 증권 투기의 생성, 모든 상품에 대한 투매 그리고 발전된 금융제도 일반 등이 나타난 게 특징이다. 자본은 그때까지 떼려야 뗄 수 없었던 자연발생적 성질의 상당 부분을 잃어버렸다.

17세기에 끊임없이 발전했던 영국에서 상업과 매뉴팩처가 축적되자 이는 이 국가를 위한 하나의 상대적인 세계 시장을 만들어 냈으며, 또한 그럼으로써 이 나라의 매뉴팩처 생산물에 대한 수요를 창출했는데, 그 수요는 기존의 산업생산력으로는 충족시킬 수가 없었다. 생산력을 추월한 이 수요는 대공업—공업적 목적을 위한 기초적인 힘의 적용, 기계장치, 최대한으로 확장된 분업—을 낳음으로써, 중세 이후 사적 소유의 제3기를 출현시킨 원동력이 되었다. 영국에는 이미 이 새로운 국면의 그 밖의 조건들—국내에서의 경쟁의 자유, 이론역학 theoretischen Mechanik의 형성(뉴턴에 의해 완성된 역학은 대체로 18세기의 프랑스와 영국에서 가장 인기 있는 학문이었다) 등등—이 존재하고 있었다(국내에서의 자유경쟁 자체는 어디서나 혁명을 통해 획득해야만 했다. 영국에서는 1640년과 1688년 혁명, 프랑스는 1789년 혁명). 경쟁은 곧바로 역사상 자신의 역할을 계속 유지하기 바랐던 모든 국가들로 하여금 매

아이작 드 핀토(Isaac de Pinto, 1717~1787)는 네덜란드의 유대인으로, 경제학자이자 '동인도회사'의 주요 투자자였다. 그의 저서 『순환과 신용에 관한 에세이(Traité de la Circulation et du Crédit)』(1771).

뉴팩처를 새로운 관세규제Zollmaßregeln(낡은 관세는 대공업에는 아무런 쓸모가 없었다)를 통해 보호하고, 곧이어 보호관세 아래 대공업을 도입하지 않을 수 없게끔 만들었다. 이 보호수단에도 대공업은 경쟁을 보편화하여(그것은 실질적인 상업자유이며, 경쟁 속에서 보호관세는 단지 하나의 임시변통적인 수단이나 상업자유 **내에서의** 방어수단에 불과하다), 교류수단과 근대적인 세계 시장을 확립했으며, 상업을 그 자신에게로 종속시켰고, 모든 자본을 산업자본으로 전환시켰으며, 그리고 그에 따른 자본의 급속한 유통(화폐제도Geldwesens의 완성)과 집중을 창출했다. 대공업은 보편적인 경쟁을 통해 모든 개인들에게 자신들의 에너지를 극도로 발휘할 것을 강요했다. 그것은 가능한 한 이데올로기, 종교, 도덕 등을 파괴하고, 또 파괴할 수 없는 곳에서는 이것들을 그럴듯한 거짓말로 만들어 버렸다. 모든 문명국과 그 개별 성원들은 자신들의 욕구를 충족시키기 위해 세계 전체에 의존하게 되었다. 그에 따라 각 국가가 기존에 지니고 있었던 자연발생적 배타성이 타파되었는데, 그런 한에서 대공업은 최초의 세계사를 산출해 낸 셈이다. 그것은 자연과학을 자본 아래 종속시켰고, 또한 분업에서 그 자연발생적 성격이라는 최후의 가상을 벗겨 버렸다. 그것은 노동과의 관련 속에서 가능한 한 대체로 자연발생성을 파괴시켰으며, 또한 화폐관계에서의 모든 자연발생적 관계를 해체시켜 버렸다. 그것은 자연발생적 도시 대신에 하룻밤 사이에 불쑥 세워지는 근대적 대도시를 만들어 냈다. 그것은 자신이 침입한 곳 어디에서나 수공업과 종래의 모든 산업단계를 파괴시켰다. 그것은 농촌에 대한 도시의 승리를 확립했다. '대공업의 제1전제는' 자동화 시스템이다. 그것은 거대한 생산력을 산출했는데,

그러한 '생산'력에 대해서 사적 '소유'는, 마치 동업조합이 매뉴팩처에 대해 그러했고, 또 소규모의 농촌경영landliche Betrieb이 발전하는 수공업에 대해 그러했던 것처럼 하나의 질곡이 되었다. 사적 소유 제도 아래서는 이러한 생산력이 오직 일면적으로 발전할 뿐이었고, 대부분 그 생산력은 파괴적인 힘으로 변했다. 더구나 이 생산력의 상당 부분은 사적 소유의 틀 내에서는 전혀 적용될 수 없었다. 대공업은 일반적으로 말해서 어디서나 사회계급들 사이의 동일한 관계를 산출했으며, 따라서 개별 민족들nationalitäten의 특수성을 파괴했다. 그리고 최종적으로 각국의 부르주아지가 여전히 별도의 국민적 이해를 가지고 있었던 반면에, 대공업은 하나의 계급을 창출해 냈다. 그들은 모든 국민들과 동일한 이익을 가지고 있었으며, 그들에게 민족이란 이미 죽은 것에 지나지 않았다. 이 계급은 현실적으로 구세계 전체에서 이탈해 있으면서 동시에 구세계와 대립하는 계급이었다. 노동자에게는 그것이 자본가에 대한 관계뿐만 아니라 노동 자체조차도 견딜 수 없는 것으로 변질되어 버렸다.

대공업이 한 국가 내의 모든 지역에서 동일한 발전 수준에 도달하지 않는다는 것은 분명하다. 그렇지만 그것이 프롤레타리아트의 계급 운동을 막지는 못한다. 왜냐하면 대공업에 의해 창출된 프롤레타리아트는 운동의 선봉에 서서 자신과 함께 전 대중을 휩쓸고 가기 때문이며, 또한 대공업으로부터 배제된 노동자들은 이 대공업으로 인해, 대공업 자체의 노동자들보다 훨씬 더 열악한 환경에 놓이기 때문이다. 그리고 대공업이 발달한 국가들은 다소 비공업적인 국가들에 비슷한 방식으로 영향을 미치는데, 단 이것은 후자에 세계적인 교류에 의해 보편적인 경쟁 전쟁에 휘말려 들어가는 한에서만 그러하다.*

이러한 각종의 형태들은 또한 그만큼 다양한 노동의 조직 형태이며, 따라서 소유 형태이기도 하다. 어떤 시대에서나 실제로 존재하는 생산력들의 결합은 요구가 그것을 필요로 하는 한 반드시 발생하고야 만다.

## 2. 소유에 대한 국가와 법의 관계

고대 세계 및 중세에서 최초의 소유 형태는 부족 소유였는데, 로마 인의 경우에는 주로 전쟁이, 게르만 인의 경우에는 주로 목축이 그 조건이 되었다. 고대 민족들은 몇몇 부족들끼리 한 도시에 함께 살았기 때문에, 부족 소유가 국가 소유Staatseigentum로 나타났고, 그것에 대한 개인의 권리는 종족 소유가 대개 그러했듯이 토지 소유에만 국한된 단순한 점유Possessio로 나타났다. 고대인의 현실적인 사적 소유는 근대 민족들과 마찬가지로 동산 소유Mobiliareigentum와 함께 시작되었다(노예와 공동체)(시민권에 기초한 소유권dominium ex jure Quiritum). 중세에서부터

---

* 경쟁은 개체를 고립시키며, 각 사람들을 끌어들임에도 불구하고, 부르주아뿐만 아니라 프롤레타리아를 상호 고립시킨다. 따라서 이 개체들은 서로 통일될 수 있기까지 상당한 시간이 걸린다. 즉 이러한 통일—단순히 지엽적이지만 않다면—을 위해 필요한 수단, 대산업도시 및 저렴하고 신속한 교류가 대공업을 통해 우선 마련되어야 한다는 점은 차치하더라도 말이다. 따라서 그러한 고립을 날마다 재생산하는, 고립되어 있으면서도 관계하고 있는 살아 있는 개체들을 오랜 투쟁 끝에 마침내 쟁취하는 각기 조직된 세력들이 서로 대립하고 있다. 반대로 경쟁이 이 특정한 역사 시기에 존재해서는 안 된다는 것을 기대하거나, 경쟁이 고립된 것으로서 어떠한 통제도 행사하지 못하는 개체들의 관계가 머릿속에서 사라져야 한다는 것을 기대하는 것은 무리이다.

성장한 민족들의 경우 부족 소유는 여러 단계들—봉건적 토지 소유, 협업적 동산 소유, 매뉴팩처 자본—을 거쳐 마침내 대공업과 보편적인 경쟁으로 대표되는 근대적 자본으로 발전한다. 다시 말해서 일체의 공동체적 가상을 벗어 버리고 소유의 발전에 대해 국가가 행사할 수도 있는 일체의 영향을 배제한 순수한 사적 소유로까지 발전한다. 이 근대적인 사적 소유에 근대국가가 조응한다. 근대국가는 조세를 통해 점차 사적 소유자들에게 매점되고, 국채를 통해 완전히 그들의 수중으로 떨어지며, 그 존재는 증권거래소에서 국채Staatspapiere 가격의 오르내림에 따라 사적 소유자인 부르주아지가 거기에 부여하는 상업적 신용Kommerziellen Kredit에 전적으로 의존하기에 이르렀다. 부르주아지는 자신이 하나의 '**계급**'이고 더 이상 하나의 **신분**이 아니라는 단순한 사실 때문에, 자신을 더 이상 지역적으로가 아니라 국민적으로 조직해야 하며, 또 그 평균적 이익에 일반 형태를 부여해야만 한다. 국가는 공동체로부터 사적 소유를 해방시킴으로써 시민사회와 병립하고, 또 그 밖에 있는 하나의 특수한 존재가 된다. 그러나 그것은 안과 밖의 목적이라든가 자기들의 재산과 이익의 상호 보장을 위해 부르주아지가 채택해야만 하는 조직 형태 그 이상은 아니다. 오늘날에는 신분이 아직 완전히 계급으로까지 발전하지 못했거나, 그보다 진보한 국가들의 경우 제거된 신분이 아직도 일정한 역할을 수행하는 혼재된 상태가 존재한다. 그 결과 인구의 어느 부분도 다른 부분에 대한 지배권을 획득할 수 없는 국가에서만 국가의 독립성이 존재한다. 이것은 특히 독일의 경우에 해당된다. 근대국가의 가장 완전한 사례는 북아메리카이다. 프랑스, 영국 그리고 미국의 근대적인 저술가들은 모두 그 국가가 오직 사적 소유를 위해서 존재한다는 주장을 피력했기 때문에 이러한 견해들이 보통 사람들의 의식 속으로까지 이식되고 있는 실정이다.

국가는 그 안에서 지배계급의 개인들이 자신들의 공동 이익을 주장하고 어떤 시기의 시민사회 전체가 총괄되어 있는 형태이다. 바로 여기서 모든 공동 제도들은 국가를 매개로 삼으며, 하나의 정치적 형태를 취한다는 결론이 나온다. 그러므로 법률이 의지에, 그것도 현실적인 토대로부터 분리된 **자유**의지에 기초하고 있다는 환상이 생기는 것이다. 그와 마찬가지로 다음엔 법Recht도 법률Gesetze로 환원된다.

사법Privatrecht은 자연발생적인 공동체가 해체되면서 사적 소유와 동시에 발전한다. 로마 인의 경우 사적 소유와 사법의 발전이 더 이상의 산업적·상업적 결과들을 낳지 못했는데, 그것은 그들의 생산양식 전반이 변화하지 않았기 때문이다.* 근대 민족의 경우 봉건적 공동체가 산업과 교역에 의해 해체되는 곳에서는 사적 소유와 사법의 등장과 더불어 더 폭넓은 발전이 가능한 하나의 새로운 국면이 등장했다. 중세의 광범위한 해상무역을 경영한 최초의 도시 아말피Amalfi²²에서는 또한 해상법Seerecht이 발전했다. 산업과 교역이 사적 소유를 더욱 발전시키자, 처음엔 이탈리아에서 그리고 나중엔 다른 국가들에서 고도로 발달한 로마사법römische Privatrecht이 곧바로 재수용되면서 권위를 갖게 되었다. 뒤에 부르주아지가 크게 득세한 결과, 군주가 부르주아지를 앞세워 봉건귀족을 타도하기 위해 부르주아지와 이익을 도모하자, 모

---

* [엥겔스의 방주]. 고리대금업이다.

이탈리아 남서부 살레르노 만에 있는 항구도시 아말피. 9세기부터 12세기 말까지 지중해 무역의 중심지였으나 뛰어난 풍광 때문에 나중에는 귀족들의 휴양지로 변모했다. 1997년에 유네스코 세계유산으로 선정되었다.

든 국가에서—프랑스에서는 16세기에—실질적인 법이 발전하게 되었다. 영국을 제외하고 법은 대부분 로마법전을 기초로 발전했다. 그리고 영국에서도 역시 사법(특히 동산 소유에 관한)을 발전시키기 위해 로마법의 원칙들이 도입되었다(법도 종교와 마찬가지로 역시 독립된 역사를 가지지 못한다는 것을 잊어서는 안 된다).

사법에서 현존Dasein의 소유 관계는 일반의지의 결과로 표현된다. 사용과 처분의 권리jus utendi et abutendi 자체는, 한편으로는 사적 소유가 공동체에서 완전히 독립했다는 사실을, 다른 한편으로는 사적 소유 자체가 오로지 사적 의지, 곧 물건의 자의적 처분에 기초하고 있다는 환상을 보여 주고 있다. 실제로 처분권abuti이란 것은, 사적 소유자가 자신의 소유권과 아울러 자기가 처분할 권리jus abutendi가 타인의 손으로 넘어가는 것을 원치 않는다면, 그것은 사적 소유자에게 매우 경제적 한계성을 지니게 된다. 왜냐하면 일반적으로 물건이란 단지 사적 소유자의 의지에만 관련시켜 고찰할 경우 아무런 물건도 되지 않

는 것이며, 오로지 교류를 통해서만 그리고 법률로부터 독립해 있어
야만 하나의 물건, 곧 현실적 소유가 되기 때문이다(철학자들이 하나의
이념이라고 부르는 **관계**).*

법을 단순한 의지로 환원하는 이러한 법률적 환상은 소유 관계의
발전에 따라 필연적으로, 인간은 현실적으로 어떤 물건을 갖지 않고
서도 그 물건에 대한 법률적 명의를 가질 수 있다는 결론에 이른다. 예
컨대 경쟁에 의해 어떤 땅의 지대가 없어진다 하더라도 그 땅의 소유
자는 분명히 사용 및 처분의 권리를 포함해서 그 땅에 대한 법률상의
명의를 갖고 있다. 그러나 그가 자신의 토지를 경작하기 위한 자본을
충분히 갖고 있지 않으면, 그는 그 명의를 가지고 아무것도 할 수 없
고, 토지 소유자임에도 불구하고 아무것도 소유하지 못한 셈이 된다.
이러한 법률가의 환상은 또한 개인들이 상호 간에 여러 가지 관계를
맺는 것(예를 들면 계약)이 왜 법률가들이나 모든 법전Kodex에서는 완전
히 우연적인 일로 간주되는지를 설명해 준다. 그리고 왜 그들이 이러
한 관계들을 임의로 맺을 수도 또한 맺지 않을 수도 있다고 여기고, 또
그 내용이 완전히 계약 당사자들의 자유의지에 기초하고 있다고 여기
는지도 설명해 준다.

공업과 교역이 발전함에 따라 새로운 교류 형태가 생겨날 때마다
(예컨대 보험회사 등), 법은 언제나 그러한 형태들을 소유취득 형식에

---

* [마르크스의 방주]. **철학자에게는 관계=이념**. 그들은 단지 인간과 '인간'의 관계만을 알고
  있으며, 그 때문에 그들은 모든 현실적 관계를 이념으로 보고 있다.

포함시키지 않을 수 없었다.

지금까지의 역사를 통해서 볼 때, 모든 것이 **약탈**Nehmen에만 의존했었다는 견해보다 흔한 것은 없다. 야만족이 로마 제국을 **약탈**했으며, 그리고 이 약탈이라는 사실을 통해 고대 세계로부터 중세로의 이행이 설명된다. 그렇지만 야만족의 약탈에서 중요한 것은 정복된 국가들이 근대 민족들의 경우처럼 산업적인 생산력을 발전시켰는가 또는 그 생산력이 대부분 단지 그 피정복 민족들이 갖고 있었던 생산력들의 집적과 공동체에 기초하고 있는가의 여부이다. 약탈은 또한 약탈당하는 대상에 의해 결정된다. 지폐로 이루어진 어떤 금융가의 재산은 약탈자가 피약탈국의 생산 및 교류의 여러 조건들에 종속되지 않으면 결코 약탈당할 수 없다. 근대 산업국가의 총산업자본도 마찬가지이다. 그리고 마지막으로 약탈은 어디서나 곧 종말에 도달하게 되는데, 더 이상 약탈할 것이 없으면 생산을 시작하지 않을 수 없게 된다. 이렇게 곧바로 제기되는 생산의 필요성 때문에 정착 중인 정복자가 채택한 공동체의 형태는 이전부터 그곳에 존재했던 생산력의 발전 단계에 조응해야 하며, 처음부터 그렇지 못할 경우에는 그 형태를 생산력에 맞춰 바꿔야 한다는 결론이 나온다. 이것은 민족대이동 이후의 시대라면 어디에서나 찾아낼 수 있었던 사실을, 곧 노예가 주인이 되고, 정복자가 피정복자로부터 곧바로 언어, 문화, 풍습을 물려받는다는 사실을 잘 말해 주고 있다.

봉건제도가 독일로부터 완제품으로 유입된 것은 아니었다. 봉건제의 기원은 정복이 이루어지고 있는 동안 정복자 쪽에서 동원한 병단兵團, Heerwesens의 전사조직에 있었다. 정복이 이루어진 뒤 피정복 국가에 이미 존재하고 있던 생산제력의 영향을 그대로 받아들이면서 이 전사조직은 비로소 진정한 봉건제로 발전했다. 이 형태가 어느 정도로 생산력에 의해 좌우되는지는 고대 로마를 떠올리면서 그 형태들을 재현하고자 했던 시도들이 실패로 돌아간 경우를 보면 바로 알 수 있다(카를 대제 등).

## 3. 자연발생적 · 문명적 생산도구와 소유 형태

(……)* 전자로부터는 제대로 모양을 갖춘 분업과 확대된 상업이라는 전제가 생겨난다. 그리고 후자로부터는 국지성이 생겨난다. 전자의 경우 개인들은 반드시 함께 모여 있어야 하며, 후자의 경우 개인들은 주어진 생산도구와 마찬가지로 생산도구로서 존재한다. 그러므로 여기서 자연발생적 생산도구와 문명에 의해 창조된 생산도구 사이의 차이점이 나타난다. 경작지(물 따위)는 자연발생적인 생산도구라 할 수 있다. 따라서 전자의 경우 소유(토지 소유)도 또한 자연발생적 지배로서 나타나고, 후자의 경우 소유는 노동에 대한, 특히 축적된 노동인 자본에 대한 지배로서 나타난다. 전자는 개인들이 가족, 부족, 토지 자체 등 모종의 속박에 의해 결합되어 있다는 것을 전제로 삼고, 후자는 개인들이 서로 독립해 있고 오직 교환에 의해서만 결합되어 있다는 것을 전제로 삼는다. 전자의 경우 교환은 인간의 노동이 자연의 생산물

---

* 여기까지 네 쪽의 원고가 분실되었다—편집자.

과 교환되는 인간과 자연의 교환이며, 후자의 경우에는 주로 인간 상호 간의 교환이다. 전자의 경우에는 평균적인 인간 상식이면 족하고 육체적 활동과 정신적 활동이 아직 전혀 분리되고 있지 않다. 후자의 경우에는 육체노동과 정신노동의 분업이 실제적으로 현실화되어 있어야만 한다. 전자의 경우, 비소유자에 대한 소유자의 지배는 인간적 관계, 즉 일종의 공동체에 기초하고 있으나, 후자의 경우 그것은 제3의 것, 즉 화폐 속에서 하나의 물질적 형태를 취하고 있어야만 한다. 전자의 경우 소규모의 산업은 존재하지만 자연발생적 생산도구들을 이용하는 데 포섭되어 있고, 따라서 각 개인들 사이의 노동의 분배를 수반하지 않는다. 후자의 경우에는 산업이 오직 분업 속에서만, 그리고 분업을 통해서만 존립한다.

우리는 지금까지 사적 소유가 생산도구에서 출발했고, 일정한 산업단계에 도달하면 그것이 필연적이라는 사실을 지적했다. 채취산업 Industrie extractive 단계에서는 여전히 사적 소유가 인간 노동과 완전히 일치하고 있었다. 소규모 산업과 지금까지의 모든 농업적 소유는 현존 생산도구의 필연적 산물이다. 대공업의 단계에서 생산도구와 사적 소유 사이의 모순은 대공업의 산물이며, 대공업은 이 모순을 산출하는 데까지 발전하게 마련이다. 그러므로 오직 대공업의 단계에서만 사적 소유의 지양이 가능해진다.

대공업 내에서 그리고 경쟁 속에서 개인들이 처한 모든 생산조건, 피제약성, 일면성은 가장 단순한 두 가지 형태로, 곧 사적 소유와 노동으로 융합되어 간다. 화폐의 출현과 더불어 각각의 교류 형태, 그리고 교류 자체가 개인들에게 우연적인 것으로 부각된다. 따라서 지금까지의 모든 교류가 오직 규정된 조건들 밑에 있는 개인들의 교류일 뿐이지, 개인과 개인의 교류는 아니라는 사실이 이미 화폐 속에 함축되어 있다. 이 조건들은 두 가지로, 즉 축적된 노동 또는 사적 소유와 현실적 노동으로 환원된다. 만약 양자가 또는 둘 중의 하나가 없어지면 교류는 정지된다. 근대 경제학자인 시스몽디Sismondi나 셰르뷔리에Sherburiez 같은 사람들은 교류를 개인들의 결합association des individus에 대립시키고 있다. 다른 한편으로 개인들은 완전히 분업에 포섭되어 있고, 그럼으로써 완전히 상호의존 관계에 놓여 있다. 사적 소유는 노동 안에서 노동과 대립하는 경우 축적의 필연성 때문에 발전하며, 처음에는 주로 공동의 형태를 띠지만, 더욱 발전하면서 점차 근대적인 사적 소유 형태에 접근하게 된다. 분업의 결과 처음부터 이미 **노동조건**이 분리되고, 즉 작업도구와 재료가 분리되고, 축적된 자본이 각 소유자로 분산되고, 자본과 노동이 분열되고, 그리고 다양한 소유 형태가 생겨났다. 분업이 발전하고 축적이 증대되면 될수록, 이러한 분열은 점점 더 첨예해진다. 노동은 오직 이러한 분열을 전제로 해서만 존립할 수 있다.

이를 통해 두 가지 사실을 알 수 있다.* 첫째, 모든 생산력은 개인들로부터 완전히 독립하고 그들로부터 분리된 것으로서, 개인들과 병존하는 하나의 독자적 세계로서 나타난다. 그 이유는 생산력을 이루는 각 개인들과 그 개인들의 힘이 서로 분열하여 대립 속에서 적대적으로 실존하고 있는 반면에, 다른 한편으로 이 힘들은 이 개인들이 교

---

\* [엥겔스의 방주]. 시스몽디.

류와 연계를 이룰 때만 현실적인 힘으로 바뀌기 때문이다. 따라서 생산력의 총체가 존재하는데, 이것은 물질적인 형상을 취하고 있으며, 개인 자체에 대해서는 더 이상 개인의 능력이 아니라 사적 소유의 능력으로, 곧 그가 사적 소유자인 경우에만 개인의 능력으로 나타나는 것이다. 이전의 어떤 시대에도 생산력들이 개인**으로서의** 개인의 교류와 이렇듯 무관한 형태를 띤 적은 없었다. 왜냐하면 그들의 교류 자체는 아직 극히 제한적인 것이었기 때문이다. 다른 한편으로 이 생산력들은 다수의 개인들과 대립하고 있는데, 이 생산력은 그들로부터 분리되어 있고, 그

스위스 출신의 경제학자이자 역사가인 시몽드 드 시스몽디(Simonde de Sismondi, 1773~1842). 그는 부르주아지와 프롤레타리아트 사이에 갈등이 점점 더 증가할 것을 예견하고 노동계급의 생활 조건을 개선하기 위한 사회개혁을 요구했다. 하지만 사유재산에 대한 비판으로까지는 나아가지 않았다.

래서 그들은 모든 현실적인 생활내용으로부터 박탈당하여 추상적인 개인이 되었다. 하지만 바로 이러한 사실 때문에 그들은 **개인으로서** 서로 결속할 수 있는 위치에 놓이게 된다.

그들을 여전히 생산력들 및 그들 자신의 실존과 연결시켜 주는 유일한 연결고리인 노동은 자율적 활동이라는 가상을 떨쳐 버리고, 오직 그 개인들이 자기의 실존을 위축시킬 경우에만 생명을 부지할 수 있다. 이전 시대에는 자기실현과 물질적 생활의 산출이 별개의 인간에게 부여되어 있거나, 개인들 자신의 우매함으로 인해 물질적 생활의 산출이 자기실현에 종속된 듯이 여겼기 때문에 서로 분리되어 있

었다. 그러나 이제는 양자가 완전히 별개의 것으로 분화된 나머지, 물질적인 생활이 목적으로 나타나고, 이 물질적 생활의 생산, 곧 노동(현재 유일하게 가능한, 하지만 우리가 보듯이 자기활동Selbstbetätigung의 부정적인 형식)은 수단으로서 나타난다.

이 때문에 이제 개인은 단지 자기실현에 도달하기 위해서가 아니라, 일반적으로 자기의 생존을 확보하기 위해서라도 현존하는 생산력의 총체성을 자기 것으로 만들어야 한다. 이 자기 것으로 한다는 것, 곧 전유Aneignung는 먼저 전유될 대상—하나의 총체로까지 발전하고 오직 보편적인 교류 속에서만 존재하는 생산력—에 의해 조건이 주어진다. 따라서 이러한 측면에서만 보더라도 이 전유는 생산력과 교류에 상응하는 보편성을 갖고 있어야 한다. 이 힘의 전유는 그 자체로서 생산의 물질적인 도구들에 상응하는 개인들의 능력 발전과 같은 것이다. 그렇기 때문에 생산도구들의 총체에 대한 전유는 곧 개인들 자신의 총체적 능력으로 발전한다. 또한 이 전유는 전유하는 인간이 스스로 조건을 만든다. 자기의 모든 활동으로부터 배제된 근대의 프롤레타리아트만이 완전하고 더 이상 제한적이지 않은 자기활동을 수행할 수 있는데, 그 활동은 생산제력 총체의 전유와 이것에 수반된 능력의 총체적 발전 속에서 이루어진다. 이전의 모든 혁명적 전유는 제한적이었다. 다시 말해서 제한된 생산도구들과 제한된 교류에 의해서 자기활동이 국한되어 있었던 개인들은 이러한 제한된 생산도구들을 전유하고, 그에 따라서 단지 또 하나의 새로운 제한성만을 획득했을 뿐이었다. 그들의 생산도구는 그들의 소유가 되었지만, 그들 자신은 분업과 자신들의 생산도구에 종속된 채로 머물러 있었다. 지금까지의 모든 전유의 경우에 개인들은 단일한 생산도구에 포섭되어 있었다. 프롤레타리아트의 전유에서는 한 무더기의 생산도구들이 각 개인에게, 소유가 만인에게 포섭되어야만 한다. 근대의 보편적 교류는 그것이 만인에게 포섭되지 않는 한, 결코 개인들에게 포섭되지 않는다.

전유는 또한 그것이 완성되어야 할 양식과 방식에 의해 조건지어져 있다. 그것은 오직 단결과 혁명에 의해서만 수행될 수 있다. 그리고 이 단결은 프롤레타리아트 자신의 성격 때문에 유일하게 보편적이 될 수 있는 단결이다. 또한 이 혁명을 통해 한편으로는 기존의 생산 및 교류 양식의 힘과 사회구조가 타파되고, 다른 한편으로는 프롤레타리아트의 보편성과 그 전유에 필요한 에너지가 발전하며, 나아가 프롤레타리아트는 그 이전의 사회적 지위로 인해 자기에게 남아 있던 모든 것들을 벗어던지게 된다.

이 단계에서야 비로소 자기실현은 물질적 생활과 합치되는데, 이는 개인이 총체적인 개인으로 발전하는 것과 모든 자연발생적인 것으로부터 탈피하는 것에 조응한다. 그때야 비로소 노동이 자기실현으로 전환되고, 이제까지 제한되었던 교류가 개인들 사이의 교류로 전환된다. 단결된 개인들이 총체적 생산력을 전유하는 것과 더불어 사적 소유는 종말을 고한다. 이전의 역사에서는 어떤 특수한 조건이 우연적인 것으로 나타났지만, 이제는 개인들의 고립 자체가, 또 각 개인의 특수한 사적 직업 자체가 우연적인 것이 된다.

철학자들은 아직도 분업에 포섭되지 않은 개인들을 '인간'이라는 이름 아래 하나의 이상으로 부각시켜 왔고, 우리가 전개한 전 과정을 '인간'의 발전 과정으로 파악했다. 이렇게 해서 '인간'이 각각의 역사적 단계마다 당시 존재하고 있던 개인들 대신에 슬쩍 끼어들면서 역사의 추진력이라고 내세워졌던 것이다. 따라서 전체 과정은 '인간'의 자기소외 과정Selbstentfremdungsprozeß으로 파악되었는데, 이것은 본질적으로 뒤 시대의 평균적 개인이 앞 시대의 개인에게, 그리고 뒤 시대의 의식이 앞 시대의 의식에 슬쩍 끼어든 데 따른 것이다. 그러므로 애초부터 현실적 조건들을 제거해 버린 이러한 전도를 통해 역사 전체가 의식의 한 발전 과정으로 바뀔 수가 있었던 것이다.

* * * * *

마침내 우리는 이제 이상과 같이 전개된 역사관에서 다음과 같은 결론을 얻는다.

1. 생산제력의 발전 과정을 볼 때 현존의 관계들 속에서는 오직 재앙만을 낳을 뿐이고, 더 이상 생산력이 아니라 파괴력(기계와 화폐)에 지나지 않는 생산력과 교류수단이 출현하는 하나의 단계가 등장한다. 그리고 이와 관련하여 사회에서 아무런 이익도 누리지 못한 채 사회의 모든 짐들을 도맡아야 하고, 사회에서 밀려나 다른 모든 계급들과 첨예하게 대립할 수밖에 없는 계급이 출현한다. 그런데 이 계급이 사회 구성원의 대부분을 차지하며, 이 계급으로부터 근본적인 혁명의 필연성에 대한 의식, 곧 공산주의적 의식이 생겨난다. 그러나 물론 이 계급의 지위에 대한 직관 덕분에 다른 계급들 가운데서도 이런 의식이 형성될 수 있다.

2. 어느 특정한 생산력들이 그 내부에서 이용할 수 있는 조건들은 사회의 특정한 어느 계급의 지배 조건이며, 그들의 소유로부터 비롯된 사회적인 힘은 각각의 시대마다의 국가 형태 속에서 **실천적·관념적** 표현을 갖는다. 그러므로 모든 혁명적 투쟁은 지금까지 지배해 온 하나의 계급을 표적으로 삼는다.*

3. 지금까지의 모든 혁명에서 언제나 활동양식은 건드리지 않은 채 방치되고, 단지 이 활동의 또 다른 분배만을, 곧 노동을 다른 사람에게 새로이 전가시키는 것만을 문제로 삼았다. 이에 반해 공산주의 혁명은 지금까지의 활동양식에 맞서 노동**을 제거하고 계급 자체와 아울러 모든 계급지배를 폐지한다. 왜냐하면 이 혁명은 하나의 계급으로 간주되지 않고, 계급으로서 인정되지도 않으며, 이미 기존 사회 내에 있는 모든 계급, 모든 민족의 해소를 표현하기 때문이다.

4. 이러한 공산주의 의식을 대량으로 산출하고 목적 자체를 관철하기 위해서도 인간의 대폭적인 개조가 필요하며, 이것은 오직 실천적인 운동 속에서만, 즉 하나의 혁명 속에서만 수행될 수 있다. 그러므로 혁명이 필요한 것은 다른 어떤 방법으로도 지배계급은 타도되지 않기 때문일 뿐만 아니라, 그것을 **타도하는** 계급이 오직 혁명을 통해서만 모

---

* [마르크스의 방주]. 사람들은 현재의 생산상태를 유지하는 데 관심을 두고 있다.
** [초고에서는 삭제됨]. ……의 지배 아래 있는 활동의 근대적 형태를…….

카르마뇰의 가사. 원래는 프랑스 혁명 당시 상퀼로트 (sans-culottes: 혁명당원, 반바지를 입지 않은 긴바지를 입은 근로자)들이 입었던 윗옷의 명칭인데, 민중들이 광장에서 춘 춤이나 그때 불렀던 노래까지 뜻하게 되었다.

든 낡은 오물을 말끔히 씻어 버리고 새로운 사회의 기초를 세울 수 있는 역량을 갖출 수 있기 때문이다.＊

---

＊ [초고에서는 삭제됨]. 이러한 혁명의 필연성에 대해 영국·독일뿐만 아니라 프랑스의 공산주의자들은 오래전부터 의견의 일치를 보았다. 반면에 성 브루노는 계속 꿈만 꾸고 있었기 때문에 '진정한 휴머니즘', 즉 공산주의는 단지 (아무런 자리도 차지하고 있지 않는) 유심론의 자리에(an die stelle des spritualismus) 놓여 있어야만 한다고 생각했으며, 그런 이유로 존경을 받기도 했을 것이다. 계속해서 그는 다음과 같이 꿈을 꾸었다. "구원을 받아 땅은 하늘로, 하늘은 땅으로 만들 것이다." (이 성직자는 아직도 하늘을 잊을 수 없다.) "그러한 뒤에는 하늘의 조화로움 속에서 기쁨과 황홀함이 영원에서 영원으로 울려 퍼질 것이다 (140쪽)." 이 성스러운 교부는 최후의 심판의 날에 이 모든 것들이 충만해서 자신에게 밀려온다면 무척이나 놀랄 것이다. 불타는 도시들이 반사된 아침 노을이 하늘을 붉게 물들이던 그날, 마르세예즈와 카르마뇰(carmagnole)의 멜로디가 '천상의 조화' 아래서 포성과 함께 귀에 울리면, 단두대가 여기에 박자를 맞출 것이다. 흉악무도한 '군중들'이 만세, 만세(ça ira, ça ira)를 외칠 때, 가로등의 중간에는 '자기의식'이 매달리게 될 것이다.²³ 성 브루노는 "영원에서 영원으로의 기쁨과 환희"라는 교화적 표현을 내던질 최소한의 이유를 지니고 있었다. 우리는 최후의 심판의 날에 성 브루노의 행위를 선험적으로 꾸며 대는 그러한 기쁨을 억제하고 있다. 프롤레타리아를 혁명의 '실체'로서 비판을 전복시키려는 '집단'으로 보아야 하는지, 아니면 바우어의 사고를 소화하는 데 필요한 일관성이 아직도 부족한 정신의 '유출(Emanation)'로 파악해야 하는지를 결정하기란 무척 힘들다.

## C. 공산주의, 교류 형태 자체의 생산

공산주의는 종래의 모든 생산관계와 교류 관계의 기초를 변혁하고, 처음으로 의식에 의거해서 자연발생적인 모든 전제들을 지금까지 존재했던 인간의 창조물로 취급하며, 그 전제들에서 자연발생적인 성질을 박탈시킴으로써 단결된 개인들의 힘에 복속시킨다는 점에서 지금까지의 모든 운동들과 구별된다. 따라서 공산주의적 조직은 본질적으로 경제적이며, 이러한 단결 조건을 물질적으로 산출해 낸다. 그것은 기존의 조건들을 단결의 조건들로 만든다. 그럼에도 공산주의가 창출해 내 지속적으로 존립시키려는 것은 결코 개인들이 지금까지 영위해 온 교류의 산물이 아니다. 또 그런 경우에만 모든 것들이 개인들로부터 독립적으로 존립하는 것이 불가능하게 만드는 현실적인 기초가 된다. 따라서 공산주의자들은 실제로 지금까지의 생산과 교류에 의해 산출된 조건들을 비유기적인 것으로 간주하지만, 그들에게 재료를 제공하는 것이 지난 세대의 계획 또는 운명인 듯 상상하지는 않는다.

또한 이 조건들이 그것들을 만들어 낸 개인들에 대해서 비유기적이었다고 믿지도 않는다. 인격적 개인persönlichem Individuum과 우연적 개인 zufälligem Individuum의 구별은 개념적 구별이 아니라 하나의 역사적 사실이다. 예를 들어 18세기에는 개인의 신분이 어느 정도 우연적이었고, 가족도 역시 다소간plus ou moins 그랬던 것처럼, 이 구별은 시대에 따라 각기 다른 의미를 갖는다. 이것은 우리가 각 시대에 대해서 행하는 구별이 아니라, 각 시대가 당시에 존재하는 여러 요소들 사이에서 스스로 만들어 낸 구별이며, 더구나 어떤 개념 때문이 아니라 물질적인 생활의 충돌 때문에 할 수밖에 없는 구별이다. 전 세대와는 반대로 후대에 가서, 또 전 세대에서 후대로 전승된 요인들 속에서 우연적인 것으로 나타나는 것이 바로 특정한 생산력의 발전에 상응하는 교류 형태이다.

교류 형태에 대한 생산력의 관계는 개인들의 활동Tätigkeit 또는 실행Betätigung에 대한 교류 형태의 관계와 같다(이 활동의 기초 형태는 당연히 물질적이며, 다른 모든 정신적·정치적·종교적인 것 등으로부터 독립된 것이다. 물론 물질적인 생활의 상이한 형태들은 이미 발전해 있는 욕구에 달려 있고, 이뿐만 아니라 이 욕구의 산출이나 충족도 그 자체가 하나의 역사적 과정인데, 이것은 산양이나 개에게서는 찾아볼 수 없는 것이다─슈티르너의 **불합리한 인간**adversus Hominem의 심술궂은 주요 논거. 하기야 물론 오늘날의 형상으로 본 산양이나 개들은 그들의 의지와 상관없이malgré eux 것이긴 하지만, 하나의 역사적 과정의 산물이기도 하다). 모순이 아직 나타나지 않는 시기에 개인들이 서로 교류하게 만드는 조건들은 그들의 개성에 속하는 조건들이지 그들 외부에 있는 것이 아니다. 다시 말해서 규정된 여러 관계들 아래서 실천하고 있는 이 규정된 개인들로 하여금 오직 그 아래서만 자기들의 물질적 생활 및 그와 관련된 것을 생산할 수 있게 해주는 이 조건들은 그 개인들의 자기실현 조건이면서 동시에 자기실현을 통해 생산되는 것이기도 하다.* 그러므로 모순이 나타나지 않는 한, 개인들이 생산을 하도록 규정하는 특정 조건은 그들의 현실적인 제약

---

* [마르크스의 방주]. 의식 형태 자체의 생산.

성Bedingtheit과 일면적인 현존재Dasein에 상응한다. 이러한 일면성은 모순이 출현함으로써 비로소 분명하게 드러나기 때문에 오직 후세 사람에게만 나타난다. 그때 이 조건은 하나의 우연적인 질곡으로서 나타나며, 다음엔 그 질곡이라는 의식이 이전 시대에까지 슬쩍 끼어드는 것이다.

처음에는 자기실현의 조건으로 나타나고, 나중에는 자기실현의 질곡이 되는 이 다양한 조건들은 역사의 전체 발전 과정에서 서로 관련된 일련의 교류 형태들을 형성한다. 교류 형태의 관련성이라는 것은 이미 질곡이 되어 버린 과거의 교류 형태가 더욱 발전된 생산제력, 즉 더욱 진보된 개인의 자기실현 방식에 상응하는 새로운 것으로 대체되고, 이 새로운 것이 다시 질곡이 되어 또 다른 교류 형태로 대체되면서 성립한다. 이 조건들은 각 단계에서 같은 시기의 생산력의 발전에 조응하기 때문에 이 조건들의 역사는 동시에 각 세대에 계승되어 끊임없이 발전하는 생산력의 역사이며, 따라서 각 개인들의 힘의 발전사이기도 하다.

이러한 발전은 자연발생적으로 일어나는 것이므로, 다시 말해서 자유로이 결합된 개인들의 총계획Gesamtplan에 종속되는 것이 아니므로, 그것은 서로 다른 지역, 부족, 국민, 노동부문 등에서 시작된다. 그리고 이것들은 각각 서로 독립적으로 시작하며, 오직 점진적으로만 서로 결합할 뿐이다. 더구나 이 발전은 완만하게 진행될 뿐이다. 그 다양한 단계와 이해관계들은 결코 완전하게 극복되지는 않으며, 단지 지배적인 이해관계에 종속될 뿐이고, 그것과 병행하여 수세기 동안 계속 이어지게 된다. 이로부터 한 국가 내에서라도 개인들은 그 재산관계는 차치하더라도 각자 극히 다종다양하게 발전한다는 결론이 나온다. 또한 그 고유한 교류 형태가 이미 후대의 이해관계에 속하는 형태에 의해 배척당하면서도 전 시대의 이해관계는 한동안 가상적 Scheinbaren 공동체(국가, 법) 속에서 사람들에게 전통적인 힘을 계속 행사하는데, 이 힘은 궁극적으로 오직 혁명에 의해서만 분쇄된다는 결론이 나온다. 이런 점을 근거로 해서 비교적 보편적인 총괄을 허용하는 몇 가지 입장과 관련지어 보면, 비로소 왜 동시대의 경험적 관계보다 의식이 때로는 더 전진적인 것으로서 나타날 수 있고, 그에 따라서 후대의 투쟁에서 (그 시대의) 권위자들보다는 전대의 이론가들에게 더 의존할 수 있는가 하는 문제가 풀이된다.

이에 반해 북아메리카처럼 이미 발전된 역사의 전환기에서 출발한 국가들의 발전은 급속도로 진행된다. 이러한 나라들은 그곳으로 이주해 온 개인들을 제외하고는 아무런 자연발생적 전제들을 갖고 있지 않으며, 그 개인들이 이주해 온 이유는 그들 고국에서 나타나는 교류 형태가 그들의 욕구와 상응하지 않았기 때문이다. 따라서 이러한 나라들은 그들의 본국에서 가장 진보된 개인들을 통해서, 그러므로 또한 이들 개인에 상응하는 가장 발전된 교류 형태를 갖고서, 그것도 본국에서는 이 교류 형태가 아직 실현도 되기 전에 발전을 시작하게 된다.* 단순한 군사적 또는 상업적 주재지가 아닌 한, 모든 식민지가 그

---

* 개별 민족 개체(Individuen einzeler Nationen)의 개인적 에너지 ─ 독일과 미국 ─ 인종 교류에 의한 에너지 ─ 따라서 독일인은 백치 ─ 프랑스와 영국 등지에서 다른 민족이 이미 이를 전제하고 있으며, 미국에서는 전혀 새로운 토양이 이식되고 있고, 독일에서만 자생적 인

러하다. 카르타고나 그리스의 식민지들 그리고 11~12세기의 아이슬란드가 그에 관한 실례를 제공해 준다. 정복이 이루어지는 경우에도 다른 토양에서 발전한 교류 형태가 피정복국에 완전히 이식될 때는 이와 비슷한 관계가 발생한다. 즉 모국에서는 전 시대로부터 물려받은 이해관계와 상황관계들이 이 교류 형태에 머물러 있음에 반해, 피정복국에서는 정복자의 권리를 영속적으로 보장하기 위해서라도 이러한 교류 형태가 완전히 그리고 아무런 장애 없이 실현될 수 있고, 또 실현되어야만 한다(노르만에 정복당한 영국과 나폴리가 그러했는데, 당시 이 국가들은 봉건적 조직의 가장 완성된 형태를 받아들였다).

이렇듯 우리의 견해에 따르면, 역사상 모든 충돌은 생산력과 교류 형태의 모순 속에서 그 기원을 찾을 수 있다. 덧붙이면 이 모순이 한 나라에서 충돌로까지 이어지기 위해 반드시 국가 내에서 모순이 극단으로까지 치달을 필요는 없다. 구체적 교류가 확대됨에 따라 출현한 산업발전국들의 경쟁은 산업이 미발달된 국가 내에서 똑같은 모순을 산출시키기에 충분하다(예컨대, 독일의 잠재적 프롤레타리아트는 영국 산업의 경쟁을 통해 발현되었다).

생산력과 교류 형태 사이의 이러한 모순은 과거의 역사에서 그 역사의 기초를 위태롭게 하지 않고서도 몇 차례 나타났지만, 그때마다 하나의 혁명 속에서 폭발했다. 그 경우에 혁명은 여러 가지 부차적 양상을 동반했는데, 총체적 충돌인 여러 계급들 사이의 충돌 그리고 의

---

구들(naturwüchsige Bevölkerung)이 조용히 남아 있다.

식의 모순이 빚어내는 사상 투쟁, 정치 투쟁 등이 그러한 것들이다. 협소한 관점에서 보면, 이 부차적인 양상들 중 하나를 끄집어내 이것을 혁명의 토대로 볼 수도 있다. 그리고 점차 이러한 사고방식을 갖기 쉬운 것은 혁명의 출발점이 된 개인들이 자신들의 교양 수준과 역사의 발전 단계에 따라 자신들의 행위에 대해 환상을 그리기 때문이다.

분업을 통해 인간적 힘(관계)이 물질적 힘(관계)으로 전환되는 것은 물질적 힘에 대한 관념을 머릿속에서 몰아냄으로써가 아니라, 오직 개인들이 이 물적인 힘을 다시 자기 안에 포섭시켜 분업을 지양함으로써만 가능하다.* 공동체가 없으면 이것은 불가능하다. 개인은 (타인과의) 공동관계에서 비로소 자신의 자질을 다방면으로 발전시킬 수 있는 수단을 갖게 된다. 그리고 공동관계 속에서 비로소 인격적 자유가 가능해진다. 지금까지 있었던 공동체의 대용물에서는, 곧 국가에서는 인격적 자유가 지배계급의 관계 속에서 자라난 개인에게만, 그리고 그들이 이 계급에 속하는 개인인 한에서만 존재했다. 지금까지 개인들이 결합하여 형성된 환상적 공동체는 언제나 개인들에 대립하는 독립된 존재였으며, 동시에 다른 계급에 대립하는 한 계급의 결합이었다. 따라서 그것은 피지배계급에게는 완전히 환상적인 공동체였을 뿐만 아니라 하나의 새로운 족쇄였다. 각 개인들은 참되고 현실적인 공동체 속에서, 지배계급에 맞선 결사Assoziation 속에서 그리고 그 결사를 통해 자유를 획득한다.

---

\* [엥겔스의 방주]. 포이어바흐: 존재와 본질.

지금까지의 전반적 발전에서 다음과 같은 사실이 드러난다. 즉 한 계급의 개인들을 자기 계급에 동참시키고 제3계급에 맞서는 그들의 공동체적 이해관계에 의해 규정되는 관계는 이 개인들이 자기 계급의 생존 조건 속에서 생활하고 있었던 경우에만, 이 사회에 오직 평균적 개인으로서 소속되었던 공동체였다. 또한 그것은 그들을 개인으로서가 아니라 계급 성원으로서 참여하게 한 하나의 관계였다. 자신과 다른 모든 사회구성원의 생존조건을 자신의 통제 아래 두는 혁명적 프롤레타리아트의 공동체에서는 정반대가 된다. 개인들은 이 공동체에 개인으로서 참여하는 것이다. 이것이야말로 개인들의 자유로운 발전과 운동의 조건들을 자기 통제 아래 두는 개인들의 결합체(물론 현재까지 발전된 생산력을 전제로 하는)이다. 그 조건들은 지금까지 우연에 내맡겨졌었고, 각 개인에 대립하는 독립된 존재로서 군림했다. 왜냐하면 분업으로 인해 결정된 각 개인들 사이의 분화 결과 그들 사이의 필연적 결합이 각 개인들에게 낯선 외적인 유대가 되어 버렸기 때문이다. 지금까지의 결합은 단지 이 조건들에 조응하는(예컨대 『사회계약론』에서 표현된 것처럼 결코 자의적인 것이 아니라 필연적인[24]) 결합에 불과한 것이었다(예컨대 북아메리카의 국가 형성과 남아메리카의 공화국들의 형성을 비교해 보라). 이 결합체 안에서 개인들은 우연성만을 향유했던 것이다. 일정한 조건들 내에서 방해받지 않고 우연성을 향유할 수 있는 권리를 사람들은 지금까지 인격적 자유라고 불러 왔다. 이러한 생존 조건들은 당연히 각 시대의 생산력과 교류 형태일 뿐이다.

　　역사적으로 잇달아 나타나는 신분 및 계급의 공통적인 존재 조건과 이로써 개인들에게 강요되는 일반적인 표상 속에서 개인의 발전을 **철**

**학적으로** 고찰할 경우에는 이 개인들 가운데서 유(類) 또는 인간이 발전했다고, 혹은 개인들이 인간을 발전시켰다고 상상하기 십상이다.[*] 그럴 경우, 이러한 각종 신분이나 계급은 일반적인 표현이 특화된 것으로, 즉 유의 아종unterarten이나 인간의 발전 국면으로 파악될 수 있을 것이다.

개인들을 이러한 특정 계급 안으로 포섭하는 것은 지배계급과 대립하면서 특수한 이해관계를 관철시킬 필요가 없는 하나의 계급이 형성되기 전까지는 결코 지양되지 않는다.

개인들은 언제나 자기로부터 출발했다. 하지만 그것은 당연히 자기가 속한 역사적인 조건과 관계에 의한 것이지, 이데올로그들이 말하는 순수한 개인에서 비롯된 것은 아니었다. 그러나 역사가 진행되면서, 그리고 분업 내에서 불가피하게 나타나는 사회관계의 독립화에 의해, 각 개인이 어느 정도 인격을 갖고 노동의 어떤 부문에 그리고 거기에 속하는 조건들에 포섭되면서부터 각 개인들의 삶에 구별이 나타났다(이것을 마치 금리생활자나 자본가 등이 인격적이기를 그만둔 것처럼 이해해서는 안 된다. 그들의 인격성은 아주 특정한 계급관계에 의해 조건지어지고 또 규정된다. 그리고 앞에서 말한 구별은 다른 한 계급과의 대립 속에 비로소 나타나며, 그들 자신에게는 파산할 때 나타난다). 신분제에서는(부

---

[*] 각각의 만물이 국가를 통해 만물다운 것으로 된다는, 성 막스가 번번이 사용하는 명제는 부르주아가 단지 부르주아의 유(類)에 불과하다는 명제와 근본적으로 동일한 것이다. 즉 그 명제는 부르주아 **계급**이 이미 그 계급을 구성하는 개체들보다 선행하여 존재해 왔다는 것을 전제로 하고 있다[이 명제에 대한 마르크스의 방주: 철학자의 경우에 나타나는 계급의 **선험적 존재**(Praexistenz)].

족제에서는 더욱더) 구별이 아직 은폐되어 있다. 예를 들어 귀족은 항상 귀족에 머물고 평민Roturier은 언제나 평민에 머물기 때문에, 그 성질은 다른 관계들과는 상관없이 그의 개별성으로부터 분리될 수 없다. 계급적 개인에 대한 인격적 개인의 구별, 개인에 대한 생활 조건의 우연성은 부르주아지의 산물 가운데 하나인 이 계급의 출현과 함께 나타난다. 개인들 상호 간의 경쟁과 투쟁이 비로소 이 우연성을 우연성으로 산출하고 발전시키는 것이다. 그러므로 관념 속에서는 부르주아지의 지배 아래 있는 개인이 전보다 자유로워 보인다. 왜냐하면 그에게는 그의 생활 조건이 우연적인 것이기 때문이다. 하지만 현실에서는 더 커다란 물적 강제력 아래 포섭되어 있기 때문에 당연히 자유롭지 못하다. 이러한 신분상의 구별은 특히 부르주아지와 프롤레타리아트의 대립에서 극명하게 드러난다. 도시민의 신분, 자치제die Korporation 같은 것들이 토지귀족Landadel과 대립하여 등장했을 때, 그들의 생존 조건—동산 소유와 수공노동Handwerksarbeit은 그들이 봉건적 제도들로부터 분리되기 이전부터 이미 잠재적으로 존재하고 있었다—은 봉건적 토지 소유에 대항하여 주장된 실질적인positive 어떤 것으로서 나타났으며, 따라서 어느 정도까지는 역시 그에 상응하는 봉건적 형태를 취하고 있었다. 물론 탈출농노들entlaufenden Leibeigen은 자신들이 지금까지 가졌던 농노 신분이 자신들의 우선적인 인격이라고 생각했다. 하지만 그들은 자신을 질곡으로부터 해방시키고자 하는 모든 계급들이 했던 것과 똑같은 행동을 했을 뿐이다. 그래서 그들은 자신을 하나의 계급으로서가 아니라 개인적으로 해방시켰다. 또한 그들은 신분제도를 벗어난 것이 아니라 단지 하나의 새로운 신분을 형성했을 뿐이며, 그 새로운 지위에 있으면서도 기존의 노동양식을 그대로 가지고, 나아가 그 노동양식을 이미 도달한 발전에 (더 이상) 상응하지 않는 과거의 질 곡으로부터 해방시킴으로써 그것을 더 한층 발전시켰던 것이다.[*]

그에 반해 프롤레타리아트의 경우에는 자신의 고유한 생활 조건, 노동, 그와 더불어 오늘날 사회의 모든 존재 조건들이 그들에게 어떤 우연적인 것으로 되었고, 이에 대해 개개의 프롤레타리아트는 아무런 통제력도 가지고 있지 않았으며, 또 어떤 사회적인 조직도 그들에게 그러한 통제력을 가져다주지 않았다. 각 프롤레타리아트의 개별성과 그들에게 강요된 생활 조건인 노동 사이의 모순은 스스로 명백해진다. 그것은 그의 유아기 때부터 줄곧 희생을 당해 왔고, 또한 자신의 계급 내에서는 다른 계급으로 옮겨갈 수 있는 조건들에 도달할 기회가 없었기 때문이다.

이렇게 탈출농노들은 단지 그들의 기존 생존 조건을 발전시키고 주장하려고 했을 뿐이었기 때문에 결국 자유노동에 도달하는 데 그치고 말았다. 이에 반해 프롤레타리아트가 자신을 인격으로서 주장하기 위해서는 자신의 기존 생존 조건임과 동시에 지금까지의 모든 사회

---

[*] 주의: 이미 농노라는 존재의 필요성, 농노에 대한 분할지(allotments)의 할당에 따른 대경제(großen Wirtschaft)의 불가능성, 그리고 곧바로 봉건영주에 대한 농노의 의무가—현물이든 노동부역이든—평균량(Durchschnitt)으로 감소한다는 사실을 잊어서는 안 된다. 그것은 농노가 동산을 축적할 수 있게 해 주면, 그럼으로써 그들 주인으로부터 쉽게 탈출할 수 있게 해 준다. 이에 따라 그들은 시민(Stadtbürger)으로서 자신의 향상에 대한 전망을 부여받게 된다. 또한 이로써 농노들 사이에서 일정 단계(Abstufungen)가 형성되어 탈출한 농노들은 이미 반시민(halbe Bürger)이 된다. 따라서 수공업에 숙달된 농노들이 동산을 획득할 수 있는 최대의 기회를 갖게 된다는 사실이 명약관화해진다.

의 생존 조건이기도 한 노동양식을 지양해야만 한다. 그러므로 프롤레타리아트는 이제까지 사회를 이루어 온 개인들이 그 안에서 자기에게 하나의 공적 표현을 부여해 주었던 형태, 즉 국가와 직접적으로 대립하고 있다는 사실을 발견하는데, 자신의 인격을 관철하기 위해서는 국가를 타도해야만 한다.

# 라이프치히 공회[25]

1845년에 발간된《비간트 계간지Wigand'schen Quartalschrift》제3권에서는 카울바흐Kaulbach가 이미 예언적으로 묘사해 놓은 바 있는 훈 족들의 전투Hunnenschlacht[26]가 실제로 벌어지고 있다. 죽어서조차 그 분노를 가라앉히지 못하는 시체들의 영혼이 저주를 퍼붓는데, 그 소리는 마치 전장戰場의 함성처럼, 칼과 방패와 철마차들의 철커덕거리는 소리처럼 들린다. 그러나 그것은 속세의 문제들을 놓고 벌이는 전투가 아니다. 그 성스러운 전쟁은 보호관세나 헌법이나 감자 탄저병이나 금융 문제나 철도 문제를 놓고 다투는 것이 아니다. 그것은 지상에서 가장 성스러운 관심사인 정신의 이름으로, '실제', '자기의식', '비판', '유일자' 및 '진정한 인간'의 이름으로 전투를 벌이고 있다. 지금 우리는 교부들이 주재하는 회의에 참석하고 있다. 이들은 교부라는 부류의 인종으로서 이 세상에 남아 있는 유일한 사람들이기 때문에, 지고至高의 존재, 일명 절대성이라는 대의大義, Sachen를 마지막으로 한 번 더 주장

독일의 낭만주의 화가 빌헬름 폰 카울바흐(1805~74). 그의 유명한 그림 〈훈 족들의 전투〉는 헝가리의 작곡가 프란츠 리스트가 지은 곡의 제목이기도 하다.

할 기회를 갖고 싶어 하기 때문에, 이들 논의의 진행 과정procès-verbal 을 요약해서 소개하는 것도 의미가 있을 것이다.

　먼저, 여기에서는 성 브루노, 막대기(Stock, "감성은 곧 막대기로 환원되는 것",《비간트 계간지》, 130쪽) 하면 금방 생각나는 사람에 대해 알아보자. '순수비판'이라는 후광으로 둘러싸인 왕관을 머리에 쓰고, 세상을 경멸하는 마음으로 가득 차서, 그는 자신의 '자기의식'이라는 방 안으로 숨어 버린다. 지고존재로서의 자기의식이라는 이름으로 '실체'의 개념을 어지럽힘으로써, 그는 "종교를 그 총체성 속에서, 국가는 그 현상 속에서 **타도해 버렸다**(138쪽)." 교회의 잔해와 국가의 '파편'이 그의 발밑에 놓이고, 이제 그는 힐끗 쳐다보는 것만으로도 '대중'을 '때려 눕혀' 먼지 구덩이 속으로 처박을 수 있다. 그는 신과 같은 존재이기 때문에 그에게는 아버지도 어머니도 없고, 오직 그는 '그 자신의 창조물이요, 그 자신의 산물'이다(136쪽). 이렇듯 늘 피곤하게 지내 왔으니, 눈에 띄게 쇠약해질 만도 하다. 게다가 그는 자기 자신을 '심문'하는 것 말고도―때때로 이제 우리가 보게 될―《베스트팔렌 증기선》[27]에서도 또한 '심문'한다.

그와 반대되는 견해를 가진 성 막스, 신의 왕국에 대한 그의 공적은 그가 자신의 주체성을 정립했고, 또 증명했음을―대략 600쪽의 문건으로*―주장하는 데 있었다. 즉 그는 단순한 아무개에 불과한 존재도 아니요, '어중이떠중이Hans oder Kunz'도 아닌 바로 성 막스이지, 그 외의 어느 누구도 아니다. 그의 후광이나 여타의 탁월함을 보여 주는 징표들에 대해서 말할 수 있는 것은 오직 한 가지, 즉 그것들은 '그의 개체이며 따라서 그의 속성'이라는 것, 그것들은 '유일하고' '비할 데 없으며' '표현이 불가능'하다는 것이다(148쪽). 그는 '문구'이자 동시에 '그 문구의 주인'이요, 산초 판자인 동시에 돈키호테이다. 그의 금욕주의적 행각을 살펴보면, 생각할 것도 없는 문제를 가지고 골치 아프도록 생각하고, 고려할 것도 못 되는 일을 가지고 여러 지면을 할애하여 고찰하고, 성스럽지도 못한 일을 신성화시키는 것이 고작이다. 그렇다고 해서 우리가 그의 우수한 점들을 애써 설명할 필요는 없다. 왜냐하면 그는 자신의 탁월함을 묘사할 때는―비록 회교도들이 부르는 신의 이름들보다 더 많은 능력을 가졌다 해도―다음과 같이 말하는 버릇이 있기 때문이다. 즉 나는 이 모든 것이요, 그 이상의 무엇이며, 나는 이 무無의 전부요, 이 모든 것의 무이다. 어쩌고저쩌고해도 그에게는 다소 진지한 **쾌활함**Leichtsinn이 있고, 때때로 **비판적 환성**Kritisches Juchhe을

---

* 막스 슈티르너, 『유일자와 그 소유』를 말함―편집자.

지름으로써 자신의 진지한 사색을 잠깐씩 멈추기도 한다는 점에서 구제불능인 그의 맞수들과는 약간 호의적으로 구별된다.

종교재판소의 이 두 우두머리들은 이단자 포이어바흐를 소환하고 있다. 이제 포이어바흐는 이교도Gnostizismus라는 예사롭지 않은 혐의를 벗기 위해서 자신을 변호해야 하는 처지에 놓였다. 성 브루노는 "너, 이단자 포이어바흐는 물질hyle을, 실체를 소유하고 있으면서, 나의 무한한 자기의식이 그 속에 반영되지 못하도록 그것을 나에게 안 넘기려 하고 있지"라고 호통친다. 자기의식은 거기에서 발생하는 모든 사물, 그 속으로 흘러드는 모든 사물들을 그 자신의 내부로 되돌려 받게 될 때까지는 유령처럼 헤매고 다닌다. 그것은 이미 이 세상 전체를 집어삼킨 지 오래지만, 이 물질과 실체만은 놓치고 말았다. 왜냐하면 이교도인 포이어바흐가 단단히 빗장을 걸어 잠그고 열쇠를 안 내주기 때문이다.

성 막스는 이 이단자를, 바로 성 막스 자신의 입으로 계시한 바 있는 도그마, "모든 거위, 모든 개, 모든 말"은 "완벽한 존재요, 만약 누가 최고급의 말을 쓰고 싶어 한다면 그는 더욱 완벽한 존재요, 곧 인간이 된다"라는 도그마를 의심한다고 기소하고 있다(《비간트 계간지》, 187쪽[28]; 앞에서 서술한 말 속에는 무엇이 인간으로 만드는지에 대해, 티끌만큼도 모자란 것이 없다. 사실상 그 똑같은 무엇이 모든 거위, 모든 개, 모든 말에게도 적용되기 때문이다).

이렇듯 중대한 고발장에 대한 공판 이외에도, 이 두 성자가 모제스 헤스를 상대로 건 소송과 성 브루노가 『신성가족』의 저자들을 상대로 건 소송에 대해서도 역시 실형이 선고되었다. 그러나 이 피고인들은

이탈리아 가면극에 나오는 가짜 박사의 전형
'그라치아노 박사'.

'세속적 업무들' 때문에 산타 카자Santa Casa[29]의 법정에까지는 몸소 출두할 겨를이 없었다. 따라서 궐석으로 진행된 재판에서 이들은 지상의 삶을 사는 동안 영혼의 세계로부터 영원히 추방당하는 형을 선고받았던 것이다.

마침내 두 우두머리는 또다시 뭔가 해괴한, 그리고 서로를 헐뜯기 위한 음모를 꾸며 대기 시작한다.*

---

* [초고에서는 삭제됨]. 도토레 그라치아노(Dottore Graziano),[30] 일명 아르놀트 루게는 "아주 교활하고 능수능란한 사람이기"《비간트 계간지》, 192쪽) 때문에 항상 구실을 만들어 뒷전에서 나타난다.

# Ⅱ. 성 브루노

## 1. 포이어바흐에 대항하는 '출정'

우리는 바우어의 자기의식이 자기의식 그 자체와 세계를 상대로 전개
했던 엄숙한 토론에 들어가기에 앞서 한 가지 비밀을 밝혀 두어야만
한다. 성 브루노는 배은망덕한 대중의 건망증으로부터 자신과 자신의
진부하고 왜곡된 비판을 '방어하기' 위해, 또한 1845년의 변화된 상
황에도 불구하고 비판은 여전히 변하지 않고 있다는 사실을 증명하기
위해 논쟁과 그에 따른 말썽을 불러일으킨 인물이다. 그는 "대의와 그
자신의 주장guten Sache und seiner eignen Sache"[31]이라는 책의 제2권을 저술
하였다. 거기서 그는 자신의 입장을 고수하고 자신의 주장만을 위해
서pro aris et focis 고군분투하고 있다. 그러나 진정한 신학적 태도에서 볼
때, 그는 포이어바흐의 '성격을 규정한다charakterisieren'는 그럴듯한 명
분을 내세우면서 이러한 자신의 목적을 감추려는 것임에 틀림없다.

가련한 브루노는 포이어바흐와 슈티르너 사이의 논쟁*에서 너무도 극명하게 입증되었다. 왜냐하면 논쟁에서 바우어에 관한 부분을 전혀 다루고 있지 않기 때문이다. 따라서 그는 자신을 그 논쟁의 지고한 통일에 대한, 신성한 정신에 대한 반명제Gegensatz로서 선언하기 위해 더욱 그 논쟁에 매달리고 있는 것이다.

성 브루노는 포이어바흐를 집중공격함으로써, 즉 이미《북독일신문Norddeutschen Blättern》에서 선보였던 논설32의 개정증보판을 가지고 자신의 '출정Feldzug'의 서곡을 울리고 있다. 거기에서 포이어바흐는 **실체**Substanz라는 이름의 기사가 되어 바우어의 **자기의식**이 더욱 편안한 휴식을 취할 수 있도록 해 주는 역할을 맡는다. 그의 모든 저작들을 통해 증명되겠지만, 포이어바흐를 이렇듯 변질시켜 놓으면서 우리의 성자 바우어는《할레연보》에서의 '실증적 철학자들'을 반박하는 논설은 빠트린 채, 라이프니츠와 베일Bayle에 관한 포이어바흐의 저작**으로부터 『기독교의 본질』로 뛰어넘고 있다.33 이러한 '빠트림'은 '적절'하다. 거기에서는 포이어바흐가 소위 '실체'의 명확한 대표자들을 반박하는 것으로서 '자기의식'이 지니고 있는 지혜 전체를 폭로했기 때문인데, 그때는 성 브루노가 여전히 순수개념에 대한 사변에 빠져 있던 바로 그 시기였다.

---

* 포이어바흐의 『'유일자와 그 소유'와의 관련에서 본 '기독교의 본질'(Über das 'Wesen des Christentums' in Beziehung auf den 'der Einzige und sein Eigentum')』을 말한다—편집자.
** 『신철학사(Geschichte der neuern Philosophie)』와 『라이프니츠 철학과 피에르 베일에 대한 서술, 전개, 비판(Darstellung, Entwicklung und Kritik der Leibnitz'schen Philosophie und Pierre Bayle)』을 말한다—편집자.

성 브루노가 자신의 낡은 헤겔 철학이라는 말을 타고 아직도 의기양양하게 호령하며 누비고 있다는 사실은 재론의 여지가 없다. 신의 왕국 Reiche Gottes에서 그가 가장 최근에 발견한 사실의 첫 구절을 들어 보자.

헤겔은 스피노자의 실체와 피히테의 자아를 하나로 결합시켰다. 양자의 결합, 즉 이렇듯 서로 대립되는 영역의 결합은 각별한 관심을 끌지만, 동시에 헤겔 철학의 약점을 드러내 보여 주는 것이기도 하다. 헤겔의 체계에 얽혀 있는 이 모순은 해결되어야만 하며, 또 파괴되어야만 한다. 그러나 그는 항상 문제제기조차 불가능하도록 만듦으로써 그 해결책을 찾을 수 있을 따름이다. **자기의식**과 **절대정신**은 어떤 관계를 맺고 있는가?······ 이 문제는 두 가지 방법으로 해결될 수 있다. 그 하나는 자기의식이 실체라는 불꽃 속에서 다시 한번 산화되는 것, 즉 순수한 실체성과의 관계를 확고히 정립하고 유지시키는 것이다. 또 하나는 인격이 자신의 속성과 본질의 창조자라는 사실을 밝히고, **일반적으로** 인격은 그 자체('개념'인가 '인격'인가?)를 제한된 것으로 가정하면서 다시 그것이 설정해 놓은 한계를 **보편적 본질** allgemeines Wesen을 통해 제거시키기 때문에 인격의 개념에 속한다는 사실을 밝히는 것이다. 왜냐하면 이 본질이라는 것은 **그 내부의 자기구별**의, 그 활동의 **결과일 뿐**이기 때문이다[《비간트 계간지》, (86) 87~88쪽].

『신성가족』의 220쪽에서도, 헤겔 철학은 스피노자와 피히테를 결합해 놓은 것으로 나타나 있고, 동시에 그 속에 들어 있는 모순도 강조되고 있다. 성 브루노의 특이한 점은 『신성가족』의 저자들과는 달리, 자기의식과 실체의 관계에 대한 문제를 헤겔적 사변의 틀 **내부에서의**

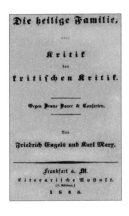

1845년에 처음 발행된 『신성
가족』 독일어판.

쟁점으로 다루지 않고, 세계사적인, 나아가
절대적인 문제로 다루고자 한다는 사실이
다. 그는 지금 진행 중인 의견 대립을 이런
식으로밖에는 표현할 재주가 없는 것이다.
그는 실체에 대한 자기의식의 승리가 유럽
의 평형상태뿐만 아니라 장차 오레곤 문제
Oregonfrage[34]가 전면적으로 발전하는 데에도
가장 본질적인 영향력을 행사하리라 믿고
있었다. 그러나 영국의 곡물조례Korngesetze
의 폐지 문제가 그것에 얼마만큼 의존하고
있는지는 아직도 거의 알려지지 않고 있다.

실질적인 의견 대립을 헤겔이 추상적이고 모호한 표현으로 왜곡시
킨 것을 놓고 이렇게 '비판만 하는' 사람은 그 표현이 진짜 실질적인
의견 대립인양 받아들인다. 브루노는 **사변적** 모순을 취함으로써 한쪽
을 지지하고 다른 한쪽을 반대한다. 실질적 문제에 관한 철학적 **문구**
는 곧 실질적 문제 그 자체이다. 결과적으로 바우어는 한편으로, 존재
하는 사람과 독립적인 어떤 것으로서 그들과 대립하고 있는 사회관계
에 대한 그들의 실질적 의식에 대신하여 단지 추상적인 문구, 즉 **자기
의식**만을 갖는다. 마치 사람들이 실질적 생산 대신에 **이러한 자기의식
의 독립적인 활동**을 갖게 되는 것처럼 말이다. 다른 한편으로, 인간의
본성과 실제로 존재하는 사회적 관계들 대신에, 그는 모든 철학적 범
주들이나 그 관계들의 명칭을 **실체**Substanz라는 문구 속에서 철학적으
로 요약해 놓았다. 왜냐하면 모든 철학자들이나 이데올로그들과 마찬

가지로, 그 역시 현존 세계에 대한 독립된 사고의 표현인 사상들과 관념들을 현존 세계의 기초Grundlage로 잘못 파악하고 있기 때문이다. 그가 이렇듯 무의미하고 공허한 두 가지 추상화를 가지고, 현실적 인간과 그들이 맺고 있는 사회적 관계에 대해 아무것도 모른 채, 모든 잔꾀를 부렸다는 것은 분명하다(그 밖에 포이어바흐와 관련된 실체에 대해서는, 그리고 '인도적 자유주의humanen Liveralismus'와 '신성함Heilige'에 대해서는 그가 써 놓은 것을 참조하라). 그러므로 바우어는 사변의 모순을 해결하기 위해 자신의 사변적 기반을 포기하지 않고 있다. 그러한 기반 위에서 잔꾀를 부리고, 또 바로 **자신이** 특히 헤겔적 기반을 고수하고자 노력했기 때문에, '절대정신'에 대한 '자기의식'의 관계에 대해서도 그는 전혀 위안을 받지 못할 정도였다. 간단히 말해서 우리는 여기서 『복음사가의 비판Kritik der Synoptiker』[35]에서 이미 발표한 바 있으며, 『기독교의 폭로Das entdeckte Christenthum』에도 실렸고, 또 불행하게도 헤겔이 『정신현상학』에서 오래전에 선취했던 바로 그 **자기의식의 철학**을 다루고 있는 것이나 다름없다. 바우어의 이 새로운 철학은 『신성가족』의 220쪽 이후 그리고 304~307쪽에서는 완전히 제거되었다. 그러나 브루노는 여기에서조차 자신을 우습게 만들지 못해 야단이다. 그는 개별적 인간을 '그 자신의 산물'로, **슈티르너를 브루노의 산물**로 그려 낼 수 있도록 **슈티르너**와 함께 '인격persönlichkeit' 속으로 감쪽같이 숨어들고 있다. 이러한 그의 진전은 잠시 주목해 볼 필요가 있다.

우선 독자들은 이 어설픈 모조품Karikatur을, 원전 및 『기독교의 폭로』 113쪽에 실려 있는 자기의식에 관한 설명과 비교해 보고, 또 이 설명을 그 최초의 원형, 즉 헤겔의 『정신현상학』의 575, 583쪽 및 그 밖의 관련된 부분들과 비교해 보아라(이 두 가지 내용은 모두 『신성가족』의 221, 223, 224쪽에서 반복되고 있다). 그러나 이제 다시금 이 어설픈 모조품을 만나 보자! '인격 일반Persönlichkeit überhaupt!', '개념Begriff!', '보편적 본질Allgemeines Wesen!', '그 자체를 제한된 것으로 설정하고, 다시 그 한계를 제거시키는 것!', '내부의 자기구별innere Selbstunterscheidung!', 이 얼마나 엄청난 '결과들'인가! '인격 일반'이란 '일반적으로' 난센스이거나 혹은 인격의 추상적 개념에 불과한 것이다. 따라서 '그 자체를 제한된 것으로 설정'하는 것은 인격이라는 개념의 '개념'에 속한다. 또한 인격이라는 개념의 개념에 속하는 이 한계는, 인격은 '그 보편적 본질을 통해'라는 어구를 곧바로 뒤에 설정하고 있다. 그리고 다시 이 한계를 제거하고 나면, 비로소 '바로 이 본질'이 그 '내부의 자기구별의 **결과**'임이 드러난다. 그러므로 이 얽히고설킨 동어반복에서 비롯된 엄청난 결과는 결국 헤겔이 오래전에 써 먹었던, 인간의 관념 속에서나 존재하는 자기구별이라는 잔꾀나 마찬가지이다. 이러한 자기구별은 우리의 불행한 브루노가 '인격 일반'이라고 고집스럽게 주장했던 바이다. 오래전에 성 브루노는, 그 정도의 활동밖에 하지 못할 '인격'이라면 그 '인격'으로부터 얻을 만한 것은 아무것도 없다는 지적을 받았었다. 그럼에도 그것이 이제는 하찮은 논리적 비약을 보이고 있는 실정이다. 동시에 위에서 인용한 이 구절들은 바우어가 말하는 '인격'의 본질이 개념의 개념이자 추상의 추상이라는 사실을 천진난만하게 시인함을 보여 주고 있다.

브루노의 포이어바흐에 대한 비판에 새로운 점이 있다면, 그것은 포이어바흐와 **바우어**에 대한 브루노의 비난보다 더 위선적으로 보이려는 행위 그 이상도 그 이하도 아니다. 그 예를 몇 가지 들어 보자.

"인간의 본질은 본질 일반이며 일종의 신성한 것이다," "인간은 인간의 신이다," "인류의 '절대자'이다," "포이어바흐는 인간을 '본질적 자아와 비본질적 자아'로 분열시킨다"(브루노는 항상 추상이 곧 본질이라고 떠들고 있지만, 비판과 대중에 대한 그의 반명제를 살펴보면, 포이어바흐보다 훨씬 더 가공할 정도로 분열을 조장하고 있다), "'신적인 속성 Prädikate'에 대항하여 투쟁해야만 한다" 등등.

브루노는 헌신적이고 이기적인 사랑에 관해 포이어바흐와 논쟁을 벌이고 있는데, 그는 슈티르너의 책에서 무려 3쪽(133~135쪽)을 거의 그대로 옮겨 적다시피 했다. 슈티르너가 쓴 구절들을, 즉 "모든 인간은 자신의 창조물이다," "진리는 유령과 같은 것이다" 등등을 아주 서투르게 베껴 놓은 것처럼 말이다. 더구나 브루노는 '창조물Geschöpf'을 '산물 Machwerk'로 바꿔치기까지 했다. 우리는 슈티르너를 제멋대로 인용한 성 브루노에게 공격의 화살을 돌려야겠다.

이처럼 성 브루노에게서 맨 처음 발견할 수 있는 것은, 그가 끊임없이 헤겔에 기대고 있다는 사실이다. 물론 그가 헤겔을 모방한 말들을 더 이상 장황하게 논하려는 것은 아니다. 다만 그가 철학자들의 위력을 얼마나 확고부동하게 믿고 있는지, 그리고 변형된 의식, 즉 현존 사회관계들을 새로운 시각으로 조명한 그 의식을 가지고 기존 세계를 혁파할 수 있다는 철학자들의 환상에 그가 얼마나 공감하고 있는지를 보여 주는 몇몇 구절들을 지적해 보려는 것일 뿐이다. 그러한 신념에 젖어 있던 성 브루노는 또 자신의 제자들 중 한 사람에게 《비간트 계간지》 제4호 327쪽에서, 인격에 관해 자신이 제3호에서 주장했던 바가 — 우리도 앞에서 다루었던 — '세계를 뒤흔드는 사상weltumsturzende Gedanken'[36]임을 설명해 보도록 했다.

성 브루노는《비간트 계간지》95쪽에서 다음과 같이 말한다.

철학이란 지금까지 가장 일반적인 형태로 환원된, 가장 이성적인 표현을 부여받은 신학이었을 뿐이다.

포이어바흐를 반박하기 위해 쓴 다음의 구절은 사실상 포이어바흐의 『미래철학』 2쪽에서 거의 베끼다시피 한 것이다.

사변철학은 진정하고 일관성 있는 이성적 신학이다.

브루노는 계속해서 이렇게 말한다.

종교와 결합한 철학은 여태껏 개별적 인간이 절대적으로 이것에 얽매이도록 애써 왔으며, 또한 **실제로 그 목적을 달성하기도 했다**. 개별적 삶을 보편적 삶으로, 우연Akzidens을 실체로, 인간을 절대정신으로 흡수할 것을 요구하고 유발시킴으로써.

마치 헤겔 철학과 '결합한' 브루노의 '철학' 그리고 그의 변함없는 신학과의 금지된 교류가 마치 실체와 같은 인간의 '우연성들' 중 한 표상 속으로, 또 자기의식 속으로 '인간을 통합'할 것을 '요구하지' 않았던 것처럼, 또 유발시키지도 않았던 것처럼 말하고 있지 않은가! 더욱

이 이 모든 내용을 파악해 볼 때, 신성한 신학자들과 철학자들의 신비에 싸인 위력을 믿는 브루노의 이 '세계를 뒤흔드는' 신념은 '설교투의 능변'을 구사하는 교부들Kanzelberedsamkeitliche Kirchenvater*을 통해 얼마나 흐뭇해하며 끈질기게 주장하는지를 알 수 있다. 물론 자유의 대의와 그 자신의 주장**을 위해서도 그렇다.

105쪽에서도, 신을 무서워하는 이 작자는 오만하게도 포이어바흐를 비난했다.

포이어바흐는 개인으로부터, 기독교의 인간성을 상실한 인간으로부터 하나의 인간, '진정한'(!), '실재하는'(!!), '인격적인'(!!!) '인간'을 만드는 것이 아니라(『신성가족』과 슈티르너의 저작에서 그 연원을 찾을 수 있다), 오히려 하나의 거세된 인간, 노예를 **만들었던 것이다.**

그리고 그것을 통해 성 브루노는 특히 자신이 **'정신'**으로써 사람을 **만들** 수 있다는 헛소리를 지껄이고 있다.

더욱이 그는 같은 쪽에서 다음과 같이 말하고 있다.

포이어바흐의 말에 따르자면, 개인은 자신을 인류에 종속시켜 그를 위해 복무해야만 한다. 포이어바흐가 말하는 소위 인류Gattung란 곧 헤겔이 말하는 절대정신Absolute이며, 그 역시 이 세상 어디에도 존재하지 않는 것이다.

---

* 브루노 바우어와 막스 슈티르너를 가리킴—편집자.
** 브루노 바우어의 저서 『자유의 대의와 나 자신의 주장』을 빗대고 있다—편집자.

나머지 쪽 전체에서와 마찬가지로 여기에서도 성 브루노는 개별적 인간들의 현실적 관계를 철학적 해석에 의지할 수 있도록 하는 영광을 어느 누구에게도 돌려주지 않았다. 그는 헤겔의 '절대정신'과, 한편으로는 포이어바흐의 '인류' 개념 사이에, 또 다른 한편으로는 현존 세계 사이에 존재하는 상호관계를 전혀 파악하지 못하고 있다.

104쪽에서 이 성부는 포이어바흐가 저지른 이단행위에 대해, 즉 이성과 사랑과 의지의 성스러운 삼위일체를 '개인 **내부에**in 존재하며 개인을 **초월하여**über 존재하는' 그 무엇으로 변형시킨 것을 보고 격분하고 있다. 마치 그 당시에는 모든 기분·충동·욕구가 그 만족을 방해하는 사태에 부딪칠 때마다, 그 자신을 '개인의 내부에 존재하며, 개인을 **초월하는**' 위력으로 주장하지 않은 듯이, 예를 들면 성부 브루노가 배고픔에도 불구하고 그 배고픔을 달랠 만한 어떤 수단도 갖고 있지 않다면, 그의 위장도 도리 없이 '그의 **내부에서** 그를 **초월하는**' 위력으로 변할 것이다. 포이어바흐의 오류는 그가 이 사실을 지적했다는 데 있는 것이 아니라, 오히려 그것을 명확하게 극복할 수 있는 역사적 발전 단계의 산물로 간주하지 않고 이상화된 방식으로 그것에 독립성을 부여했다는 데 있다.

포이어바흐는 노예이며, 그 노예 근성 때문에 **인간의** 과업을 완수하지 못하고, 종교의 본질도 인식하지 못하고 있다(얼마나 멋진 '인간의 과업'인가!)…… 그는 종교의 본질을 찾아갈 수 있는 **다리**가 어디에 놓여 있는지 모르기 때문에 종교의 **원천**Quell을 깨닫지 못하고 있다.(111쪽)

죽은 자를 지하세계로 안내해 주는 스틱스 강의 뱃사공 카론.


성 브루노는 순진하게도 여전히 종교에 그 자체의 '본질'이 있다고
믿고 있다. '종교의 원천'을 찾아 **그 위**를 지나갈 수 있는 '다리'는, 말
하자면 이 바보가 건널 수 있는 다리Eselsbrucke*는 필시 **수도관**임에 틀
림없다. 동시에 성 브루노는 다리가 생기면서 실직한 뱃사공, 현대판
카론Charon³⁷의 기묘한 모습으로 등장하여, 종교라는 유령의 왕국을 향
해 다리를 건너는 모든 사람들에게 0.5페니씩을 받는 징수관tollkeeper
노릇을 하고 있다.

120쪽에서 이 성자는 말한다.

---

\* 모자란 사람들이 어려운 문제를 풀 때 사용하는 방편을 빗대어 말함—옮긴이.

만일 **진리**라는 것이 존재하지 않고, 또 진리란 지금까지 인간이 두려워마지 않았던 **유령**(슈티르너, 도와주오!)*에 불과하다면, 포이어바흐는 어떻게 살아나갈 수 있을까?

'진리'라는 '유령'을 두려워하는 '인간'은 바로 이 훌륭한 브루노 자신이다. 이미 110쪽에서 그는 진리라는 이름의 '유령'을 보고 무서워서 벌벌 떨며, 세상이 떠나가도록 악을 쓴 바 있다.

진리는 백화점에 진열된 물건처럼 저절로 찾아지는 것이 아니라, 인격이 완전히 성숙했을 때만이 **스스로의 힘**으로 발전하는 것이며, 또 그 통일을 이룰 수 있는 것이다.

우리는 여기서 진리라는 이 유령이 스스로의 힘으로 발전하고 통일을 이루는 하나의 사람으로 의인화되었다는 사실을, 더욱이 이런 말 장난이 촌충류 같은 속물에 의해, 진리와 무관한 제3의 인물에 의해 생겨났다는 사실을 알 수 있다. 이 성자가 아직 젊고 육체의 관능적 욕구가 왕성했던 시절에 진리와 맺은 정사에 대해 알고 싶으면,『신성가족』115쪽부터 쭉 읽어 보라.

우리의 성자가 그 모든 육체적 욕구와 세속적 욕망들을 말끔히 씻

---

* 원래는 베버(Weber)의 오페라 〈마탄의 사수(Der Freischutz)〉 2막 6장에 나오는 "Samuel, Hilf!"를 바꿔 쓴 것임─편집자.

어 버리고 이제 우리 앞에 새로운 모습으로 나타났음을 보여 주는 계기는, 포이어바흐의 **감각**에 도전하는 그의 격렬한 논쟁에서 엿볼 수 있다. 브루노는 결코 포이어바흐가 자신의 **감각**을 인정하는 매우 편협한 방식으로 반박하지는 않는다. 그는 포이어바흐의 시도가 이데올로기를 탈출하려는 시도이기 때문에 **죄악**으로 간주한다. 당연한 일이다! 감각이란 눈에 비치는 욕망이요, 육욕이며, 오만한 본질이다.* 신의 눈에는 전율과 혐오**로 보이지 않겠는가! 육욕에 빠지는 것은 곧 죽음이요, 영적인 일을 추구함은 곧 삶이며 평화라는 사실을 모르는가. 육욕에 빠지면 비판에 대해 적개심을 품게 되며, 육체에 관한 모든 것은 곧 현세적인 것dieser Welt이기 때문이다. 또 다음과 같은 말을 들어 보라. 육체가 저지르는 일이란 뻔하다. 그것은 바로 간음·사통·불결·외설·범죄 집단·증오·살인·취태·폭식*** 같은 것들이다.

나는 이전에도 예언한 바 있지만 이러한 일들을 저지르는 사람은 결코 비판의 왕국을 물려받지 못하고 탄식하리라는 것을 여러분들에게 다시 한번 예언한다. 그들은 카인Kain이 걸었던 길을 따르고, 발람 Balaam의 오류에 빠지며, 코라Korah의 호출 명령에 따르는 짓을 하는 것이나 마찬가지이다. 이 추잡한 무리들은 부끄러운 줄도 모르고 당신이 베푼 자선으로써 호사하며 향연을 누리고 있다. 그들은 물기 없는 바람으로 이루어진 구름과 같은 존재들이다. 자신의 치부를 거품으로

---

* 요한복음 2장 16절을 보라―편집자.
** 에스겔서 11장 18절을 보라―편집자.
*** 갈라디아서 5장 19~21절을 보라―편집자.

믿을 수 없는 예언자 발람. 발람은 '백성을 파멸시키는 자'라는 뜻이다. 발람의 잘못된 길을 거역하는 당나귀를 그린 렘브란트의 『예언자 발람과 당나귀』(1626).

감추는 바다의 파도들이다. 영원히 암흑의 그림자로 저주받고 길 잃은 별들이다.* 말세가 되면 끔찍한 일들이 벌어질 것이라는 말을 성경에서 읽었기 때문에 자신을 대단하다고 여기는 사람들, 비판보다는 주색에 빠지기**를 더 좋아하는 추잡한 모리배들, 죄악을 저지르는 자들, 간단히 말해서 육욕의 노예들이 생겨날 것이다. 성 브루노는 이러한 자들과 멀리 떨어져 있다. 영적인 것을 추구하고 육체의 더러워진

---

* 유다서 11~13절을 보라―편집자.
** 디모데에게 보낸 두 번째 편지 3장 1~4절을 보라―편집자.

포장을 증오하는 그는 바로 이러한 이유 때문에 포이어바흐를 비난한다. 그는 포이어바흐가 개들과 마법사들, 난봉꾼들, 그리고 자객들과 함께 외딴 곳에 안전하게 머물러 있으려는 코라의 악당들과 마찬가지라고 여겼기 때문이다. '감각' — 으악! 이 말은 성스러운 교부가 지독하게 화를 내 발작을 하도록 할 뿐만 아니라, 그로 하여금 노래까지 부르게 한다. 121쪽에서 그는 '종말의 노래와 노래의 종말'을 중얼거리고 있다. 감각 — 이 한심스러운 말, 감각이 도대체 무엇인가? — 은 '막대기ein stock'이다(130쪽). 발작에 사로잡힌 성 브루노는 이제 적당한 기회를 골라서 자신이 다루었던 주제들 가운데 하나를 붙들고 고군분투하고 있다. 지금은 고인이 된 야곱Jakob과 하느님이 싸웠던 것과 마찬가지로, 그때와 다른 점이 있다면, 하느님이 야곱의 넓적다리를 비틀었던 반면에, 우리의 성스러운 간질병 환자 바우어는 자기 논문들의 손발과 매듭을 모두 비틀어 왜곡시켜 버렸다는 것뿐이다. 그리하여 수많은 적절한 예를 들어 주체와 객체의 동일성Identität을 명확하게 밝히고 있다.

포이어바흐는 하고 싶은 말을 하는 것일지 모르지만…… 그는 **파괴하고 있다**(!) 인간…… 그는 인간이라는 **말**을 단순한 **문구**로 만들어 버렸기 때문이다.…… **인간을 전혀 만들지도**(!) **창조하지도**(!) 않았고, 오히려 인류 전체를 절대자로 격상시켰기 때문이다. **또한** 그는 인류에 대해서가 **아니라, 오히려** 절대자만 가질 수 있는 기관으로서의 감각에 대해서 말하고, 감각적인 것 — 감관Sinnes, 직관Anschauung, 감각Empfindung의 대상 — 을 절대적이고 분명하고 직접적으로 확실한 것으로 낙인찍기 때문이다. 그럼으로써 포이어바흐는—이것은 성 브루노의 견해이지만—공기층을 쉽사리 진동시킬 수 있겠지만, 그러나 **인간 본질의 현상들을 격파**할 수는 없게 된다. 왜냐하면 **그의 내부의 가장 깊숙한 곳에 있는**innerstes(!) 본질과 그의 원기왕성한 정신은…… 이미 외부의äußern(!) 소리를 파괴하고 **또한** 그것을 공허하고 삐거덕거리는 소리로 만들고 있기 때문이다(121쪽).

성 브루노는 스스로 자신의 어리석은 행위에 대한 이유를 수수께끼 같으면서도 결정적인 폭로를 통해 우리에게 반증해 주고 있다.

비록 나의 자아는 바로 이렇듯 특수한 성Geschlecht을 가진 것은 아닐지라도, **다른 모든 사람들에 비해 희귀한**einzige 성을 그리고 이렇듯 특수하고 희귀한 성기Geschlechtsorgan를 가지고 있다!

더구나 그가 말하는 '희귀한 성기들' 이외에도 이 고상한 사나이는 별도로 '희귀한 성'을 가지고 있다! 이 희귀한 성에 대해서는 121쪽에 다음과 같은 의미로 설명되어 있다.

관능은 흡혈귀와 마찬가지로 인간의 삶으로부터 활력과 피를 온통 빨아들인다. 그것은 인간이 목숨을 건 **타격**Todes–Stoß으로만 극복할 수 있는, 넘을 수 없는 장벽이다.

그러나 이 세상에서 가장 성스러운 작자조차도 순수하다고는 볼 수 없다! 그들은 모두 사악한 죄인들이며, '자기의식' 이전에 당연히 지녀야 할 명예는 사실상 빠트리고 있다. 한밤중에 쓸쓸한 감옥 속에서 비지땀을 흘리며 '실체'와 싸우고 있는 성 브루노는 이교도 포이어바흐가 쓴 경솔한 편지들에 쏟았던 관심을 여자들에게 그리고 여성미로 돌려 버렸다. 갑자기 판단력이 퇴색하여 지금은 옛날 같지가 않다. 그의 순수한 자기의식이 더럽혀지고, 비난받아야 하는 관능적 백일몽 속에서 음탕한 그림들을 그리며 놀라 어쩔 줄 모르는 비평가들과 놀아나고 있다. 정신은 의지적이지만 육신은 나약해서 제대로 말을 듣지 않는다.* 브루노는 돌부리에 채여 넘어지고, 그 자신이 이 세상을 하나로 묶고, 해방시키고, 지배하기도 하는** 전지전능한 힘이라는 것을 망각한다. 이렇듯 그 자신의 상상의 산물들이야말로 '그의 정신의 정신'이라는 것을 잊고, '자기의식'도 모조리 잃어버리며, 술에 취해 디티람보스Dithyrambos*** 처럼 말을 더듬거린다.

여성이 보여 주는 아름다움 앞에서, 그 '부드러움, 달콤함, 여성다움' 앞에서, '풍만하고 성숙한 사지' 앞에서, '출렁이는, 물결치는, 소용돌이치는, 솟구쳤다가 수그러드는 파도와 같은 여성의 육체[38]' 앞에서 말을 더듬고 있다. 그러나 무지만은 항상 그 모습을 잃지 않고 있다. 죄를 저지르고 있는 곳에서조차도 도대체 '출렁이며 물결치는 파도와 같은 육체 구조'를 눈으로 볼 수도 귀로 들을 수도 없는 것임을 모르는 자가 누구인가? 그러므로 정숙하고 사랑스러운 영혼과 정신이 그

---

* 마태복음 26장 41절을 보라―편집자.
** 마태복음 16장 19절을 보라― 편집자.
*** 술의 신 디오니소스의 별명―편집자.

디오니소스에게 와인을 따르는 여신들. 디오니소스의 별칭인 디티람보스는 원래 디오니소스 축제 때 부르던 춤을 곁들인 찬양가이다. 이후 이야기를 가미한 대사로 발전해서 고대 그리스 비극의 시초가 되었다.

반란적 육신을 집어삼키고, 그 넘쳐흐르고 소용돌이치는 육신의 욕망 앞에 넘을 수 없는 '벽'을 세워 놓을 것이다. 그것이야말로 '목숨을 건 타격Todes-stoß'으로 '맞서야 할an der' 벽이다.

'포이어바흐'는 — 우리의 성자는 『신성가족』을 비판적으로 이해함으로써 마침내 이 견해에 도달하고 있다 — "휴머니즘과 타협하고 또 그것에 매수당한 유물론자, 즉 이 세상과 이 세상에 존재하는 것들을 인내해 낼 수 없는 유물론자이다." (성 브루노는 이 세상의 존재들을 이 세상 자체와 구별되는 것으로 이해하고 있으며, **이 세상의 존재들을 감당하기** 위해서는 어떻게 행동해야 하는지를 알고 있다!) "하지만 그는 자기라는 존재에서 영혼만을 빼내어 하늘로 올라가고 싶어 한다. 그리고 그는 정신세계를 생각할 수도, 건설할 수도 없는 휴머니스트이지만, 그러면서도 그는 유물론으로 충만해 있는 사람이다."(123쪽)

이 말에 따르면, 성 브루노가 말하는 휴머니즘이란 것은 바로 '사유'와 '정신세계를 생각하고, 건설하는 것'으로 이루어졌다고 말할 수 있다.

유물론자는 오로지 현존하고 실제적인 본질, 즉 **물질**만을 인정한다(비록 사유를 포함한 모든 속성들을 지니고 있는 인간이 '현존하고 실제적인 본질'이 아니라고 할지라도). 또한 그는 그 **물질**이 다양성Vielheit 속에서 **그 자신**을 활발하게 확대·실천하는 것으로서 **자연**을 인정한다.(123쪽)

우선 **물질**은 현존하고 실제적인 본질이다. 그러나 그 자체로는 잠복되어 있다Verborgen. 그것은 오로지 '다양성 속에서 그 자신을 활발하게 확대·실현할 때'(하나의 '현존하고 **실제적인** 본질'이 그 자신을 **실현할 때**(!) 비로소 물질은 **자연**으로 전화한다. 맨 처음 물질의 개념이 존재하고, 그다음에 추상·표상이 존재하며, 후자인 표상이 실제적인 자연 속에서 그 자신을 실현한다. 이것은 '창조적 범주들의 이전 존재라는 헤겔의 이론을 그대로 옮겨 적은 것이다. 이러한 견해를 통해 우리는 성 브루노가 물질에 대한 유물론자들의 철학적 문구들을 그들의 세계관의 실질적 핵심이자 내용으로 혼동하고 있음을 알 수가 있다.

## 2. 포이어바흐와 슈티르너가 벌인 논쟁에 대한 성 브루노의 고찰

이렇듯 무게 있는 말 몇 마디를 포이어바흐에게 명심시키고 난 후, 성 브루노는 포이어바흐와 유일자Einzigen 사이의 투쟁에 관심을 돌린다. 이들의 투쟁에 대한 그의 관심을 대변해 주는 첫 번째 증거는 논리 정연한 3중 미소론dreimaliges Lächeln이다.

이 비평가는 자기 앞에 놓인 길을 승리를 자신하며 부단히 밀고 나아가 마침내 승리를 얻어 내고 있다. 남들은 그를 비난한다―그는 **미소를 짓는다**. 남들은 그를 이단자라고 부른다―그는 **미소를 짓는다**. 낡은 세계는 이제 그에게 십자가를 짊어지운다―그는 **미소를 짓는다**.

성 브루노는 다음과 같이 입증해 보였다. 즉 그는 자신의 길을 추구하지만, 그러나 그것은 다른 사람의 길과는 다른 것이다. 그는 비판이라는 길을 따르며, 이 중대한 행위를 **미소**를 지으며 완성시키고 있다.

그는 최근에 그린 지도, 인도차이나 제도까지 덧붙여진 새 지도에 그어져 있는 선보다 더 많은 주름을 얼굴에 그어 가며 미소를 짓는다. 나는 내 사랑하는 여인이 그의 따귀를 때리리라는 것을 알고 있다. 그녀가 그렇게 해도 그는 미소를 지으며, 그 행위를 하나의 위대한 예술eine große Kunst이라고 여길 것이다.[39] 셰익스피어의 희곡에 나오는 말볼리오Malvolio처럼.

성 브루노 자신은 손가락 하나 움직이지 않고도 이 두 상대를 꼼짝 못하도록 하고 있다. 왜냐하면 그는 그들에게서 벗어나는 더 좋은 방법을 알고 있기 때문이다. 즉 그들이 멋대로 말다툼하도록 놔두면―분할하여 통치하면divide et impera―된다. 슈티르너에 대해서는 포이어바

세익스피어의 희극 『십이야(Was ihr wollt; Twelfth Night, or What You Will)』에 나오는 청교
도적 위선자 말볼리오. 그는 올리비아 백작 부인의 집사이다. '십이야'는 크리스마스로
부터 12번 째 되는 날인 1월 6일을 가리킨다.

흐의 인간Menschen(124쪽)을 내세우고, 포이어바흐에 대해서는 슈티르
너의 유일자Einzigen(126쪽 이하)를 내세운다. 이 두 사람이 아일랜드의
킬케니 지방Kilkenny의 두 마리 고양이처럼, 서로를 물어뜯어 꼬리밖에
남지 않은 고양이 두 마리처럼, 서로 아옹거리고 있음을 알기 때문이
다. 그런데 성 브루노는 마지막 남은 이 꼬리에 **실체**라는 죄목을 붙여
실형선고를 내림으로써 결국 영원한 저주를 퍼부은 셈이 되었다.

  그는 포이어바흐와 슈티르너를 대조하면서 헤겔이 스피노자와 헤
겔에 관해 말했던 것, 즉 이미 알고 있듯이 점 모양의 자아punktuelle Ich
는 실체의 한 측면, 더욱이 가장 안정된 측면이라고 표현했던 것을 반
복해서 말하고 있다. 브루노가 과거에 대중의 특유한 냄새Odor specificus
der Massen라고까지 생각한 이기주의에 대해 아무리 비난했다손 치더

라도, 129쪽에서 그는 슈티르너의 이기주의를 슬쩍 차용하고 있는 실정이다. 그야말로 이것은 '막스 슈티르너의 이기주의가 아니라' 당연히 브루노 바우어의 이기주의라야만 한다. 그는 슈티르너의 이기주의에 도덕적 결함이 있다는 듯이 "슈티르너의 자아는 자신의 이기주의를 옹호하기 위해 위선과 사기, 외부로부터의 폭력을 요구한다"라고 누명을 씌우고 있다. 그 이외의 것에 대해서는 성 막스의 비판적 경이로움을 굳게 믿고 있으며(124쪽을 보라), 그리고 나중에 벌어졌던 투쟁(126쪽)에 대해서는 '실체를 근본적으로 파괴해 버리려는 실제적인 노력'을 확인하고 있다. 바우어는 자신의 '순수비판'이 슈티르너의 비판과 같다는 것을 나타내는 대신에, 124쪽에서 슈티르너의 비판이 자신에게 영향을 줄 수 있는 부분이란 아주 미미한 것에 지나지 않는다고 주장하고 있다. 왜냐하면 **그 자신이 바로 비평가이기** 때문에.

마침내 성 브루노는 성 막스와 포이어바흐를 굴복시킨다. 슈티르너가 비평가인 바우어와 독단론자Dogmatiker* 사이에 제기했었던 반명제 Antithese를 이번에는 바우어가 포이어바흐와 슈티르너에게 거의 문자 그대로 적용하고 있는 셈이다.


포이어바흐는 자신을 유일자에 반대하는 입장에 서도록 하고, **그럼으로써**(!) **반대 입장을 취하고** 있다. 포이어바흐는 **공산주의자**이며 또 그렇게 되기를 바란다. 그리고 유일자는 **이기주의자**이며 또 그렇게 되기를 바란다.

---

* 포이어바흐를 가리킴 ―옮긴이.

포이어바흐는 **성자**der Heilige이며 유일자는 **신을 모독하는 사람**der Profane이 다. 전자는 **착한** 사람이며, 후자는 **사악한** 사람이다. 전자는 신이며, 후자는 인간이다. 양자가 모두 **독단론자**이다.(《비간트 계간지》, 138쪽)

따라서 문제의 핵심은 바로 그가 양자에게 모두 도그마를 뒤집어 씌워 비난하고 있다는 점이다.

그 비평가는 도그마에 빠지거나 혹은 그것을 제안하는 것조차 싫어한 다. 당연히 그는 비판자와 반대자, 독단론자가 되고 말 것이다. 비판자로서 **착했던** 그는 이제 **사악해지거나** 혹은 **비이기주의자**(공산주의자)에서 **이기주의 자** 등으로 타락할 것이다. 그 어떤 도그마도 없다는 것 ― 그것이야말로 바 로 그의 도그마이다.(『유일자와 그 소유』, 194쪽)

## 3. 성 브루노 대 『신성가족』의 저자들

지금까지 살펴본 바와 같이, 성 브루노는 포이어바흐와 슈티르너를 처단하고 '유일자로 향한 모든 진보를 차단해 버렸으며' '포이어바 흐로부터의' 명백한 '귀결'인 독일의 공산주의자들에게, 그리고 특히 『신성가족』의 저자들에게 화살을 돌리고 있다. 이 논쟁 보고서의 서문 에서 그가 발견한 '진정한 휴머니즘'이라는 표현은 그가 가설을 세우 는 데 결정적인 기초를 제공해 준다. 그는 성경의 한 구절을 되새겨 볼 것이다.

형제 여러분, 나는 여러분에게 영적인 사람을 대할 때처럼 말할 수가 없어서 육적인 사람, 곧 교인으로서 어린애들을 대하듯이 말할 수밖에 없었습니다. 나는 여러분에게 딱딱한 음식을 먹이지 않고 젖을 먹였습니다. 여러분은 그때 딱딱한 음식을 먹을 수가 없었던 것입니다. 사실은 아직도 그것을 소화할 힘이 없습니다.(고린도 전서 3: 1-2)[*]

이 훌륭한 교부가 『신성가족』에서 받은 첫인상을 말하자면, 가슴 깊숙한 곳에서부터 끓어오르는 비탄과 심각하고 슬픈 기분을 맛보는 것이었다. 이 책의 한 가지 장점은 다음과 같다.

포이어바흐가 어떻게 **변해야만** 했는지, 그의 철학이 어떤 입장을 **취할 수** 있었는지, 혹시 그의 철학이 비판에 대항하여 투쟁을 **벌이려고** 했는지를 보여 주었다는 점이다.(138쪽)

결국 이 책은 '바람Wollen'을 '할 수 있음Können', '무엇이어야만 함Müssen'과 무리 없이 결합시켜 주었다는 것인데, 그러나 이렇듯 긍정적 측면도 고통을 안겨다 주는 다른 많은 부분들을 상쇄하기엔 역부족이다. 포이어바흐의 철학, 너무나 해괴망측한 철학이 여기에 전제되어 있다.

---

[*] 공동번역 성서를 인용하였음—옮긴이.

"그 비판자를 이해한다는 것은 **가능할 수도** 또 **감히 그럴 수도** 없다. 발전 과정에 있는 비판을 식별하고 인식한다는 것은 **가능할 수도** 또 **감히 그럴 수도** 없다. 초월적인 모든 것과 비교해 볼 때 비판은 끊임없는 투쟁과 승리이며, 지속적인 파괴와 창조이고, 유일하게(!)" "창조적이고 생산적인 원칙이라는 사실을 알 수도 없고 감히 그럴 수도 없다. 비판자가 그 초월적 위력들을, 지금까지 인류를 억압해 왔고 마음껏 숨쉬며 활동하도록 놓아 두지도 않았던 위력들을 설정하고 **만들기 위해**(!) 일해 왔고, 또 지금은 일하고 있다는 사실을 **알 수도 없고 감히 그럴 수도** 없다." "그 위력들을 자기의식의 본래의 토양Heimat, 산물, 창조물로부터 또 그 속에서aus und in 본래의 것으로Heimatliches(!), 그리고 정신의 정신으로, 심연의 심연inneres으로, 즉 실제적인 것wirklich sind으로 되도록 설정하고 만드는 일 말이다. 오직 비판자만이 종교를 총체적으로in ihrer Totalität 그리고 국가를 각기 다른 형태로 타도해 버렸다는 사실을 비판자는 **감히 알 수도 없고 그럴 능력도** 없다."(138, 139쪽)

옛날에 야훼가 말했던 것과 너무 비슷하지 않은가? 이교도Heiden의 타락한 신들에게서 더 많은 쾌락을 찾으려고 눈이 벌게진 백성들을 뒤쫓아 가며 절규하던 야훼의 모습과.

야곱 가문, 이스라엘 가문 온 갈래는 야훼의 말씀을 들어라. 나 야훼가 말한다. 이집트에서 우리를 데려 내오신 야훼, 나는 너희를 이 기름진 땅에 이끌어 들여 그 좋은 과일을 먹게 했는데, 너희는 들어와서 나의 땅을 부정하게 만들었다. 이스라엘 자손을 그 손으로 만든 것을 가지고 나를 격노케 한 것뿐이니 그들이 등을 내게로 향하고 얼굴을 내게로 향하지 아니하며,

내가 그들을 가르치되 부지런히 가르칠지라도 그들이 교훈을 듣지 아니하며 받지 아니하고 ; 내 이름으로 일컬음을 받는 집에 자기들의 가증한 물건들을 내세워서 그 집을 더럽게 하며, 아몬Himon의 아들의 골짜기에 바알의 산당山堂을 건축하였느니라. 그들이 이런 가증한 일을 행하였던 것을 내가 명한 것도 아니요, 내 마음에 둔 것도 아니니라 ; 내가 너희에게 선지자 예레미야를 보내나니 유다의 모든 백성에 관한 말씀이 그에게 임하니라, 아몬의 아들 요시야가 유다 왕위에 오른 지 13년 되던 해로부터 이날에 이르기까지 나는 야훼의 말씀을 받아 23년을 하루같이 전하였지만 너희는 듣지 않았다. 이제 나 야훼가 말한다. 어느 민족에게나 가서 물어 보아라. 이런 말을 들어 본 사람이 있느냐고. 이스라엘의 처녀는 너무나 추잡하게 놀아났다. 레바논 산꼭대기 바위에서 눈이 사라지는 일이 있느냐? 거기에서 흘러내리는 시원한 물이 마르는 일이 있느냐? 땅은 들어라. 땅은 들어라. 땅은 야훼의 말씀을 들어라.[*]

성 브루노는 감히 하는 것Dürfen과 할 수 있음Können에 관해 이렇듯 장황하게 늘어놓으면서, 상대자인 공산주의자들이 자기를 제대로 알지 못하고 있다고 주장한다. 최근의 연설에서 그가 비판을 설명하는 방법, 즉 '인류의 삶'을 억압했던 과거의 권력을 '초월적인 것'으로, 그리고 이 초월적 위력을 다시 '정신의 정신'으로 전환시키는 방법, 또한 **비판**을 유일한 생산의 지류支流, einzigen Produktionszweig로 제시하는 방

---

[*] 예레미야서 제2장을 참조할 것. 공동번역 성서를 인용했음 — 옮긴이.

법 등은 명백한 착각이 단지 불쾌한 개념작용-Verständnis에 지나지 않는 다는 것을 보여 주는 것이다. 우리는 바우어의 비판이 아무런 가치도 없다는 점을, 그 비판을 사용하면 틀림없이 독단론자가 되고 말 것이 라는 점을 입증했었다. 그는 우리가 감히 자신이 옛날에 써먹었던 문 구들을 불신하고 있다면서 매우 준엄하게 우리를 꾸짖고 있다. 독립 된 개념들에 대한 신화 전체가 신의 왕 제우스―자기의식―를 선두 에 내세우고 "현재의 범주들을 옛 터키 군악대의 연주 같은 상투어들 로써 칭얼대기 위해" 보무도 당당히 행진하고 있는 것이다(《문학신문 Literatur-Zeitung》[40]과 『신성가족』의 234쪽을 비교해 보라*). 당연히 첫 장에 는 세계 창조Weltschöpfung, 즉 그 비판자의 힘겨운 노동에 관한 신화가 담겨 있다. 그것은 곧 "유일하게 창조적이고 생산적인 것이며 지속적 인 투쟁과 승리이고 끊임없는 파괴와 창조행위"인바, '작업 중Arbeiten' 이거나 '이미 완료된 작업Gearbeitet-Haben'이다. 정작 이 거룩한 교부는 근래의 답변에서 『신성가족』에서 '비판'을 이해하는 방법이 바로 자 신의 방법과 마찬가지라는 것까지도 트집을 잡고 있다. '실체'를 "그 모태·자기의식·비판하는 자에게로" 또 (자기의식은 여기서 이데올로기 의 헛간 노릇을 하고 있는 것 같다) 그는 다음과 같이 계속하고 있다.

'그것'(이미 알려진 포이어바흐의 철학)은 "감히 알 수가 없다. **비판**과 비판

---

* 《문학신문》에 실린 「지방으로부터의 통신(Korrespondenz aus der Provinz)」의 구절이 『신성가 족』에 인용되었음―편집자.
  MEW. Bd. 2, S. 156을 보라―편집자.

자들은, 적어도 그들이 존재했던 한(!)," 역사를 이끌었고 만들어 냈다는 것을, 현재 존재하고 있는 이들의 반대자나 모든 운동 및 선동조차도 바로 이들의 창조물임을 알지 못한다. **이들의 의식 속에는 힘이 있기** 때문에, **또 자기 자신으로부터** 자신의 행위 · **비판** · 반대자들 · 자신들의 창조물로부터 힘을 얻어 내기 때문에 오로지 이들만이 **권력을 장악하고 있음**을 모른다. 또한 오직 비판하는 행위로써만 인간이 해방되고, 그렇기 때문에 **인류도** 해방되며, 이간이 **창조되고(!)** "인류도 창조된다는 것"을, 아무튼 이 모든 것을 그들은 모른다.

이렇듯 **비판과** 비판자들은 우선 전혀 다른 두 개로, 서로 별개의 것으로 존재하고 작용하는 주체들이다. 비판자는 비판과 다른 하나의 주체이며, 비판은 비판자와 다른 하나의 주체이다. 이렇게 의인화된 비판, 즉 하나의 주체로서의 비판이야말로 바로 그 '비판적 비판Kritische Kritik'에 대한 『신성가족』에서 가한 비판의 표적이 되었던 것이다. "비판과 비판자들은 적어도 그것들이 존재했던 한, 역사를 이끌었고 만들어 냈다." 그렇다면 "적어도 그것이 존재하지" 않았던들 그런 일들은 일어나지 않았으리라는 것, 그리고 "적어도 그것들이 존재했던 한" 그들이 마음대로 "역사를 만들어 냈다는 것"도 명약관화한 일이 아닌가? 끝으로 성 브루노는 우리에게 국가를 뒤흔드는 비판의 위력에 대해, 즉 "비판과 비판자들이 **권력을 장악하고 있다**"는 사실에 대해 "감히 그리고 능력 있게" 가장 깊이 있는 해설을 하기에 이른다. 왜냐하면('왜냐하면!'이라니, 정말 좋다) "그들의 의식 속에는 힘이 있기 때문이다." 두 번째로는 이 위대한 역사 제조가들Geschichtsfabrikanten이 "권력을

장악하고 있는" 것은 그들이 "자신과 비판으로부터"(즉, 다시 그들 자신
으로부터) "힘을 얻어 내기" 때문이다. 그러나 불행하게도 그것으로부
터, '그들 자신'으로부터, '비판'으로부터 어떤 것을 얻어 낼 수 있는지
여부는 아직 밝혀지지 않았다. 비판이라는 특유한 언표를 바탕으로
해서는 그곳에 '내버려진 실체'의 범주 이상의 그 어떤 것도 '얻어 낼'
수 없다는 사실만은 적어도 믿어야 한다. 마침내 비판은 '비판으로부
터' 아주 해괴한 신탁선언Orakelspruch이라는 '권력'까지 '얻어 낸다.' 왜
냐하면 그것은 우리에게 우리의 아버지들이 감추었고, 우리의 할아버
지들이 몰랐던* 비밀을, "오로지 비판행위로써만 인간이 창조되고, 따
라서 인류도 창조된다"라는 비밀을 밝혀 주기 때문이다. 하지만 지금
까지 비판은 그것이 생겨나기 이전에 전혀 다른 행위를 통해 존재할
수 있었던 사람들이 만든 것으로 오해되어 왔다. 그러므로 성 브루노
는 '비판'을 통해, 즉 자연발생적 생식generatio aequivoca을 통해 "이 세상
속으로, 이 세상으로부터, 그리고 이 세상으로" 나왔다고 여긴다. 이
모든 것들은 『창세기Genesis』에 나오는 문구들을 달리 해석해 놓은 것
에 지나지 않는다. 그리고 아담은 그의 아내 이브를 **알았다**. 즉 비판했
다. 그리하여 그녀는 임신을 했다** 등등.

이처럼 우리는 여기서 낯익은 비판적 비판의 전체가 『신성가족』에
서 이미 마각을 충분히 드러낸 적이 있었지만 다시 천연덕스럽게 온

---

* 갈라디아서 1장 26절을 참조—편집자.
** 창세기 4장 1절을 참조—편집자.

갖 술책을 부리며 창궐하고 있음을 본다. 그렇지만 전혀 놀랄 필요가 없다. 우리의 성자 스스로가 140쪽에서 『신성가족』이 "비판을 모든 진보로부터 차단하고 있다"라고 한탄하고 있기 때문이다. 『신성가족』의 저자들이 바우어의 비판의 중심을 그 유동체flüssigen 상태에서 **결정체**Kristallinischen Formation 상태로, 즉 화학적 방법을 통해 증발시켜 버렸기 때문에 성 브루노는 격분하여 그들을 비난하고 있는 것이다.

그래서 "거지들의 단체"이며 '성인成人의 세례증명서'이고, "열정의 영역이자 천둥과 같은 양성"이며, "회교의 교리를 박해하는 것"이라고 말한다(비판만 하는《문학신문》이 『신성가족』 2~4쪽을 두고 하는 말). '결정체적' 방식으로 이것을 이해하는 한, 이 모든 것들은 난센스이다. 또한 이 비판이 「영국의 시사문제들Englische Tagesfragen」[41]로의 탈선 과정에서 죄가 드러난 28가지의 역사적 과오들die achtundzwanzig geschichtlichen Schnitzer은 '유동적' 관점에서 보면 과오가 아니라는 말인가? 유동적 관점에서 볼 때, 비판은 자신이 나우베르크 분쟁die Nauwercksche Kollision[42]을 선험적으로 예언했을망정 — 한참 뒤에 이 분쟁은 그것의 눈앞에서 발생했다 — 그것을 징치고 막 내린 뒤에post festum 이룩했다고 주장하는가? 'maréchal'이라는 단어가 '결정체'의 관점에서 볼 때는 '제철공Hufschmied'으로 불릴 수 있지만, '유동적'인 관점에서 볼 때는 결국 '마샬Marschall'일 뿐이라고 주장하는가? 그렇지 않다면 '결정체적' 관점에서는 'un fait physique'가 '물리적 사실eine physische Tatsache'이 될 수 있지만, 정말 '유동적으로' 해석한다면 '물리학적 사실eine Tatsache physik'이 되어야 한다고 주장하는가? 또는 "우리의 중도파 부르주아들의 악의la malveillance de nos bourgeois juste-milieux"가 '유동적'

상태에서는 여전히 "우리의 선량한 시민들의 태만함die Sorglosigkeit unsrer guten Bürger"을 의미한다고 주장하는가? 비판은 '유동적으로' 볼 때는 "때가 되어도 아버지나 어머니가 되지 못하는 어린이는 **본질적으로 딸** Wesentlich Tochter이다"라고 주장하는가? 누군가 "말하자면 과거에 마지막으로 흘린 슬픔에 찬 눈물을 연기해 보일" 의무가 있다고 주장하는가? 파리의 수문장들, 사자들Lions, 여성 노동자들, 후작들, 깡패들, 그리고 나무 문짝들이야말로 '유동적' 형태로 보면 비밀스러운 형상들에 지나지 않는다고 해서, 비판이라는 것이 그 개념 일반 속에서 자기 자신이 제한적으로 설정해 놓고, 또 그 보편적 본질이 설정해 놓은 이 한계를 오히려 다시 제거해 버리는 것은 아무렇지도 않다는 말인가? 바로 이 본질이란 비판 내부의 자기 구별의 결과에 지나지 않기 때문인가? '유동적' 의미에서의 비판적 비판은 "그 자신의 의지와는 무관하게 승리를 자랑하며, 확신하고, 전진한다"라고 주장하고, 하나의 문제를 처리하는 데도 그것은 우선 그 '진정하고 보편적인 의미'를 벌써 발견해 냈다고 주장하며, 그다음에야 그것이 "비판을 넘어선 그 이상의 것을 찾아야 할 의지도, 권리도 없다"라고 시인하고, 끝으로 "진일보했어야 함에도 불구하고 그 일보가 불가능했다 — 왜 불가능했을까?"(『신성가족』, 184쪽) 물론 "운명Schicksal은 모든 것을 자신이 하고 싶은 대로 **결정하는 것**[43]"일지라도, '유동체적으로' 볼 때는 '미래가 여전히' 비판이 만든 '작품'이라고 주장하는가? 유동체적으로 볼 때 비판은 "자신의 **진정한 요소들**과 — **그러한 요소들** 속에서 이미 그 해답을 찾아낸 — **모순**에 부딪혔을 때, 아무런 초인적 과업Übermenschliches도 달성하지 못했다고 주장하는가?[44]"

물론 『신성가족』의 저자들은 브루노의 이러한 말장난과 수백 가지의 다른 진술들을 '결정체적' **난센스**로 가벼이 보는 오류를 범했다―그러나 이렇듯 복음서 같은 냄새를 풍기는 진리들은 '유동적' 방식으로, 즉 저자들이 말하고자 하는 의미로 읽어야 하지, '결정체적' 방식으로, 즉 그 말의 실제적인 난센스만을 읽어서는 안 된다. 진정한 신념에 도달하기 위해서라도, 그리고 위기에 처한 가사Haushalts에서의 조화를 진정으로 염원하기 위해서라도 그래야만 한다.

"엥겔스와 마르크스가 아는 것이란 오직 《문학신문》에서 말하는 비판뿐이다*"―이것은 자신의 최근 저작들이 단순히 '이미 완료된 작업Gearbeitet-Habens' 전체의 정점으로 묘사된 이 책을 우리의 성자가 얼마나 '유동체적으로' 읽었는지를 증명해 주는 고의적인 거짓말이다. 그래도 이 교부는 차분하게 읽을 줄 몰랐다. 자신의 경쟁자로서의 반대자들이 그 시성諡聖, Kanonisation에 반론을 제기하고, "**그들 자신**이 추앙받고자 그로부터 신성함을 앗아가는 것"이 두려웠기 때문이다.

여기에 덧붙여 다음과 같은 사실에도 주목해 보자. 성 브루노가 최근에 말한 것을 들어 보면, 그의 《문학신문》은 어떤 의미에서도 '사회적 사회'를 건설한다거나, 또는 '말하자면' 독일 이데올로기가 마지막으로 흘린 슬픔의 눈물을 연기해 보이는 것을 묘사하려 한 것도 아니요, 자신의 마음을 대중과 가장 첨예하게 대립시키고 비판적 비판을 순수함 그 자체대로 발전시키고자 한 것도 아니다. 단지 "1842년

---

* Bruno Bauer, Charakteristik Ludwig Feuerbachs―편집자.

의 자유주의와 급진주의를 억지로 손질하여 문구에만 집착하는 그것들 틈새에서 이 주의들의 메아리가 어떠한가를 묘사하려는 데," 따라서 이미 오래전에 사라져 버린 것의 '메아리'들과 싸우는 데 목적이 있었던 것이다. "오믈렛 하나 먹는데 저 요란을 떨다니!Tant de bruit pour une omelette!"* 한마디 덧붙이자면, 바로 여기에선 독일식 이론 고유의 역사 개념이 또다시 '가장 순수한' 빛 속에서 반짝거리고 있다. 1824년은 독일의 자유주의가 가장 융성했던 시기로 평가된다. 왜냐하면 당시에는 철학이 정치에 참여했기 때문이다. 자유주의는 《독일연보》와 《라인신문》,[45] 자유주의적 급진적 이론을 편 기관지들의 정간과 더불어 비평가들 때문에 사라져 갔다. 그 이후로 분명히 당시의 '메아리들'만 남아 있다. 그러나 실제로는 바로 지금 독일 부르주아가 경제적 관계들을 통해 형성된 정치권력을 얻으려는 욕구를 절실하게 느끼고 있고, 또 그 욕구를 충족시키고자 끊임없이 노력하고 있는 이 시기에 독일에서는 자유주의가 실제로 존재하며, 또 그렇기 때문에 성공의 가능성도 보이는 것이다.

『신성가족』에 대한 성 브루노의 철저한 왜곡도 자신에게 이 저작을 "그 자신으로부터, 그 자신을 통해, 그 자신과 더불어" 비판할 수 있도록 해 주지는 못했다. 자신의 고통을 덜어 주기 위해 우선 그가 해야 할 일은 이 저작을 '유동체적인' 형태로 인정하는 것이다. 그는 오해투

---

\* 영어로는 Much ado about an omelette! 프랑스의 시인 자크 발레(Jacques Vallee, Sieur Des Barreaux, 1599~1673)가 금식일에 오믈렛을 먹다가 갑자기 천둥 번개가 치자 놀라 오믈렛을 내뱉었다는 일화에서 나온 말이다─옮긴이.

《라인신문》 편집장 시절의 마르크스(가운데). 그의 오른쪽이 엥겔스.

성이의 평론지《베스트팔렌 증기선》제5월호 206~214쪽에서 이 유동
체적인 형태를 찾아냈다. 그가 인용한 모든 내용들 중 위의 책에서 인
용되지 않은 내용은 하나도 없다.

성스러운 비평가의 말투마저도 베스트팔렌 지방의 비평가의 말투
에 따라 결정되었다. 첫 장에서부터, 베스트팔렌 사람이 인용한 **서설**
Vorrede을 필두로(《베스트팔렌 증기선》, 206쪽)《비간트 계간지》140~141
쪽에 옮겨 놓은 것이다. 이전에 헤겔이 전해 준 낡은 원리에 따라 이
렇게 내용을 그대로 옮겨 놓는 것이 바로 바우어가 가한 비판의 핵심
이다.

　"상식gesunden Menschenverstand을 믿기 위해서, 또 시대에 부응하고 철학
　과 더불어 진보를 이루기 위해, 철학적 저작들의 **평론**을 읽기 위해서 **서설**

과 첫 단락까지도 읽어야만 한다. 전자는 그 역사적 자료들을 가지고 평가를 할 경우, 그것이 하나의 평가이기 때문에 종종 평가된 내용 이상의 것까지 평가하는 경우가 있는 반면, 후자는 일반적 원칙들을 제시해 주어 그것을 바탕으로 모든 내용이 전개된다는 것을 보여 주기 때문이다. 이렇듯 평탄한 길이라면 잠옷 바람으로도 찾아갈 수 있을 것이다. 그러나 이렇듯 영원하고 성스럽고 끝없이 방황하는 고양된 감정도 자신의 길을 갈 때는 고위 성직자의 옷을 차려입고 간다. 하나의 길, 우리가 이미 보았듯이, 비록 '쓰러지는' 한이 있더라도 어떻게 그것을 '추구해 나가는지'를 성 브루노도 잘 알고 있는 길을 말이다"(헤겔, 『정신현상학』, 54쪽).

서설에서부터 몇 가지 내용을 인용한 뒤, **베스트팔렌**의 비평가는 계속해서 이렇게 쓰고 있다.

"이처럼 서설 그 자체가 책이라는 전장으로 통하는 길이다."(206쪽)

이러한 인용문들을 다시 《비간트 계간지》에 옮기고 난 후, 우리의 **성스러운** 비평가는 더욱 세밀하게 구별 지으면서 다음과 같이 말했다.

"그것이 바로 엥겔스와 마르크스가 **전투**Kampfe를 위해 마련해 놓은 **전장**Terrain이자 **적군**Feind이다."

"노동자는 아무것도 만들지 않았다"라는 중요한 명제에 대한 토론에서 **베스트팔렌**의 비평가는 겨우 요약된 결론만을 제시하고 있을 뿐이다.

우리의 성스러운 비평가는 이 말이 그 명제에 관해 논의된 내용의 전부라고 믿고, 141쪽의 **베스트팔렌** 사람의 인용문을 그대로 옮겨 놓으면서, 오직 비판에 반대하는 '주장들'만이 제기되었다는 것을 발견하고는 기쁨에 넘쳤다.

사랑에 대한 위험스러운 분출이라는 것을 고찰하면서 베스트팔렌의 비평가는 209쪽에서 처음으로 범죄의 입증사항corpus delicti 중 일부분을 자세히 밝혀 놓고, 그것을 반박하는 내용 중에서 전혀 관계 없는 몇 줄을 차용해 적어 놓고 있다. 그것은 뜬구름을 잡는 듯하고 구역질 나게 달콤한 자신의 감상주의의 전거로 삼기를 열망하고 있다.

141~142쪽에서 **성스러운** 비평가는 자신의 선행자들이 인용한 것과 똑같은 순서대로 단어와 문장을 그대로 베껴 놓았다.

**베스트팔렌**의 비평가는 율리우스 파우처Julius Faucher 씨의 주검을 놓고 소리친다.

"그것이 바로 지상 미인의 운명이다!"[46]

**성스러운** 비평가는 142쪽에서 전혀 어울리지 않는 이 감탄사를 착복하지 않고서는 도저히 자신의 '어려운 작업'을 마무리 지을 수 없었다.

**베스트팔렌**의 비평가는 212쪽에서 『신성가족』에 실려 있는 성 브루노에 반박할 목적으로 소위 논의의 요약이라는 것을 제시하고 있다.

**성스러운** 비평가는 의기양양하게 이 잡동사니들과 베스트팔렌 사람들의 감탄사들을 그대로 베껴 놓았다. 그는 이 논쟁적인 토론 전체에 걸쳐 어디에서나 "정치적 해방의 문제를 인간적 해방의 문제로 변형시켰다" "유대인들을 죽여 버리고 싶다" "유대인들을 신학자들로 변형시켰다" "헤겔을 하인리히 씨로 변형시켰다" 등의 이유 때문에 그를 누구도 비난하지 않았다는 사실을 전혀 모르고 있다.

성스러운 비평가는 믿음직스럽게도 베스트팔렌의 비평가의 주장을, 즉 『신성가족』에서 **마르크스**가 '바우어의 **우매한 자기신격화**alberne Selbstapotheose에 답하여' 일종의 공리공론적인 소논문을 써 주겠다고 제안했다는 주장을 반복하고 있다. 그러나 성 브루노가 **인용**으로써 제시한 '우매한 자기신

율리우스 파우처(1820~78)는 독일의 언론인이자 자유주의와 자유무역의 신봉자이다.

격화'라는 말은 『신성가족』에서 눈을 씻고 찾아보려야 찾아볼 수 없다. 오히려 그것은 바로 베스트팔렌의 비평가에게서나 나타날 것이다. 또한 『신성가족』 150~163쪽에 실린 소논문은 비판의 '자기**변명** Selbstapologie'에 있는 것이 아니라, 다음 장인 165쪽에서 세계사적인 문제, 즉 "바우어 씨는 왜 정치에 관여해야만 했는가?" 하는 문제와의 연관 속에서 썼던 것이다.

마지막으로 성 브루노는 143쪽에서 **마르크스**를 '**웃기는 코미디언**'으로 묘사하고 있는데, 여기서도 마찬가지로 213쪽에서 '비판적 비판이라는 세계사적 드라마'를 **가장 웃기는 코미디**로 바꾸어 버린 베스트팔렌의 모델을 따르고 있다.

이렇듯 비판적 비판의 반대자들이 어떻게 '감히 그리고 능력 있게' **"그 비평가가 과거에 어떤 일을 했고 또 지금은 어떤 일을 하고 있는지를** 알고나 있는지" 우리는 알 수가 있다.

# 4. 모제스 헤스에게 보내는 애도사

"엥겔스와 마르크스가 여태껏 해내지 못한 것을 모제스 헤스가 해냈다."

이것이야말로—두 전도사의 '할 수도 있고' '못 할 수도 있다'는 상대적 개념을 통해—그 성인의 손가락을 그토록 악착같이 움켜쥐면서 내용에 맞든 안 맞든 상관없이passend oder unpassend 이 교부가 쓴 모든 논문들 속에서 자신의 자리를 찾으려는 위대하고 성스러운 이행Übergang이라고 말할 수 있다.

"엥겔스와 마르크스가 여태껏 해내지 못한 것을 모제스 헤스가 해냈다." 그러면 '엥겔스와 마르크스가 여태껏 해내지 못한' 것은 도대체 '무엇'인가? 정작 그런 것이 있다면 그 무엇이란 슈티르너를 비판하는 것 이상도 이하도 아니다. 그러면 왜 엥겔스와 마르크스는 슈티르너를 **여태껏** 비판하지 '못했는가?' 거기에는 충분한 이유가 있었는데, 엥겔스와 마르크스가 『신성가족』을 쓸 당시에는 슈티르너의 저작이 **아직 출간되지 않았기 때문이다.**

이러한 사변적 책략—모든 것을 함께 묶어 놓고 전혀 별개의 것들을 명백한 우연적 관계 속으로 끌어들이는—에 우리의 성자는 자신의 머리뿐만 아니라 손가락까지도 완전히 담보 잡혀 있었다. 그 어떤 내용도 모두 그에게서 빠져나갔고, 거드름 피우며 같은 말만 되풀이하는 우스꽝스러운 모습으로 변질되어 버렸다. 《종합문학신문》(1, 5)에 이미 실렸던 글을 예로 들어 보자.

"나의 저작과 예를 들어 필립슨이라는 사람이 쓴 문서들(예를 들면 필립 슨이라는 사람이 쓴 **텅 빈 문서들**) 사이의 차이는 **따라서 사실 있는 그대로 두어 야만 한다!!!**\*"

엥겔스와 마르크스가 절대적으로 책임져야 할 하등의 이유도 없 는 '모제스 헤스'의 저작들에 대해, 성스러운 비평가는 그토록 이상 한 현상으로 받아들였기 때문에, 그는 단지 『최근의 철학자들Letzten Philosophen』에서 긴 글을 골라서 베껴 낼 수 있었을 뿐이며, 또 "어떤 점에서 이 비판은 포이어바흐를 제대로 이해하지 못한 것이거나 **또 는**"(오, 지긋지긋한 신학!) "그릇이 도공의 마음을 거역하려고 한다"라 고 판단하고 있다. 『로마 인들에게 보낸 편지』 제9장 20~21절을 참조 하라. 한 번 더 인용의 '노고'를 수행함으로써 우리의 성스러운 비평 가는 드디어 다음과 같은 결론에, 즉 헤스가 '통일된vereinigt'이나 '발전 Entwicklung'이라는 두 단어를 사용하기 때문에 헤겔을 도용한 것이 분명 하다는 결론에 도달하고 있다. 그 자신의 **헤겔**에 대한 철저한 의존이 『신성가족』에서 증명되었듯이, 성 브루노는 당연히 포이어바흐를 공 격하기 위해 우회적인 방식을 택했었다.

"보라, 바우어는 종말을 고하고 말았다! 그는 헤겔적 범주들에 맞서 자신이 할 수 있는 한 최선을 다해 싸웠던 것이다." 자기의식은 **빠트** 린 채, 특히 하인리히 씨에 대항하는 《문학신문》의 훌륭한 투쟁[47]에서

---

\* Bruno Bauer, "Neueste Schriften über die Judenfrage"—편집자.

그가 어떻게 싸웠고 또 승리를 거두었는가에 대해서는 이미 확인한 바 있다. 덧붙여 그가 주장한 것이 무엇이었는지《비간트 계간지》110 쪽을 인용해 보자.

'자연과 역사에서'(4) **모순들의**(3) '진정한'(1) '**해소**'(2), '분리된 관계들의'(6) 진정한 통일(5), '종교의'(10) '참된'(7) '근원'(8)과 '심연'(9), '진정 **무한하고**'(10) '물리칠 수 없고 자기 창조적인'(11) '인물'(12)은 '아직 발견되지 않았다.'

위의 3행에는 헤스의 경우처럼 두 개의 모호한 헤겔적 범주들이 포함되어 있는 것이 아니라, '분리된 관계들의 진정한 통일'을 통해 그렇게 '진정하고, 무한하고, 물리칠 수 없는' 성격을 띠고 자신을 드러내 보이는 꼭 한 다스가량의 헤겔적 범주들이 포함되어 있다―"보라, 바우어는 종말을 고하고 말았다"―그리고 이 성인이 헤스에게서 기독교 신자다운 면모를 발견했다고 여긴다면, 그것은 브루노 자신이 말했듯이, 헤스가 '바랐기' 때문이 아니라 바라지 **않았기** 때문이며, 또 그가 '부활'에 대해 말하고 있기 때문이다. 그러고 나서 우리는 이 위대한 교부 덕분에 이 110쪽을 바탕삼아 자기가 바로 선언한 적이 있는 **유대주의**를 보여 줄 수가 있다. 거기서 다음과 같이 선언한다.

"진정한, 육체를 갖춘, 살아 있는 인간은 지금까지 태어난 적이 없다!"('유일한 성eizigen Geschlechts'의 결정에 대한 새로운 해명이다). "그리고 제조된 잡종 형태erzeugte Zwittergestalt(브루노 바우어?)는 아직 그 모든 **독단적 공식들**

dogmatischen Formeln을 완전히 제압할 능력이 없다."

즉 **메시아**가 아직 태어나지 않았기 때문에 **인간의 아들**이 태초에 이 세상에 나타나야 하며, 이 세상은, 즉 『구약성서』에 나오는 세상은 아직도 **법**과 '독단적 공식들'이라는 징계수단Zuchtrute 아래 놓여 있다는 것이다.

위에서 보았듯이, 성 브루노와 마찬가지로 '엥겔스와 마르크스'를 헤스로 교체하기 위해 이제 헤스는 오히려 브루노로 하여금 마침내 포이어바흐를 끌어들이도록 해 자신의 슈티르너에 대한 외유와, 그리고 『신성가족』과 『최근의 철학자들』에 대한 외유와 우연히 마주치도록 봉사하고 있다.

　　"보라, 포이어바흐는 종말을 고하고 말았다!"
　　"철학은 경건하게 종말을 고해야만 했다."(《비간트 계간지》, 145쪽)

하지만 사실상 우연적 마주침이란 다음과 같다. 즉 이러한 절규는 특히 바우어에 대항할 목적으로 쓴 헤스의 『최근의 철학자들』을 모방한 구절에 불과한 것이다.(서문, 4쪽)

　　"이처럼…… 그리고 다른 도리 없이 그 기독교도다운 금욕주의자의 마지막 산물은…… 이 세상에서 하직을 고해야만 했던 것이다."

성 브루노는 포이어바흐와 그의 공범자들에 대해 고발장을 발부하고, 포이어바흐가 할 수 있는 일이란 기껏해야 '떠벌리는 것', '한바탕 허풍떠는 것'뿐이라는 비난을 가함으로써 연설을 마치고 있다. 반면에 바우어 씨나 마담 비판 또 '산출된 잡종 형태들'은 끊임없는 '파괴'에 대해서 입을 다물고 있다. '개선마차를 타고 다니며 새로운 승리를 거둬들이고'(125쪽), '옥좌를 거부하고'(119쪽), '학살하고'(111쪽), '호령하고'(115쪽), '단호하게 몰락시키고'(120쪽), '분쇄하고'(121쪽), 자연으로 하여금 오직 '무위도식하게' 만들고(120쪽), '감옥'을 '더욱 견고하게'(!) 짓고(104쪽), 마지막으로 105쪽에서는 '학살적인' 설교 투의 능변으로써, 활기차고 경건하며 유쾌하고 자유로운frisch fromm fröhlich frei* 말투로, '안정되고 강건하며 굳건히 건재하는' 그를 설명하며, 110쪽에서는 '바위 같은 것과 바위들'을 포이어바흐의 머리에다 내던지고, 결국에는 성 막스마저도 한 방의 측면 공격으로 정복해 버리는 것, 즉 '비판적 비판', '사회적 사회', '바위 같은 것과 바위들'에다 '가장 추상적인 추상', '가장 난해한 난해함'을 124쪽에 보충함으로써 정복해 버리는 것, 이 모든 것들에 대해서는 아무런 언급도 없는 실정이다.

이 모든 것을 성 브루노는 '그 자신을 통해서, 그 자신 내부에서, 그 자신과 더불어' 관철해 나갔다. 왜냐하면 그는 '그 자신'이니까. 정작 그는 "자신이 항상 가장 위대한 인물이며, 항상 가장 위대한 인물이 될 수 있다"(이며, 또 될 수 있다!). "그 자신을 통해서, 그 자신의 내부에서 그 자신과 더불어(136쪽)" 그게 그거다Sela.

---

* 루드비히 얀이 주도한 체조운동의 좌우명 ─편집자.

프리드리히 루드비히 얀(Friedrich Ludwig Jahn, 1778~1852)
은 독일의 체조 교사이자 민족주의자로, '체조의 아버지'
로 불린다. 그는 나폴레옹 군대와 용감히 맞선 대가로 프로
이센 정부로부터 '철십자 훈장'을 받기도 했다. 특히 그는
19세기 초에 내건 모토 "신선한, 경건한, 유쾌한, 자유로운
(Fresh, Pious, Cheerful, Free)"으로 유명하다.

성 브루노는 필시 여성들에게는 위험한 인물일 것이다. 혹시 "똑같
은 정도로 또 다른 측면에서 인간 자신이 목숨을 건 **타격**을 가해야만
할 장벽으로서의 감각"을 그가 두려워하지 않는다면, 그는 '물리칠 수
없는 인물Unwiderstehlichen Persönlichkeit'일 것이기 때문이리라. 그러므로
"그 자신을 통해서, 그 자신의 내부에서 그 자신과 더불어" 그는 꽃을
꺾지 않고 오히려 그 꽃이 "이렇듯 유일한 성을, 이렇듯 유일하고 독
특한 성기를 갖고 있는 '물리칠 수 없는 인물'을 하염없이 흠모하고 병
적으로 갈망하면서 그냥 말라 죽게 내버려 둘 것이다.*

---

* [초고에서는 삭제됨].
5. 개선마차를 타고 다니는 성 브루노
'필승을 기약하고 승리를 거둔' 우리의 교부가 떠나기 전에, 마치 엄지장군 톰[General Tom
thumb; 엄지 톰은 영국의 전래동화에 나오는 주인공으로, 엄지손가락만 하다. 엄지장군 톰은 난쟁이
연예인으로 크게 출세한 미국인 찰스 셔우드 스트래튼(Charles Sherwood Stratton, 1838~83)이 엄지
톰에서 따온 예명(藝名)이다—옮긴이]이 네 마리 망아지로 적을 분산·격멸시키듯이, 그가
"개선마차를 타고 다니며 새로운 승리를 거둬들이고 돌아올" 때 이 교부에게 열광적으로
달려드는 멍청한 군중들 속에 잠시 동안 함께 섞여 있어 보자. 거기서 우리가 악을 써 대
는 군중들의 저속한 노래를 듣는다 하더라도 그리 놀라운 일은 못 된다. 왜냐하면 보통 저
속한 노래로 환영받는다는 것은 '결국' 승리의 '개념에 해당하기' 때문이다.

# 제2권

독일 사회주의와 그 다양한 예언자들에 대한 비판

# 진정 사회주의[*]

독일 사회주의와 프랑스 및 영국에서 일어난 프롤레타리아 운동 사이의 관계는 우리가 제1권(제3장 「성 막스」의 '정치적 자유주의' 참조)에서 살펴보았던 여태까지의 독일 자유주의와 프랑스 및 영국에서 일어난 부르주아지 운동 사이의 관계와 동일하다. 독일의 공산주의자들과 나란히 일군의 저술가들이 등장했는데, 그들은 프랑스와 영국의 공산주의 이념을 약간씩 흡수하고 그것을 자신들의 독일 철학적 전제들과 결합시켰다. 이들 '사회주의자' 혹은 '진정 사회주의자'—그들은 자신들을 그렇게 부른다—는 외국의 공산주의 저작을 하나의 현실적인 운동의 표현이나 산물로 보지 않고 순수한 이론적 저작으로 보았기 때문에, 이 저작들은 그들이 독일 철학 체계에 대해 생각하는 것

---

[*] 1847년 1월~4월에 걸쳐 엥겔스에 의해 저술됨—편집자.

과 마찬가지로 완전히 '순수 사상reine Gedanken'에서 발전해 나간 것이나 다름없다. 심지어 그들은 어떤 체계를 설교할 때도 이러한 저작들이 특정 국가의 특정 계급이 누리고 있는 생활 조건 전반 및 실제적인 필요를 기초로 삼고 있지 않다고 여긴다. 그들은 문필당의 대표자들 literarische Parteirepräsenten이 지니고 있던 환상, 즉 문제는 사회의 '이성적' 질서이지 특정 계급과 시대의 필요가 아니라는 환상을 곧이곧대로 받아들였다. 이 '진정 사회주의자들'을 사로잡고 있는 독일 이데올로기야말로 그들이 현실적인 상황을 검토하는 데 장애물이 되고 있다. '비과학적인' 프랑스 인과 영국인에 맞서는 그들의 활동은 이제 무엇보다도 이러한 외국인들의 피상성 또는 '미숙한rohen' 경험주의를 독일 대중이 경멸케 하는 데 있으며, '독일 과학'을 찬양하고 처음으로 공산주의 및 사회주의의 **진리**, 절대적인 것, 다시 말해서 **진정** 사회주의를 알리는 자신들의 사명을 천명하는 데 있다.

그들은 고작 슈타인Stein*과 욀커스Oelckers 등의 편집서[48]를 읽고 아는 데 불과하며, 프랑스 인과 영국인의 원전에 대해 무지한 것 못지않게 '독일 과학'에 대해서도 무지하다. 그럼에도 불구하고 '독일 과학'의 대표자로서 이러한 사명을 수행하는 작업에 곧바로 착수한다. 그렇다면 그들이 사회주의와 공산주의에 부여한 **진리**란 도대체 무엇인가? 일부는 그 저작이 깔고 있는 명백한 배경에 대한 무지 때문에, 또

---

* Lorenz von Stein, *Der Socialismus und Communismus des heutigen Frankreichs*(오늘날 프랑스의 사회주의와 공산주의)를 말함―편집자.

다른 일부는 사회주의 및 공산주의 저작
에 대해 위에서 언급한 그들의 오해 때
문에 전혀 해명할 수 없었던 이러한 저
작들의 사상을 그들은 독일의 이데올로
기, 특히 헤겔과 포이어바흐의 이데올로
기를 통해 설명하고자 한다. 그들은 현
실의 운동으로부터 이 운동의 단순한 표
현에 불과한 공산주의의 체계, 비판, 논
쟁서들을 분리시키고, 이것들을 독일 철
학에 제멋대로 연결시킨다. 그들은 일정
하게 역사적으로 조건지어진 생활영역
에 관한 의식을 이 생활영역으로부터 분
리시킨 다음, 그것을 절대적이고 진정하

독일의 사회학자이자 법학자이며
행정학의 창시자인 로렌츠 폰 슈
타인(Lorenz von Stein, 1815~90).
그는 자본주의 사회의 계급 구성
을 경제적으로 분석했으며, 국가
에 의한 사회정책의 실시를 주장
했다.

다고 여기는 독일 철학적 의식을 기준으로 평가한다. 그들은 한결같이
이러한 특정한 개인들의 관계를 **인간의** 관계로 전환시키며, 특정한 개
인들의 특수한 관계에 관한 그들의 사상이 마치 인간 **일반**에 관한 사
상인 것처럼 떠벌린다. 이렇게 함으로써 그들은 현실의 역사적 기초를
포기하고 이데올로기적 기초로 되돌아갔다. 이제 그들은 현실적인 연
관을 모르기 때문에 아무런 거리낌 없이 '절대적인' 또는 이데올로기
적인 방법의 도움을 받아 하나의 환상적인 연관을 만들어 낼 수 있게
되었다. 이렇듯 독일 이데올로기의 언어로 프랑스의 이념을 번역하는
것과 자의적으로 설정된 공산주의와 독일 이데올로기 사이의 연결이
이른바 진정 사회주의를 형성했다. 그것을 영국 헌법에 대해 토리당[49]

이 말하는 식으로 하면, "국민의 긍지요, 다른 모든 인근 국민의 선망의 대상이 된다"라고 요란하게 떠들어 댄 것이다.

따라서 이러한 '진정 사회주의'란 프롤레타리아 공산주의가, 그리고 그것과 다소 연결된 프랑스와 영국의 여러 당파 및 분파가 독일 정신이라는 하늘 아래서, 그리고 뒤에 살펴보겠지만 독일적 정서라는 하늘 아래서 변용變容, Verklärung된 것에 지나지 않는다. '과학'에 뿌리를 내리고 있다고 주장하는 '진정 사회주의'는 근본적으로 또 하나의 비교秘敎적인 과학esoterische Wissenschaft이다. 그것의 이론적인 문헌은 '사유하는 정신'의 신비에 이끌려 들어간 사람들만을 위한 것이기 때문이다. 거기에는 또한 통속적인exoterische 문헌도 포함되어 있다. 그것은 사회적이고 통속적인 관계에 관심이 크기 때문에 일종의 프로파간다를 수행해야만 한다. 이러한 통속적 저작 속에서 진정 사회주의는 더 이상 독일의 '사유하는 정신denkenden Geist'에 호소하지 않고 이제는 독일적 '정서Gemut'에 호소한다. 이것은 훨씬 더 쉬운 일이다. 왜냐하면 더 이상 현실적인 인간이 아니라 '인간이라는 것den Menschen'에 관심을 갖고 있는 진정 사회주의는 모든 혁명적 열정을 잃어버린 대신에 인류에 대한 보편적 사랑을 선포하기 때문이다. 따라서 그것은 프롤레타리아트에게 적용되는 것이 아니라, 독일에 가장 많은 두 인간계급 Menschenklassen에게, 소시민과 그들의 인류애적인 온갖 환상들에, 그리고 이러한 소시민의 이데올로그인 철학자와 철학도들에게 적용된다. 요컨대 그것은 현재 독일을 대부분 지배하고 있는 '공동적gemeine' 또는 비공동적 의식에 적용되고 있다.

독일에 실제로 현존하는 상황들은 필연적으로 이러한 잡종의 분파들을 형성시켰고, 공산주의를 지배적인 관념들과 타협시키려 했었다. 또한 철학적 입장으로부터 출발한 몇몇 독일 공산주의자들이 그러한 과도기를 거쳐 비로소 공산주의에 도달했었고 지금도 도달하고 있다. 하지만 이러한 이데올로기의 올가미를 벗어날 수 없는 다른 사람들은 비극적인 종말에 이르기까지 계속 진정 사회주의를 설교해야만 하는 것도 불가피한 일이다. 그러므로 우리가 얼마 전까지 발표된 그들의 저작들을 비판하긴 했지만, 과연 '진정 사회주의자들'이 아직도 자신들의 입장을 주장하는지 아니면 그것을 뛰어넘었는지는 결코 알 수 없는 노릇이다. 우리는 개개인에게는 전혀 관심을 두지 않는다. 우리는 단지 이 눅눅한 독일이라는 나라에서 회피할 수 없는 경향을 담고 있는 출판 문헌들을 검토하고 있을 따름이다.

그러나 진정 사회주의는 청년독일파 대중작가들,[50] 돌팔이들, 그리고 그 밖의 저술가들에게 사회운동을 이용해 먹도록 하는 문을 열어주기도 했다. 처음에 독일에서는 **현실적이고**, 정열적이며 실천적인 당黨의 투쟁Parteikampfe이 부족했기 때문에 사회운동조차도 **단순한** 저술운동에 그치고 말았다. 진정 사회주의는 현실적인 당적 이해관계 없이도 존재할 수 있는 사회적 저술운동의 가장 극명한 표현인데, 공산당이 결성된 이후인 지금도 공산당이 있음에도 불구하고 계속 존속하려하고 있다. 하지만 분명한 것은 현실적인 공산당이 등장한 이래 진정사회주의자들은 점점 더 대중으로서의 소시민으로, 이러한 대중의 대표자들로서의 무능하고 영락해 버린impotente und verlumpte 저술가로 국한되리라는 사실이다.

# Ⅰ. 《라인연보》[51] 또는 진정 사회주의의 철학

## A. "공산주의, 사회주의, 휴머니즘"[52]
### 《라인연보》, 제1권, 167쪽 이하

우리는 이 논설에서부터 시작하기로 하는데, 그 이유는 이 글이야말
로 진정 사회주의의 독일 민족적 성격을 완전히 의식적으로, 그리고
커다란 자부심을 갖고 과시하기 때문이다.

> "**프랑스 인**은 그들 자신의 천재성을 이해하지 못하는 것 같다. 여기에서
> **독일의 과학**은 그들에게 도움이 되며, 이성의 최상의 상태를 생각해 볼 때,
> **사회주의에서는 가장 이성적인 사회질서**를 보여 준다."(169쪽)

그러므로 여기서 '독일의 과학'은 하나의 사회질서, 그것도 사회주
의 **안에서** '가장 이성적인' 사회질서를 보여 준다. 사회주의는 심지어

한 사회를 세울 수도 있는 전지전능하고 일체를 포괄하는 독일 과학의 한 분야로 축소된다. 사회주의가 원래 프랑스에 기원을 두고 있는 것은 사실이지만, 프랑스의 사회주의자들은 **본래**an sich **독일인**이었다. 그렇기 때문에 **현실의** 프랑스 인들은 그들을 이해하지 못했다. 그래서 필자는 다음과 같이 말할 수 있다.

> "**공산주의는 프랑스의 것**이나 **사회주의는 독일의 것**이다. 프랑스 인이 그토록 쉽게 사회적 **본능**Instinkt를 가졌다는 것은 그들에게 행운이며, 그것은 언젠가 그들에게 **과학적 연구**의 대체물로서 이용될 것이다. 이러한 결과는 두 민족의 발전 과정에 따라 결정되었다. 프랑스 인은 **정치학**을 거쳐 **공산주의**에 도달했으나(물론 프랑스 인이 어떻게 공산주의에 도달했는가는 이제 분명히 알 수 있다), 독일인은 궁극적으로 인간학으로 귀착될 **형이상학**을 거쳐 **사회주의**(특히 '진정 사회주의')에 도달했다. 양자는 결국 휴머니즘 안에서 해소된다."

공산주의와 사회주의를 두 개의 추상적인 이론들로 두 개의 원리들로 바꿔 놓는다면, 임의로 선택한 애매한 이름 아래서 이러한 두 대립들의 자의적인 헤겔식 통일을 상정하는 것보다 쉬운 일은 없을 것이다. 그럼으로써 '두 민족의 발전 과정'을 꿰뚫듯이 조망할 수 있을 뿐만 아니라, 프랑스 인과 독일인 모두에 대한 사변적 개인들의 우월성도 확실히 밝힐 수 있다.

그뿐만 아니라 이 문장은 퓌트만Püttmann의 『시민서市民書, Bürgerbuch』의 43쪽[53]과 그 밖의 여러 곳에서 거의 문자를 그대로 베껴 낸 것이다.

RHEINISCHE JAHRBÜCHER ZUR
GESELLSCHAFTLICHEN REFORM.
VOLUME 2

HERMANN PÜTTMANN

헤르만 W. 퓌트만(Hermann Wilhelm Püttmann, 1811~74)의《사회개혁을 위한 라인연보》제2권. 그는 엘버펠트 출신으로 작가이자 출판인이며, 사회민주주의 성향의 언론인이다. 1854년에 호주로 이민을 떠나 그곳 리치몬드에서 세상을 떠났다. 이 밖에『1845, 46년을 위한 독일 시민서(Deutsches Bürgerbuch für 1845, 1846)』두 권도 집필했다.

확실히 사회주의에 대한 저자의 '과학적 연구'는 이 책과 『21개의 호 Einundzwanzig Bogen』, 그리고 독일 공산주의의 초기서부터 시작되는 그 밖의 저작들에 담겨져 있는 사상을 구성적으로 재생산하는 데 한정된다.

우리는 그의 논설에서 **공산주의**에 대해 제기된 반론들 중 약간의 실례만을 살펴보기로 하겠다.

"공산주의는 원자들을 하나의 유기적 전체로 결합시키지 못한다."(168쪽)

'원자들'을 하나의 '유기적인 전체'로 결합시키라는 요구는 원을 4각형으로 만들라는 요구와 마찬가지로 비현실적이다.

"공산주의자는, 그 주요 거점인 프랑스에서 실제로 옹호되고 있듯이, 소상인 국가Krämerstaats의 이기주의적 반목Zerfallenheit에 대해 **미숙하게** 대립함으로써, 이러한 정치적 대립을 결코 넘어서지 못했고, 또 어떠한 **무조건**

적이고 무전제적인 자유도 획득하지 못했다."(위의 책)

'무조건적이고 무전제적인 자유'의 독일 이데올로기적 초상인 Voilà(그것이 저기 있다)는 "무조건적이고 무전제적인 사유"의 실천적 정식화에 불과할 뿐이다. 프랑스 공산주의는 그것이 **현실적** 대립의 이론적 표현이기 때문에 물론 **미숙하다**roh. 그렇지만 저자에 따르면, 프랑스 공산주의는 이미 이러한 대립이 극복되었다고 가정하고 이 대립을 극복해야만 했다. 그 밖에도『시민서』43쪽 등과 비교해 보자.

"공산주의는 유類의 존속을 허용하지 않으므로, 공산주의 내에서는 전제정치가 충분히 존속할 수 있다."(168쪽)

가련한 유Gattung, 類여! 지금까지 '사유'는 '전제정치'와 동시에 존재해 왔다. 그러나 그것은 바로 공산주의가 '유'를 **제거함으로써 전제정치**가 존속하도록 허용할 수 있었기 때문이다. 그렇다면 우리의 진정 사회주의자들에 따른다면, 어떻게 공산주의가 '유'를 폐지하는 데 착수할 수 있는가? 그것은 '그 앞에 대중들을 가지고 있hat die Masse vor sich'(위의 책)기 때문이다.

"공산주의 안에서 인간은 자신의 **본질**을 의식하지 못할 것이다.…… 그의 의존성Abhängigkeit은 공산주의에 의해 최하의 가장 야수적인 관계로, **조잡한 물질**에 대한 의존으로 전락한다―노동의 향유Genuß의 분열, 인간은 어떤 **자유로운** 윤리적 **활동**도 성취하지 못한다."

우리의 진정 사회주의자들이 이러한 결론에 도달하도록 하는 '과학적 연구'를 평가하기 위해서는 다음 단락을 고찰해 보는 것이 필요하다.

"프랑스의 사회주의자와 공산주의자는…… 사회주의의 **본질**을 결코 이론적으로 이해한 적이 없다.…… 심지어 근본주의자들radikalen조차도 그렇다.""(프랑스의) 공산주의자는 아직까지 결코 **노동**과 **향유**의 대립을 넘어서지 못했다.…… 그리고 아직 **자유로운 활동**의 사상으로도 고양되지 못했다.…… 공산주의와 소상인 세계의 유일한 차이는 다음과 같다. 즉 공산주의에서는 **현실적 인간 소유의 완전한 외화**Entäußerung가 모든 부수적인 것들Zufälligkeit로부터 자립적인 것으로 되어야, 다시 말해서 관념화되어야 한다는 것이다."(『시민서』, 43쪽)

다시 말해서 우리의 진정 사회주의자들은 여기서 프랑스 인이야말로 그들의 실제적인 사회 상태에 관해 올바른 의식을 가졌다고 나무라는 한편, 그들은 '**인간적 본질**'에 관한 인간의 의식을 밝혀내야만 했다. 프랑스 인에 대해 진정 사회주의자들이 제기했던 모든 반대들은 포이어바흐의 철학이 그들의 운동 전체의 전형이 아니라는 결론에 도달한다. 저자는 노동과 향유의 분리라는 기존의 명제로부터 출발한다. 그는 이러한 명제에서 시작하는 대신에, 전체 사실을 이데올로기적으로 전도시킴으로써 인간의 상실의식fehlenden Bewußtsein에서 시작하며, 그로부터 '다듬어지지 않은 물질로의 종속'을 도출해 내고, 이것이 '노동과 향유의 분리' 안에서 **실현되도록** 만든다. 그뿐만 아니라 나중에는 우리의 진정 사회주의자가 어디에서 '조야한 물질'로부터 자립성을 획득하는가를 보게 될 것이다─사실상 이 신사들은 모두 눈에 띄는 **섬세한 감정**을 지니고 있다. 무엇이든, 특히 물질은 그들에게 충격을 준다. 따라서 그들은 어디서든지 조야성Roheit에 관해 불평을 늘어놓는다. 앞에서 우리는 이미 **조야한 대립**을 본 적이 있지만, 이제 우리는 **다듬어지지 않은** 물질로의 종속이라는 가장 **잔인한** 관계를 본다.

독일인은 다음과 같이 외친다.

너무 **거칠게** 사랑해선 안 된다.

그렇지 않으면 그대는 건강을 해치리.[54]

사회주의로 변장한 독일 철학은 물론 '조야한 현실'에 깊숙이 개입하는 것처럼 보이나, 사실상 그것은 언제나 그로부터 상당한 정도의 거리를 두고 신경질적인 분노를 표시하면서 다음처럼 외친다: 나를 건드리지 마시오!noli me tangere!(요한, 20장 17절─옮긴이)

프랑스의 공산주의에 대한 이러한 과학적인 반론들 다음에, 우리는 진정 사회주의자의 '자유로운 윤리적 활동'과 '과학적 연구'를, 그리고 조야한 물질로부터의 독립성을 훌륭하게 증명해 주는 몇 가지 역사적 논의에 들어가게 된다.

170쪽에서 그는 '존재하는' 유일한 공산주의는 '(또다시) **조야한** 프랑스의 공산주의'라는 '결론'에 도달한다. 이러한 선험적 진리의 구성은 위대한 '사회적 본능'을 통해 이루어지며, '인간은 자신의 본질을 의식하게 되었다'는 것을 보여 준다. 다음과 같은 말을 경청해 보자.

"그 밖에 다른 공산주의란 존재하지 않는다. **왜냐하면** 바이틀링Weitling이 만들어 낸 것은 그가 파리와 제네바에서 주워들었던 푸리에주의와 공산주의의 이념을 재구성한 것에 불과하기 때문이다."

'바이틀링이 만들어 낸 것은…… 하기 때문'에 영국의 공산주의란 '존재하지 않는다.' 토머스 모어, 수평파들the Levellers,[55] 오웬, 톰슨, 왓츠, 홀요크, 하니, 모건, 사우스웰, 굿윈 밤비, 그리브스, 에드먼즈, 홉슨, 스펜스는 만약 바이틀링이 파리와 제네바에 갔었기 때문에 그들이 공산주의자가 아니라는 소리를 들었다면, 놀라서 뒤로 자빠지거나 무덤 속에서도 벌떡 일어날 것이다.

더구나 바이틀링의 공산주의는 프랑스의 조야하고 비속한 바뵈프주의와도 다른 것으로 여겨지는데, 그것은 그의 공산주의가 '푸리에주의의 이념'을 담고 있기 때문이다.

"공산주의자는 체계 또는 완전한 사회질서(카베Cabet의 『이카로스Ikarien』, 『행복La Félicité』,[56] 바이틀링)를 세우는 데 특히 강점을 지니고 있다. 그러나 모든 체계는 교조적이고 독재적이다."(170쪽)

진정 사회주의는 물론 체계 일반에 대한 이러한 판단을 통해 공산주의의 체계와 친숙해지는 수고를 덜었다. 그것은 단 일격에 『이카로스』[57]뿐만 아니라, 아리스토텔레스에서 헤겔에 이르는 모든 철학 체계, 자연의 체계system de la nature,[58] 린네Linné와 쥐시외Jussieu의 식물계, 그리고 심지어 태양계까지도 무너뜨렸다. 그뿐만 아니라 그러한 체계 자체에 관한 한, 그것들은 거의 모두가 초기 공산주의 운동 시기에 등장했는데, 당시에는 대중소설로서의 선전적인 가치를 지니고 있었다. 그것은 당시 비로소 적극적인 역할을 개시하고 있던 프롤레타리아의 미발전된 의식에 완전히 상응하는 것이었다. 카베 자신은 그의 『이카로스』를 **철학적 소설**이라고 부르는데, 그는 결코 그의 체계에 의해서가 아니라 그의 논쟁적인 저작에 의해서, 요컨대 당의 지도자로서의 활동 전반에 의해서

양복 재단공 출신의 공상적 사회주의자 빌헬름 바이틀링 (Wilhelm Weitling, 1808~71).

평가되어야 한다. 이러한 소설들 중 몇 가지에는, 예컨대 푸리에의 체계 같은 것에는 진정한 시적인 기질이 담겨 있다.

이에 반해 오웬이나 카베의 체계와 같은 것들은 상상력이라고는 조금도 보여 주지 못한 채 장사꾼 같은 계산속으로 집필되거나 아니면 영향을 끼칠 계급의zu bearbeitenden Klasse 견해에 부합할 목적으로 집필된다. 이러한 체계들은 당이 발전함에 따라서 모든 의의를 상실하고 기껏해야 표어Stichwörter로서 명목상 보존될 뿐이다. 프랑스에서 누가 『이카로스』를 신봉하고, 영국에서 누가 여러 가지로 변용된 오웬의 계획들(그가 변화한 시대 상황에 따라서 또는 특정 계급의 프로파간다를 고려하여 예언했던)을 신봉하는가? 이러한 체계들의 현실적 내용이 그들의 그러한 체계적인 형태 속에 얼마나 적게 들어 있는가는 평화적 민주주의Démocratie pacifique를 주장하는 정통 푸리에주의자들이 가장 잘 보여 준다. 그들은 자신들의 온갖 정통성에도 불구하고 푸리에

프랑스의 철학자이자 공상적 사회
주의자 에티엔 카베(Étienne Cabet,
1788~1856). 프랑스의 공상주의
운동인 '이카로스 운동'의 창시자
로 공상소설 『이카로스로의 여행
(Voyage en Icarie)』을 썼다.

와 정반대인 부르주아 공론가들이다. 모
든 획기적인 체계들의 진정한 내용들은
그것들이 존재하고 있는 시대의 요구이
다. 그것들은 각각 한 국가의 선행한 발
전의 총체에 그리고 정치, 도덕, 철학 등
그 밖의 다른 결과들과 관련된 그 국가
의 계급관계의 역사적 구성geschichtliche
Gestaltung에 뿌리를 두고 있다. 이러한 토
대와 공산주의 체계들의 내용에 대해 모
든 체계들이 교조적이고 독재적이라는
주장은 아무런 소용이 없다. 영국인이나
프랑스 인과는 달리 독일인은 충분히 발
전된 계급관계에 들어서지 않았다. 그러므로 독일의 공산주의자들은
자신들을 배출한 신분관계Verhältnissen des Standes 속에서 자신들의 체계
의 기초를 끄집어낼 수 있었을 뿐이다. 그러므로 유일하게 존재하는 공
산주의 체계가 소규모의 수공업적 관계들에 의해 제한된다는 입장에서
볼 때 프랑스의 이념들의 재생산이 틀림없다는 것은 지극히 당연하다.

"모두가 **그의** '명망Populaire'에 동의해야 한다"(168쪽)라는 카베의 **광
기**Wahnsinn는 공산주의 내에서 존속하는 독재의 증거이다. 먼저 당의
지도자는 특정한 상황과 제한된 재정수단을 분산시킬 위험성 때문에
어쩔 수 없이 그의 당을 떠맡으라는 요구들을 우리의 친구가 왜곡하
고, 그리고 나서 그것들을 '인간의 본질'이라는 관점에서 평가한다면,
그는 당연히 이 당 지도자와 그 밖의 모든 당원들은 '미쳤고', 그에 반

해 자신과 '인간의 본질'과 같은 완전히 비당파적인 인물들은 건전한 오성을 가졌다는 결론에 도달할 수밖에 없다. 그러나 그는 카베의 『나의 올바른 노선Ma ligne droite』에서 사태를 올바르게 파악할 것이다. 결국 (다른 국가들의 현실적인 운동에 대한) 우리의 저자, 독일의 진정 사회주의자들 그리고 이데올로그들 일반의 전체적인 대립은 하나의 계급적 문장으로 요약된다. 곧 독일인은 모든 것을 영원이란 관점에서(sub specie aeterni,* 인간의 본질에 따라서) 평가하고, 외국인들은 모든 것을 현존하는 인간과 상황에 따라서 선천적으로 바라본다. 외국인은 **순간**Zeit에 대해서 생각하고 행동하며, 독일인은 **영원**Ewigkeit에 대해서 그러하다. 우리의 진정 사회주의자들은 이것을 다음과 같이 고백한다.

"그 이름을 통해, 경쟁에 대한 반대를 통해 공산주의는 이미 그 일면성을 드러냈다. 그러나 하나의 정당의 명칭으로서 **이제 진정으로** 가치를 갖게 된 이러한 편견이 **영원히 보존되어야** 한단 말인가?"

따라서 공산주의를 철저하게 부정한 후, 저자는 그 반대인 사회주의로 넘어간다.

"사회주의는 인류의 우주의 **본질적인** 특징인 무정부적 질서를 확립하며"(170쪽), 또한 바로 그 이유 때문에 이제까지 '인류를 위해' 존재한 적이

---

* 스피노자의 『윤리학』에서 인용한 것 ― 옮긴이.

결코 없었다.

자유경쟁은 우리의 진정 사회주의자들이 하나의 '무정부적 질서'로 간주하기에는 너무 '조야한' 것이다.

"완전히 인류의 **도덕적 핵심**sittlichen Kern에 기초하여, 사회주의는 성性의 결합만이 사랑이 최고로 고양된 형태라는 것을 공표한다. **왜냐하면** 자연적 인 것만이 참된 것이며, 또 참된 것은 도덕적이기 때문이다."(171쪽)

'결합 등등이 있고 또 있어야 하는' 이유는 모든 것에 적용된다. 예 컨대 전적으로 원숭이의 도덕적 핵심에 의거하고 있는 사회주의는 마 찬가지로 그들 사이에 자연스럽게 일어나는 자위Onanie가 자기애의 가 장 고양된 형태이며 또 그러한 것이어야만 한다는 것을 공표할 것이 다. 왜냐하면 오직 자연적인 것만이 참되며, 또한 참된 것은 도덕적이 기 때문이다.

어떤 기준에서 '자연적인' 것을 판단하는가는 말하기 어렵다.

"활동과 향유는 인간의 **고유성**Eigentümlichkeit 속에서 일치한다. 그것들은 이것에 의해 결정되는 것이지 **우리에게 외적인** 생산물에 의해 결정되는 것 이 아니다."

"그러나 이러한 생산물들은 활동에, 다시 말해서 진실한 생활에 불가결 하기 때문에, 그리고 인류 전체의 공동활동이라는 이유로, 말하자면 그것들 자체가 인류로부터 분리되기 때문에, 그것들은 만인의 더 나은 발전을 위한 공동의 토대이며, 또한 토대**이어야만 한다**(상품의 공동체)."

"현재 우리 사회는 몇몇 개인들이 짐승과 같은 탐욕을 품고 다른 사람의 노동생산물을 탈취하고 있으며, 동시에 게을러 빠져 자신의 본질을 부패하게 놓아 둘 정도로 야만에 깊숙이 빠져 있다(금리 생활자). **그 필연적 결과**로서 다른 사람들은 **기계적** 노동으로 치닫는다. 그들의 재산(그들 자신의 인간적 본질)은 게으름에 의해서가 아니라, 소모적인 긴장에 의해서 증식이 제한되었다(프롤레타리아).…… 우리 사회의 두 극단들, 곧 금리 생활자와 프롤레타리아트는 그러나 동시에 발전 단계에 있다. **양자는 그들에게 외적인 사물들에 의존하고 있거나**, 또는 성 막스가 말하려고 했던 것처럼 '니그로 Neger'이다."(169~170쪽)

'우리의 니그로적인 것Unser Negertum'에 관해 우리의 '몽골 인Mongolen' 이 도달한 위와 같은 결과들은 진정 사회주의가 "소위 진실한 생활에 불가결한 생산물로서 자신으로부터 분리해 낸" 가장 완벽한 업적들이다. 우리의 몽골 인은 '인류의 고유한 속성' 때문에 '인류 전체'가 '짐승 같은 탐욕성'을 지니고 그것들에게 덤벼들 수밖에 없다고 믿는다.

4개의 개념들—'금리 생활자', '프롤레타리아', '기계적', '상품공동체'—은 어쨌든 우리의 몽골 인이 보기에는 '그에게 외적인 생산물'이다. 그의 '활동'과 그의 '향유'는 그것들은 단순히 그 자신의 '기계적 노동'의 결과들에 대해 기대했던 명칭들로 표현한 것에 불과하다.

우리는 사회가 야만화되었고, 그 때문에 이 사회를 구성하는 개인들이 온갖 결함들로부터 고통을 받는다는 것을 알았다. 사회는 이 개인들로부터 분리되고 자립화되며, 또한 사회는 스스로 타락하고, 개인들은 이러한 야만화 **때문에** 고통을 받는다. 이 야만화의 첫 번째 결과는 야수, 게으른 것 그리고 자기 자신의 부패한 본질을 가진 자 등과 같은 표현들이다. 따라서 우리는 그 표현들이 놀랍게도 '금리 생활자'에 관한 것이라는 사실을 알게 된다. 유일하게 언급할 필요가 있는 것은 다음과 같다. 즉 이토록 '자기 자신의 본질을 부패하도록 놓아둔다는 것'은 우리가 그 실제적 속성에 관해서 거의 아는 바 없는 것으로 여겨진 '게으름'을 이해하면서 사용된 수법, 즉 철학적으로 신비화된 수법에 불과하다는 것이다.

야만화의 첫 번째 결과가 갖는 두 번째의 '필연적 귀결'은 다음과 같은 두 가지 표현들, 곧 '소모적인 긴장으로서 자기 자신이 지니고 있는 본질의 성장이 중단됨'과 '기계적 노동으로 내몰려짐'이다. 이 두 표현들은 금리 생활자가 자기 자신의 본질을 부패하도록 놓아두었다는 사실의 '필연적 귀결'이며, 우리는 또다시 놀랍게도 그것들이 ─ 세속적인 용어로 표현한다면 ─ '프롤레타리아트'라는 사실을 알게 된다.

따라서 그 문장의 인과관계의 연결은 이렇다. 프롤레타리아트가 존재하고 그들이 기계적으로 노동한다는 것은 사실이다. 왜 프롤레타리아트는 '기계적으로 생산'해야만 하는가? 왜냐하면 금리 생활자가 자신들의 고유한 본질을 타락하도록 놓아두기 때문이다. 왜 금리 생활자가 그들 자신의 본질을 부패하도록 놓아두는가? 왜냐하면 현재 우리 사회가 그토록 야만화되었기 때문이다. 왜 사회가 이렇게 야만화되었는가? 너의 창조주에게 물어보라.

우리의 진정 사회주의자에게서 두드러진 것은 '그가 **우리** 사회의 극단'을 금리 생활자와 프롤레타리아의 대립에서 본다는 사실이다. 이러한 대립은 상당히 발전한 모든 사회단계에서 흔히 나타났었고, 기억할 수 없는 시대 이후로 모든 도덕가들에 의해 호된 비판을 받았던 것이다. 그리고 이 대립은 프롤레타리아 운동의 출발기에, 다시 말해서 프롤레타리아트가 아직까지 산업 및 프티부르주아지와 공동의 이해관계를 가지고 있었던 때에 마찬가지로 소생되었다. 예를 들어 코베트와 쿠리에P. L. Courier 또는 생시몽Saint-Simon의 저작들을 비교해 보라. 원래 그들은 게으른 자들oisifs, 즉 금리 생활자에 대립하는 노동자들travailleurs 중 첫 번째 대열에 산업자본가를 앉혔던 사람들이다. 이러한 사소한 대립을 기술하는 것, 그것도 일상적인 언어가 아니라 성스러운 철학적 언어로 표현하고, 이러한 어린애 같은 발견을 추상적이고 신성화된 그리고 아주 부적절한 용어로 나타내는 것 — 이러한 서술은 다른 모든 경우와 마찬가지로 진정 사회주의에 의해 완전해진 독일 과학의 철저성에 해당하는 것이다. 결론에서는 이러한 종류의 철저성에 마지막 마무리를 가하고 있다. 우리의 진정 사회주의자는 여기서 전혀 유사성이 없는 프롤레타리아와 금리 생활자의 발전단계를 '하나의 발전 단계'에 합체시켜 버린다. 왜냐하면 진정 사회주의자는 양자의 현실적인 발전 단계를 무시하고 양자를 '그에게 외적인 사물로의 종속'이라는 철학적 언사에 포함시키기 때문이다. 여기에서 진정 사회주의는 하나의 발전 단계를 찾아낸다. 그 속에서는 자연의 세 개의 영역과 지질학과 역사에서 나타나는 모든 발전 단계들의 비非유사성이 희미한 공기 속으로 사라져 버리고 만다.

윌리엄 코베트(William Corbett, 1763~1835)는 영국의 팸플릿 발행자이자 급진주의 농장주이다. 처음엔 왕당파 지지자였으나 나중에 급진주의 운동을 홍보하고 나섰다. 그리하여 1832년 '선거법 개정안(Reform Bill)'의 추진을 주도하기도 했다.

우리의 진정 사회주의자는 '그에게 외적인 사물로의 종속'을 찾아냈음에도 불구하고 '생산물'이, 즉 바로 이 사물들의 '활동'과 참된 생활을 위해 불가결하기 때문에, 자신이 그것들에 종속된다는 사실을 시인한다. 그가 이렇듯 낯을 붉히며 인정했기 때문에, 상품공동체의 철학적인 건설로 향한—완전한 난센스에 빠져 있기 때문에 우리가 그것에 관한 독자의 주의를 환기하기만 하면 되는 그러한 건설로 향한—길을 밝힐 수 있다.

이제 위에서 인용했던 문장들의 첫머리로 되돌아가 보자. 여기서는 다시 활동과 향유라는 점에서 '사물들로부터의 독립'이라는 문제가 제기된다. 활동과 향유는 '인간의 고유한 특성'에 따라 '결정된다.' 그를 둘러싼 사람들의 활동과 향유에서의 이러한 '고유한 특성'을 살펴보는 대신에—이렇게 한다면 우리에게 외적인 생산물들이 어느 정도의 물질 속에서도 발언권을 가지고 있다는 것을 즉각 알아차렸을 것이다—그는 활동과 향유가 '인간의 고유한 특성 안에서 일치하도록' 만들어 버렸다. 인간의 활동 속에서, 인간의 활동에 의해 조건지어지는 향유의 방식 속에서 인간의 고유한 특성을 보여 주는 대신에, 그는 더 이상의 어떠한 논의도 단절시켜 버리는 '인간의 고유한 특성'을 제기함으로써 양자를 설명한다. 그는 개인의 현실적인 행위를 방기함으로써 또

다시 묘사할 수 없고 접근할 수 없는 그의 고유한 특성 속으로 도망간다. 그뿐만 아니라 우리는 여기에서 **진정 사회주의자들**이 '자유로운 활동'을 어떻게 이해하고 있는지를 알 수 있다. 우리의 저자는 경솔하게도, 자유로운 활동이란 '외적인 사물들에 의해 규정되지 않는' 활동, 다시 말해서 순수하고 절대적인 활동을 가리킨다고 주장한다. 하지만 그러한 활동은 단순히 활동에 그치는 것이며, 궁극적으로는 '순수사상'의 환상에 해당하는 것이다. 그것은 당연히 이러한 활동이 하나의 물적 토대와 물적 결과를 가질 경우에는 그 순수성을 훼손시키고 만다. 진정 사회주의자는 이런 종류의 비순수 활동을 그저 마지못해서 다룰 뿐이다. 그는 그러한 활동의 생산물을 경멸하며, 그것을 어떤 '결과'가 아니라 '인간의 단순한 **배설물**'이라고 부른다(169쪽). 따라서 이 순수한 활동의 근거가 되는 주체는 현실의 감각적인 인간 존재일 수가 없다. 그것은 오로지 사유하는 정신일 수밖에 없다. 이처럼 독일식으로 표현된 '자유로운 활동'은 앞에서 말한 '무조건적이고 무전제적인 자유'의 또 다른 표현에 불과하다. 이뿐만 아니라 진정 사회주의자들에게 현실적인 생산에 관한 그들의 무지를 감추는 데 이용될 뿐인 이 '자유로운 활동'이란 말이 궁극적으로 '순수 사유'에 해당한다는 것은, 저자가 그의 마지막 말로써 우리에게 진정한 인식이라는 가정을 제기한다는 사실을 통해서도 알 수 있다.

"이 시대의 양대 주요 당파(곧 프랑스의 조야한 **공산주의**와 독일의 **사회주의**)의 이러한 갈라섬은 특히 헤르베히Herwegh의 『21개의 호Einundzwanzig Bogen』에 실린 헤스Hess의 「행동과 철학Philosophie der Tat」과 더불어 **시작됐**

독일의 시인 게오르크 헤르베히
(Georg Herwegh, 1817~75). 1848
년 3월 혁명의 선두에 나선 그의
서정시는 혁명적 감성을 대중적
스타일에 맞게 해 주었다.

던 지난 2년 동안의 발전의 결과이다. 그 결과 사회적 당파의 표어를 좀 더 명확히 할 수 있는 때가 무르익었다."(173쪽)

여기서 우리는 한편으로는 프랑스에 현실적으로 존재하는 공산당 및 그 저작들을, 다른 한편으로는 이러한 저작의 이념을 철학적으로 이해하려고 노력하고 있는 독일의 몇몇 사이비 학자들을 접한다. 후자는 전자와 대등하게 **이 시대의 주요 당파의 하나**로서 취급된다. 다시 말해서 그것은 직접적 대립자인 프랑스 공산주의자들에 대해서뿐만 아니라, 영국의 차티스트와 공산주의자, 미국의 민족개량주의자들Nationalreformer, 그리고 더 나아가서 '이 시대의' 다른 모든 정당에 대해서도 무한한 중요성을 갖는 당파이다. 그러나 각각 저술활동을 하는 분파가, 특히 자신을 '가장 발전된' 것으로 생각하는 분파가 자신을 단순히 '주요한 당파들 중 하나'가 아니라 실제로 이 시대의 '주요 당파'라고 선언하는 것이 독일의 이데올로그들에게는 상당 기간 동안 하나의 유행이 되어 버렸다. 우리는 그중에서도 '비판적 비판의 주요 당파', 자기 자신과 일치하는 이기주의의 '주요 당파', 그리고 진정 사회주의의 '주요 당파'를 접하게 된다. 독일은 이러한 방식으로 온갖 '주요 당파들'을 자랑할 수 있었는데, 그 존재는 오직 독일에서만 알려져 있다. 사실상 그들은 모두 자신들이 상상한 것들을 늘어놓는 데 불과한데도, 그들이 세계사라는 옷감을 짜고 있다는 착각에 빠져 있다.

진정 사회주의자들의 이러한 '주요 당파'는 '특히 헤스의 철학과 더불어 시작되었던 지난 2년 동안의 발전들 중 한 결과'이다. 그것은 말하자면 우리의 저자가 처음으로 사회주의에 몸을 던지고 그 자신을 '사회적 당파'라고 표방하게끔 하는 몇 가지 '표어들'을 통해 자신을 '좀 더 고양시키는 데 적절한 시기라고 생각되었던 '지난 2년 동안'의 발전들Verwicklung 중 '한 결과'이다.

우리의 저자는 그렇게 공산주의와 사회주의를 멀리한 다음, 우리에게 양자의 더욱 고양된 통일인 '인간주의'를 소개한다. 이제 우리는 '인간의' 나라에 들어서고 있으며, 우리의 진정 사회주의의 진정한 전 역사는 오직 독일에서만 펼쳐질 것이다.

> "이제 모든 구차스러운 변명들Namenstreitigkeiten은 **휴머니즘** 안에서 해소된다. 어디에zu was 공산주의자가 있고, 어디에 사회주의자가 있단 말인가? 우리는 모두 **인간**이다."(172쪽) ─ 모두가 형제들이며, 모두가 친구들이다
> tous frères, tous amis
>
> 형제여, 물살을 거슬러 헤엄치지 말라,
> 그것은 쓸데없는 짓일 뿐이니!
> 우리 템플로우Templow 산에 오르자.
> 그리고 외치자: 국왕폐하 만세![59]

어디에 인간이, 어디에 동물이, 어디에 식물이, 어디에 돌멩이들이 있단 말인가? 우리는 육체Körper일진저!

그 뒤로 독일의 학문에 기초를 두고 '언젠가는' 프랑스의 '사회적 본능을 대체하는 데 도움이 될' 하나의 역사적 논의가 뒤따른다. 고대 — 소박Naivitat, 중세 — 낭만주의, 근대 — 휴머니즘. 물론 저자는 이렇게 3개의 하찮은 것들을 통해 자신의 휴머니즘을 역사적으로 구성했고, 그것이 과거의 인문학Humaniora[60]의 진리임을 입증했다. 이러한 종류의 구성들을 제1권의 「성 막스」와 비교해 보라. 그는 그러한 상품들을 훨씬 더 정교하고 또 훨씬 덜 초보적인 방법으로 제조한다.

172쪽에서 우리는 다음과 같은 문장을 본다.

"스콜라주의Scholastizismus의 마지막 결과는 삶의 분열인데, 이것은 헤스에 의해 폐지되었다."

그러므로 여기서 이론은 '삶의 분열'의 원인으로서 표현된다. 진정 사회주의자들이 철학자들과 함께 모든 **현실적인** 분열들은 **개념적 분열**에 의해 일어난 것이라고 믿는다면, 그들이 왜 모두 사회에 관해 언급하는지를 설명하기 어렵다. 그들은 역시 세계를 세웠다 넘어뜨렸다 할 수 있는 개념의 위력에 관한 이러한 철학은 신념을 기초로, 몇몇 개인들이 이러저러한 방법으로 개념을 '폐지'함으로써 '삶의 분열'을 폐지했다고 생각한다. 독일의 모든 이데올로그들과 마찬가지로 진정 사회주의자들은 문헌상의 역사와 현실의 역사를 등위의 것으로 혼용한다. 물론 그들이 담당했던 비열한 역학들을 은폐하고, 그들을 그토록 풍부하게 하는 환상을 현실과 같은 것으로 만듦으로써 현실의 역사에서 계속 장난을 치는 독일인들에게는 이러한 버릇이 아주 쉽게 이해될 수 있다.

그리고 '지난 2년 동안' 독일의 과학은 너무나도 철저하게 모든 문제들을 처리한 나머지, 다른 국가들에는 그 명령을 집행하는 일 이외에 아무런 할 일도 없게 되었다.

"인간학에서의 작업, 즉 인간(포이어바흐 혹은 인간?) 자신으로부터 소외된 본질을 인간을 통해 재획득하는 작업은 포이어바흐에 의해서 단지 일면적으로만 완성되었다. 즉 단지 무엇이 시작되었을 뿐이다. 그는 **종교적** 환상, 이론적 추상, 신인Gott – Menschen을 무화無化시켰던 반면에 헤스는 **정치적** 환상을, 자신의(헤스의 혹은 인간의?) 능력vermögen의, 자신의 활동의 추상을 무화시켰다. 즉 **재산**vermögen*을 **파괴시켰다.** 오로지 정치적 환상의 파괴를 통해 인간은 자신과 동떨어져 있는 위력을 해방시켜 인류적 활동을 할 수 있게 되었으며 — 왜냐하면 이전의 (헤스 이전의) 시기의 모든 무욕은 단지 하나의 가상적인 것이었기 때문이다 — 이전의 품위를 다시 부여받게 되었다. 그렇지 않다면 이전에(헤스 이전에) 존재했던 인간은 무엇이란 말인가? 인간이 자신의 재산에 따라 평가되지 않았단 말인가? 인간의 돈이 인간의 가치를 창출한다."(171쪽)

단지 '인간'만이 항상 해방된 존재이다 등등이 바로 해방에 대한 이 고귀한 문구들 모두의 특징이다. 앞의 진술을 염두에 둘 때 이제 '재산

---

★ 'Vermögen'은 문맥에 따라 '능력', '재산' 등으로 번역했다 — 옮긴이.

Vermögen', '돈' 등이 존재하지 않는다 할지라도 우리는 또한 다음과 같은 문장을 접하게 된다.

> "이제, 이러한 환상의 파괴 뒤에야 비로소 (돈은 영원성의 관점에서 sub specie aeterni 고찰해 볼 때 다름 아닌 하나의 환상이며, 황금은 단지 망상에 불과하다) 우리는 하나의 새롭고 **인간적인** 사회질서를 **생각**할 수 있다."(171쪽)

그러나 이 문장은 아주 피상적이다.

> "**인간의 본질**에 대한 인식은 자연스럽고도 필연적인 결과로서 진정으로 인간적인 생명을 지닌다."(172쪽)

형이상학을 통해서, 정치학을 통해서 공산주의 또는 사회주의에 도달한다 등등 — 이러한 진정 사회주의자들이 매우 좋아하는 문구는 이런저런 저술가가 (외부로부터 자기에게 다가왔고, 또 완전히 다른 관계들 속에서 발원했던) 공산주의 사상을 자신이 그때까지 가지고 있던 관점의 어투에 동화시키고, 거기에 이러한 관점과 일치하는 표현을 부여했다는 것에 불과하다. 이러한 관점들 가운데 어느 것이 하나의 민족에서 우세한지의 여부는, 또 그 민족의 공산주의적 이념이 정치적, 형이상학적 또는 여타의 것으로 가정되는지의 여부는 당연히 그 민족의 발전 전체에 달려 있다. 대부분의 프랑스 공산주의자들이 가지고 있는 직관방식이 — 즉 다른 한편으로 매우 많은 프랑스 사회주의자들이 전적으로 정치로부터 추상되었다는 사실과 대치되는 — 하나의 정치적 색채를 띤다는 사실에서, 우리의 저자는 프랑스 인들이야말로 '정치를 통해', 그들의 정치적 발전을 통해 '공산주의에 도달하게 된다'는 추론을 이끌어 낸다. 독일에서 매우 광범위하게 만연되고 있는 이러한 문구는 우리의 저자가 정치에 대해서, 다시 말해 프랑스의 정치 발전에 대해서, 또는 공산주의에 대해서 무언가를 알고 있다는 것을 입증하는 것이 아니다. 그것은 단지 그가 정치학을 고유하고 자립적인 발전을 지닌 하나의 독립된 영역으로 간주하고 있다는 것을, 즉 그가 모든 이데올로그들과 공유하고 있는 하나의 믿음이라는 것을 보여 주고 있을 따름이다.

진정 사회주의자들의 한 가지 다른 표어는 '진정한 소유', '진정한 개인의 소유', '현실적·사회적·생동하는·당연한' 등등의 소유이다. 반면에 그들이 사적 소유를 '**이른바** 소유'로 지칭한 것은 매우 특징적이다. 우리가 이미 제1권에서 지적했듯이, 이러한 관용어는 본래 생 시몽주의자들에서 비롯되었다. 하지만 그들은 결코 관용어가 이러한 독일적 형이상학적·신비적인 형태에 도움이 되지 못한 채, 편협한 부르주아*의 외침에 반대하는 것으로서, 사회주의 운동의 시초에 어느 정도 정당화되었다는 것을 지적한 바 있다. 대부분의 생 시몽주의자들이 겪어 온 종말은 그 밖에도 이러한 '진정한 소유'가 '일상적 사적 소유'에서 다시 해소된다는 일이 얼마나 쉬운지를 입증해 주고 있다.

사적 소유의 세계에 대한 공산주의의 대립을 가장 조야한 형태로

---

* MEGA: 부르주아지—편집자.

나마, 즉 이러한 대립의 모든 현실적 조건들을 간과하는 가장 추상적 abstraktesten[*] 형태로나마 표상하는 사람은 소유와 무소유의 대립에 직면한다. 그런 사람은 이러한 대립의 지양을 이런저런 측면의 지양으로, 즉 보편적 무소유allgemeine Eigentumlosigkeit 또는 룸펜적 상태Lumperei를 불러일으키는 소유의 지양으로, 또는 진정한 소유의 회복을 존립 기반으로 삼는 무소유의 지양으로 파악할 수 있다. 사실상 현실적 사적 소유자가 한쪽에 서 있다면, 다른 한쪽에는 무소유의 공산주의적 프롤레타리아가 서 있는 셈이다. 이러한 대립은 날로 첨예화되어 위기로 치닫는다. 그래서 프롤레타리아트의 이론적 대변자는 문필 활동을 통해 어떤 일을 수행할 경우, 우선 이렇듯 첨예한 대립에 대한 의식을 약화시키는 모든 문구, 즉 이러한 대립을 얼버무리고 심지어 부르주아에게, 그리고 반쯤은 공산주의를 확신하는 박애주의적 방탕자에게 바싹 접근하여 평등을 구걸하는 모든 문구들을 멀리해야만 한다고 촉구한다. 우리는 진정 사회주의자들의 표어, 즉 '진정한 소유'에서 모든 좋지 못한 특성들을 발견한다. 우리는 공산주의 운동이 겨우 몇몇 독일의 슬로건 제작자들에 의해 망가뜨려지지 않는다는 사실을 너무도 잘 알고 있다. 그렇지만 철학적 문구가 수백 년 이래 일정한 위력을 지니고, 다른 나라들보다 첨예한 계급대립의 부재로 인해 어쨌든 공산주의적 의식이 뚜렷하지 않고 또 결정적이지도 않은 독일과 같은 나라에서는 현존 세계 질서를 반대하는 공산주의의 총체적 대립의식을

---

[*] MEGA: abstrakten —편집자.

훨씬 더 약화시키고 개량할 수 있는 모든 문구에 대항하는 작업이 절실히 필요하다.

이러한 진정한 소유에 관한 이론은 지금까지의 **현실적** 사적 소유를 단지 가상으로 파악할 뿐이다. 반면에 그 이론은 이러한 현실적 소유로부터 버려진 표상을 이렇듯 가상의 **진리**와 **현실성**으로 파악하며 철두철미 이데올로기적이다. 또한 그 이론은 선을 행하려는 노력과 경건한 소망마저도 무소유의 지양을 목표로 하는 소시민의 표상을 단지 더욱 명확하고 규정적으로 표현할 뿐이라는 것을 말해 준다.

우리는 편협한 민족적 직관방식이 어떻게 독일인의 헛된 보편주의와 사해동포주의에 기초를 두고 있는지 다음의 논문에서 다시금 확인할 수 있다.

> 대지가 프랑스 인과 러시아 인에 속해 있고
> 바다가 영국인에 속해 있지만,
> 우리는 꿈의 왕국에서
> 확실한 통치권을 가지고 있다.
> 우리는 여기서 지배권을 행사하며
> 우리는 여기서 갈라지지 않는다;
> 다른 민족들이 하찮은 대지 위에서
> 뿌리를 내릴 때.[61]

독일인들은 지나친 자신감을 갖고서 이러한 꿈의 왕국, 즉 '인간의 본질'이라는 왕국이 세계사 전체의 완성과 목적이라고 주장하면서 다른 민족들과 비교하고, 그들은 모든 영역에서 자신들의 일장춘몽을 다른 민족의 행위에 대한 최후의 심판으로 간주하고 있다. 왜냐하면 자신들이야말로 도처에서 단지 방관과 묵인만으로 전 세계를 심판하고, 역사 전체가 독일의 궁극적 목적을 달성해 주리라 믿고 있기 때문이다. 우리는 이러한 과장되고 과도한 민족적 자존심이 소심하고 인색하며 천박한 실천 전체와 일치한다는 것을 이미 여러 번 보아 왔다. 민족적 편협성이 도처에서 거부된다면, 독일에서는 그것이 메스꺼운 것으로 되었다는 증거이다. 왜냐하면 그것이 여기에는 환상을 통해 민족성과 모든 현실적 이해를 초월해 있으며, 그것에 민족이 대비되어 있고, 자신들의 민족적 편협성과 자신들이 의거하고 있는 현실적 이해는 종종 평형을 이루기 때문이다. 아무튼 민족에 대한 고집은 모든 민족들 가운데 단지 부르주아와 그들의 저술가에게서만 찾아볼 수 있을 따름이다.

## B. "사회주의의 초석"[62]
### 《라인연보》, 155쪽 이하

다음의 논문에서 독자에게는 우선 하나의 순수문학적인 서시序詩를 통해 진정 사회주의의 더욱 무거운schweren*[ ] 진리가 마련된다. 서시는

---

* MEGA: schweren —편집자.

그리하여 행복을 지난 수천 년간 기울여 온 "모든 노력의, 모든 운동의, 무겁고 지칠 줄 모르는 노고의 궁극 목적"으로 확인하면서 출발하고 있다. 우리는 다음과 같이 짧은 문장 속에서 이른바 행복 추구의 역사를 보게 된다.

"낡은 세계의 건물이 허물어져 폐허가 되었을 때, 인간의 마음은 자신의 소망을 이용해 피안 너머로 도주했다. 인간의 마음은 그곳에다 자신의 행복을 맡겨 버렸다."(156쪽)

그리하여 세속적 세계의 모든 곤경들이 생겨난다. 최근에 인간은 피안에 작별을 고했으며, 우리의 진정 사회주의자는 이제 이렇게 묻고 있다.

"그는 지상을 자신의 행복을 기약할 수 있는 **땅**으로 반길 수 있겠는가? 그가 지상을 자신의 본원적 고향으로 **인식했는가**? 그렇다면 그는 왜 끊임없이 삶과 행복을 분리시키고, 또 세속적 삶 그 자체를 두 개의 적대적인 절반Hälften으로 분열시키는 최후의 장벽을 아직도 허물지 않는가?"(156쪽)

"하늘이 내려준 내 감정의 땅" 등등
그는 이제 '인간'으로의 산책에 초대하는 일을, 즉 '인간'이 기꺼이 받아들이는 초대를 허용한다. '인간'은 '자유로운 자연'의 영역 속으로 들어가 다음과 같이 진정 사회주의자들이 흥금을 토로하도록 해 준다.

"1. 다채로운 꽃들…… 고귀하고 자랑스러운 참나무…… 그 성장과 만

발, 생명은 곧 자신의 해방, 자신의 행복이다…… 초원을 누비는 헤아릴 수 없이 많은 작은 동물들의 무리…… 숲새…… 혈기왕성한 말의 무리…… 나는 다음을 알고 있다('인간'이 말하고 있다). 즉 이러한 동물들은 다른 행복이 결코 그들을 위해 자신들 생명의 발현과 향유 속에 놓여 있는 것으로 알고 있지도, 욕구하지도 않는다. 밤이 깔리면 내 눈은 무한한 공간 속에서 영원한 법칙에 따라 순환하면서 에워싸는 셀 수 없는 세계의 무리를 맞이한다. 이러한 원환圓環, schwingungen 속에서 나는 생명, 운동, 행복의 통일을 볼 수 있다."(157쪽)

'인간'은 자연 속에서 다른 사물의 무리를, 예컨대 식물과 동물 사이의 치열한 경쟁을 볼 수 있다. 예를 들어 인간은 식물의 왕국에서, '고귀하고 위풍당당한 참나무숲'에서 이렇듯 고귀하고 위풍당당한 자본가들이 작은 수풀의 생존수단을 어떻게 침해하는지 알 수 있는데, 이 작은 덤불숲은 이렇게 외칠 수도 있을 것이다. "우리는 땅, 물, 공기 및 불로부터 배척당하고 있다terra, aqua, aere et igni interdicti sumus." 그는 기생식물들을, 즉 식물계Vegetation의 이데올로그들을 볼 수 있으며, 더 나아가 '숲새'와 '헤아릴 수 없이 많은 작은 동물들의 무리' 사이의, 자신의 초원에서 자라난 풀과 '혈기왕성한 말의 무리' 사이의 공공연한 투쟁도 볼 수 있다. 인간은 셀 수 없이 많은 세계들의 집단인 우주에서도 소작농과 영지를 갖춘 봉건군주제를 볼 수 있으니, 이 소작농들 가운데서 몇몇은, 예를 들면 달은 매우 가련한 존재를 연명하면서도 물과 공기로부터 차단당하고 있으며, 다시 말해서 이 우주의 봉건제에서는 고향을 잃은 방랑자인 혜성이 하나의 조직을 유지하고 있으며, 때때로 산산조각 난 소유성이 등장해서 심기를 불편하게 만든다. 하지만 이미 몰락한 천사인 운석meteorsteine 같은 경우에는 수줍어하면서 "무한한 공간"으로 미끄러져 들어와 어디선가 초라한 거처를 마련한다. 그리고 나서 인간은 더 나아가 반동적인 붙박이별(항성)에 도달하게 될 것이다.

> "이 모든 본질은 그들이 자연으로부터 받은 자신의 모든 생활능력의 행사와 표명 속에서 자신의 행복, 즉 자신의 생명의 충족과 향유를 발견한다."

다시 말해 '인간'은 자연물 상호 간의 작용 속에서, 자연물이 지닌 위력의 표명 속에서 이러한 자연물이 자신의 행복 등을 발견한다는 사실을 알게 된다.

'인간'은 이제 자신의 일치로 인해 우리의 진정 사회주의자들의 비난을 받게 되었다.

> "인간은 다른 모든 것과 마찬가지로 근원 세계, 자연의 피조물로부터 유래하지 않았는가? 인간은 **만물**에 생명을 부여하고, 보편적 위력과 성질을 부여하는 동일한 소재Stoff로부터 형성되지 않았단 말인가? 왜 인간은 지상에서의 행복을 자꾸 피안에서 구하려 하는가?(158쪽)

인간이 **만물**과 함께 공유하고 있는 **동일한** 보편적 에너지와 속성은 바로 모든 물리학 교과서의 첫 장에 자세히 적혀 있는 응집, 비투과성, 용적, 무게 등이다. 그러나 거기에서는 왜 인간이 자신의 행복을 하나의 세속적 피안 속에서 찾아서는 안 되는가에 대한 이유를 전혀 엿볼 수 없다. 그럼에도 이 진정 사회주의자는 인간에게 이렇게 경고한다.

"들에 피어 있는 백합꽃이 어떻게 염소에 의해 먹혀 버리고 인간에 의해 단춧구멍 속에 꽃히게 되는지, 어떻게 가축을 돌보는 하녀와 나귀몰이꾼이 벌이는 음탕한 사랑의 애무를 묶어 내는지 바라보라!"

"들에 피어 있는 백합꽃을 바라보라. 백합꽃은 **일**을 하지 않으며 **생각**하지도 않는다. 그렇지만 우리 하느님 아버지께서 그 꽃을 가꾸신다."[*]

그곳에 가서 그와 같은 일을 해 보아라!
'인간'과 '만물'의 통일을 알아보았으니 이제 우리는 인간과 '만물'의 **차이**를 알아보자.

"그러나 인간은 **자신을 인식**하고 **자기 자신의 의식**을 소유하고 있다. 다른 본질 속에서 자연의 본능Griebe과 위력Krafte이 개별적으로 그리고 무의식적으로 현상하는 반면에 이 자연의 본능과 위력은 인간 속에서 통일되며 그 속에서 의식에 도달한다.…… 인간의 본성Natur은 인간 속에서 **자신을 인식**하는 자연 전체의 거울이다. 좋다! 자연은 나 자신 속에서 자신을 인식하고, 나는 자연 속에서 나 자신을, 자연의 생명 속에서 나 자신의 생명을 인

---

[*] 마태복음 6 : 26-28 을 참조할 것 —편집자.

식한다.…… 이렇게 해서 우리는 자연이 우리에게 불어넣어 주었던 생생한 표현을 자신에게 부여한다."(158쪽)

이러한 서론 전체는 유치한 철학적 신비화의 본보기이다. 진정 사회주의자는 생명과 행복의 분열이 멈춰야만 한다는 사상에서부터 출발한다. 이러한 문장을 증명해 줄 구실거리를 찾아내기 위해 그는 자연을 조력자로 삼아, 자연 속에는 이러한 분열이 존재하지 않는다는 것을 꾸며 대고 있다. 그럼으로써 인간도 역시 자연물이며 물체의 보편적 성질을 소유하고 있기 때문에, 이러한 분열 역시 인간에게는 존재해서는 안 된다는 것을 증명하고 있다. 홉스는 무척이나 정당하게도 자신의 '만인의 만인에 대한 투쟁bellum omnium contra omnes'을 자연에 호소함으로써 입증하였다. 그리고—우리의 진정 사회주의자들이 그의 체계에 의존하고 있는—헤겔은 자연에서의 절대이념의 분열과 불규칙한 주기Periode를 고찰함으로써 동물을 심지어 신의 구체적 불안이라고 부르기조차 했다. 우리의 진정 사회주의자는 자연을 그런 식으로 신비화한 다음 의식을 신비화된 자연의 '거울'로 간주함으로써 인간의 의식을 신비화한다. 물론 의식의 발현을 인간적 관계에 대한 하나의 경건한 소원의 정신적 표현이라 할 수 있는 **자연**의 탓으로 돌리자마자, 의식은 단지 자연 그 자체를 주시하는 거울에 불과하다는 사실이 명백히 드러난다. 위에서는 단순한 자연물로서의 인간의 특질을 언급함으로써 이미 입증되었듯이, 여기서는 자연을 의식으로 이끄는 단순한 수동적 거울로서의 인간의 특질을 언급함으로써 다음과 같은 사실이 입증된다. 즉 '인간'은 자연 속에서는 존재하지 않는다고 가정된 분열을 또한 자신의 영역에서 지양해야 한다는 것이 바로 그것이다. 그렇지만 우리는 이러한 논쟁의 전반적인 난센스가 망라되어 있는 마지막 문장을 좀 더 자세히 살펴보자.

인간이 자기의식을 소유한다는 것은 이미 언급되었던 최초의 사실이다. 개별적 자연존재의 본능과 위력은 '자연'의 본능과 위력으로 전화한다. 그렇게 되면 자연은 당연히 이러한 개별적 본질 **속에서 개별화되어** '현상에 이른다.' 이러한 신비화는 나중에 이러한 자연의 본능과 위력의 통일을 인간적 의식 속에서 발생시키기 위해서 필요한 작업이었다. 그리하여 인간의 자기의식은 또한 말할 나위 없이 자신 속에서 자연의 자기의식으로 전화한다. 이러한 신비화는 인간이 자연의 보상을 받음으로써, 그리고 자연이 인간 속에서 **자신**의 자기의식을 발견함으로써 다시 가상적으로 해소된다. 그는 이제 자연 속에서 자신의 것을 찾고 있다—이는 그가 위에서 묘사된 신비화를 통해 자연의 탓으로 돌리는 것 이외에 자연 속에서 아무것도 발견하지 못하게 되는 하나의 과정이다.

그리하여 그는 이제 다행스럽게도 자신이 처음에 출발했던 곳으로 되돌아가고 있다. 이렇게 뒤꿈치로 한 바퀴 도는 것을 사람들은 독일에서 요즈음…… **발전**이라 부르고 있다.

이러한 서론 뒤에 진정 사회주의에 대한 진정한 설명이 등장한다.

### 제1초석

"생 시몽은 자신의 임종 때 제자들에게 이렇게 말했다. '나의 전 생애는

하나의 사상으로 망라된다. 만인들이 자신의 본래적 자질natürlichen Anlagen
을 가장 자유롭게 발전시킬 수 있도록 보증하라.' 생 시몽은 사회주의의 예
언자였다."(160쪽)

이 문장은 이제 앞에서 묘사된 진정 사회주의자들의 방식에 따라
다루어지고 서론에서 보았던 자연의 신비화와 연결된다.

"모든 생명의 근거로서의 자연은 자기 자신으로부터 유래하고, 자기 자
신으로 귀환하는 통일이다. 이것은 그 현상들의 셀 수 없이 많은 다면성
Mannigfaltigkeiten을 망라하고 있으며, 그 외부에는 무無가 존재한다."(158쪽)

우리는 사람들이 어떻게 해서 다양한 자연물과 그 상호관계를 이러
한 신비적 '통일'의 비밀스러운 본질이라는 다면적 '현상'으로 전화시
키는지를 지켜보았다. 이 문장에서는 자연이 처음에는 모든 생명의 **바
탕**Grundlage으로 불리고, 즉시 다음에는 '그 외부에 무가 존재한다'고 알
려졌다―이렇게 볼 때 자연은 '생명'을 포괄하며 따라서 단순한 생명
의 **바탕**일 수는 없다는 것만이 새로운 것이다.
　　이렇듯 허황된 말을 늘어놓은 뒤 논문 전체의 축Pivot*은 다음과 같
이 이어진다.

---

\* 독일어로는 Angelpunkt(요점)로 표기된다―옮긴이.

"이러한 각 현상들, 각 **개별 생명**Einzellebens은 외부 세계와의 **대립, 투쟁**을 통해서만 존재하고 발전하며, 전체 생명Gesamtleben과의 **상호작용**에 기반을 두고 있고, 전체 생명과 더불어 그것은 다시 자신의 본성을 통해 하나의 전체, 즉 **우주의 유기적 통일**Zur organischen Einheit des Universums과 결합한다."(158~159쪽)

이러한 축이 되는 문장은 다음과 같이 좀 더 자세하게 설명된다.

"한편으로는 개별 생명이 자신의 정초, 자신의 원천 및 자양분을 전체 생명에서 발견하며, 다른 한편으로는 전체 생명과 끊임없는 투쟁을 통해 개별 생명을 쇠약하게 만들어 자신 속에서 해소시키려 한다."(159쪽)

이 문장이 **모든** 개별 생명에 대해 적용되기 때문에 '따라서' 인간에게도 적용될 수 있다. 이는 실제 다음과 같이 적용된다.

"따라서 인간은 단지 전체 생명 속에서, 그리고 전체 생명을 통해서 전개될 수 있다."(No. I, 같은 쪽)

이제 무의식적인 개별 생명에 대해 의식적인 개별 생명이, 그리고 보편적 자연생명에 대해서는 인간 사회가 대치되며, 마지막으로 인용된 문장이 다음과 같은 형태로 반복된다.

"나는 나의 본성에 따라 단지 다른 인간과 함께 공동체 속에서, 그리고 공동체를 통해서, 발전에, 즉 내 생명의 자기 의식적 향유에 이를 수 있으며, 부분적으로는 나의 행복도 향유할 수 있다."(No. II, 같은 쪽)

사회에서의 개별적 인간의 이러한 발전은 이제 위에서 다루어진 '개별 생명' 일반과 같은 방식으로 논의된다.

"개별자와 보편적 생명의 대립은 또한 사회에서도 의식적 인간의 발전에 대한 조건이 된다. 나는 나에게 억제력으로 대립해 있는 사회와의 끊임없는 투쟁 속에서, 끊임없는 반작용 속에서 나 자신을 자기규정으로, 즉 자유로 발전시키며, 이것이 없이는 행복은 있을 수 없다. 나의 생명은 지속적인 해방 과정이며 의식적·무의식적 외부 세계를 나에게 종속시키고 나의 생명의 향유로 사용하기 위한 그 외부세계에 대해 벌이는 지속적 투쟁이자 승리이다. 자기보존의 본능, 자신의 행복, 자유, 충족의 추구는 그래서 자연스러운, 즉 이성적인 생명의 표명이다."(같은 쪽)

다음과 같이 계속된다.

"**그에 따라** 나는 사회가 나에게 나의 충족과 나의 행복을 쟁취할 **수 있도록** 용인해 줄 것을 요구하며, 사회가 나의 투쟁욕을 불태울 수 있는 전장을 열어 줄 것을 기대한다. 즉 사회 안에서 살아가는 개별 식물이 성장하기 위해, 다시 말해 잎과 꽃이 피고 열매를 맺기 위해 흙, 온기, 태양, 공기 및 비를 기대하듯이, 사회 안에서 살아가는 인간은 자신의 모든 욕구, 성향과 자질과 전면적 형성과 충족을 위한 **조건**을 찾기를 **원한다**. 사회는 인간에게 행복 성취의 가능성을 제공해야만 한다. 인간이 사회를 어떻게 이용하고, 인간이 자신으로부터 또 자신의 생명으로부터 무엇을 이루어 낼 것인가 하는 것은 인간에게, 즉 인간의 고유성Eigenheit에 달려 있다. 나의 행복에 관해서는 나 이외의 그 누구도 결정할 수 없다."(159~160쪽)

이제 우리가 제1초석의 처음에 인용했던 생 시몽의 문장이 논평 전체의 결론으로 도출된다. 프랑스의 착상이 이렇게 독일 과학을 통해 성립되었다. 이러한 성립은 무엇을 기초로 하는가?

자연에는 진정 사회주의자가 인간적 사회에서 실현되기를 바라는 위에서의 몇몇 이념들이 이미 삽입된 상태였다. 예전에 개별적 인간이 그러했듯이, 이제는 사회 전체가 자연의 거울이 된다. 자연에 삽입되었던 표상을 통해서 이제는 다음과 같은 결론이 인간적 사회에 내려질 수 있다. 왜냐하면 저자는 사회의 역사적 발전을 무시하고 이러한 애매한 유추에 근거하기 때문이며, 그리고 왜 사회가 어느 시기에서나 자연의 충실한 모형이 아니었는가 하는 사실을 이해할 수가 없기 때문이다. 억제력으로서 개별자에 맞서고 있는 따위의 사회에 대한 문구는 따라서 모든 사회형태에도 들어맞는 말이다. 사회를 이런 식으로 구성한다고 할 때 몇몇 일관성이 결여된 점들이 섞여 있다는 것은 당연한 일이다. 그래서 여기 서론의 조화와는 달리 자연에서의 하나의 **투쟁**이 승인되어야만 한다. 우리의 저자는 사회를, 즉 '전체 생명'을 사회를 구성하는 개별 생명의 상호작용으로 파악하지 않고 하나의 고유한 존재로서, 더욱이 이러한 '개별 생명'과는 분리된 상호작용으로서 파악하고 있다. 여기에 어떤 관계가 현실적 상태에 근거를 두고 있다면, 그것은 사생활에 대립하는 국가의 자립성에 대한 환상이며, 어떤 절대자에 대한 믿음으로서의 이러한 가상적 자립성 scheinbare Selbständigkeit에 대한 믿음이다. 그러나 사실상 자연과 사회가 여기서나 논문 전체에서나 전혀 다루어지지 않고 있다. 오히려 단순히 개별성과 보편성이라는 두 범주가 다루어지고 있으며, 그에 대해 다양한 이름이 붙여지고 그것들이 대립을 형성하지만 그 화해가 가장 바람직하다고 언급된다.

'전체 생명'에 대해 '개별 생명'을 대립시키는 것을 정당화함으로써 욕구의 충족, 자질의 발전, 자기애 등이 '자연스럽고 이성적인 삶의 표명'이라는 사실이 도출된다. 그리고 사회를 자연의 거울상Spiegelbild으로 파악함으로써 현재의 사회를 포함한 지금까지의 모든 사회형태에서 이 삶의 표명은 완전한 발전에 이르게 되며, 또한 그 정당성이 인정된다는 사실도 도출된다.

그러다가 우리는 159쪽에서는 갑자기 "우리의 오늘날 사회에서는" 이 이성적이고 자연적인 삶의 표명이 "그토록 자주 억압당하고" "그렇게 됨으로써 비자연, 왜곡된 형태, 이기주의, 질곡 등으로 변질되었다"라는 문구를 보게 된다.

그럼에도 사회란 자연 그리고 그것의 원형에 반드시 일치하지는 않기 때문에 진정 사회주의자들이 사회로부터 요구하는 것은 사회는 자연에 맞추어 건설되어야 한다는 것이며, 그들은 이러한 요청이 정당하다는 것을 식물에 대한 불행한 예로부터 증명해 내고 있다. 우선 식물이 자연으로부터 위에서 열거한 생존 조건들을 "요구하지 않으면" 그것은 결코 식물로 되지 않으며, 식물이 그 조건들을 발견하지 못하면 씨로 남는다. 그러고 나서 '잎, 꽃 그리고 열매'의 상태는 식물이 성장하는 '토양', '온도' 등등에, 즉 기후 상태, 지질학적 상태에 의존한다. 식물에 전가시킨 '요구한다'라는 말도 또한 현실적 생존 조건에 완전히 의존하는 가운데 해소된다. 반면에 우리의 진정 사회주의자들은 자신들의 개별적 '고유성'에 따라서 사회를 건립하고자 하는 요구가 정당하다고 한다. 진정 사회주의적 사회에 대한 요구는 자신에게 북극에서 '땅, 온기, 태양, 공기 및 비'를 창출해 줄 것을 요구하는 코코아 야자수의 '전체 생명'에 대한 상상 속의 요청에 기초를 두고 있다.

현실적 사회의 발전으로부터가 아니라 소위 형이상학적 인간의 개별성과 보편성의 관계로부터 사회에 대한 개별자의 그와 같은 요구가 연역된다. 이를 위해서는 단지 각각의 개인을 개별성의 대표자로, 즉 개별성의 체현으로서, 그리고 사회를 보편성의 체현으로 해석하기만 하면 되며, 이로써 전체 예술작품이 완성되는 것이다. 이를 통해 동시에 자유로운 재능의 발전에 관한 생 시몽주의자의 진술이 올바로 표현되고 또 진정한 토대 위에 자리 잡게 된다. 즉 사회를 형성하는 개체들이 자신의 '고유성Eigenheit'을 그대로 보존하면서, 다시 말해 개인들이 지금 있는 그대로 머무르기를 원하면서 오로지 자신의 **고유한** 변혁에서만 유래할 수 있는 변혁을 사회에 요구한다는 허황된 생각이 바로 이 생 시몽주의자의 진술에 대한 정확한 표현이다.


### 제2초석


"그리고 그 노래를 계속 부르지 못하겠거든,

처음부터 다시 시작하라."[63]

"모든 개별적 존재와 그 무한한 다양성을 통일로서 총괄하는 것, 이것이 바로 세계 유기체이다."(160쪽)

그래서 우리는 그 논문의 처음으로 되돌아가게 되었으며, 한 번 더 개별 생명과 전체 생명이라는 완전한 희극을 체험하게 된다. '양극의 관계polares Verhältnis'라는 새로운 표현을 통해, 그리고 개별 생명이 단지 전체 생명의 상징이니 모형이니 하는 것으로의 진화를 통해 새롭게 정돈restauré à neuf됨으로써, 두 생명의 상호작용이라는 심오한 비밀이 우리 앞에 다시금 드러난다. 이 논문은 요지경처럼 자기 자신을 반영하고 있으며, 또 모든 진정 사회주의자들에게 공통적인 설명방식을 반영하고 있다. 이 진정 사회주의자들은, 올바른 경제원칙에 따라 원가보다 싸게 팔아 치우는 벚나무 열매를 따는 부인네들처럼, 자신들의 진술을 통해 이와 똑같은 짓을 하고 있다. 즉 대중은 그렇게 해야만 한다는 것이다. 진정 사회주의의 경우에 이것은 벚나무 열매가 익기도 전에 상해 버릴수록, 더욱 더 필연적이다.

이러한 자기 반영에 관한 몇 가지 검증:

| 초석 No. I, 158~159쪽 | 초석 No. II, 160~161쪽 |
|---|---|
| "각 개별 생명은 단지 자신의 대립을 통해서만 존립하고 발전하며…… 오 | "각 개별 생명은 전체 생명 속에서 그리고 전체 생명을 통해서 존립하며 |

로지 전체 생명과의 상호작용에만 그 기초를 두고 있다."

**발전한다**. 전체 생명은 오로지 개별 생명 속에서 그리고 개별 생명을 통해 존립하며 발전한다."(상호작용)

그것(개별 생명 ― 옮긴이)은 전체에 대한 자신의 본성을 통해 하나의 **전체**Ganzen와 다시 결합된다.

"개별 생명은…… 보편적 생명의 **부분**Teil으로서 발전한다.

세계의 유기적 통일

세계의 유기체는 통일로 총괄된다.

개별 생명은 한편으로는 자신의 **정초**, 원천 및 **자양분**을 발견한다.

그것 "(전체 생명)"은 자신의 "(개별 생명의)" 발육의 밑거름이 되는 **흙**이자 **자양분**이며…… 상호 대립적으로 자신을 …… 기초 짓는다.

전체 생명은 다른 한편으로는 끊임없는 투쟁 속에서 개별 생명을 쇠약하게 만든다.

서로 투쟁하면서 적대적으로 대립한다.

**그에 따라**(159쪽):

**그로부터 나온다.**(161쪽)

무의식적 개별 생명에 대한 무의식적, 보편적 생명의 관계는 **의식적**

또한 **의식적** 개별 생명도 의식적 전체 생명을 통해서, 그리고…… (그

…… 생명에 대한 인간 사회의 관계와 같다.

역으로) 조건이 주어진다는 것

나는 다른 인간들과 함께 단지 **공동체 속에서**, 그리고 **공동체를 통해** 발전할 수 있다…… **개별적 생명**과 **보편적 생명**의 대립도 또한 사회 속에서 그렇게 된다.

개별적 인간은 단지 사회 속에서 그리고 사회를 통하여 발전한다. 사회는 "그 역으로vice versa" 발전한다.

"자연은…… 하나의…… **통일**이며 헤아릴 수 없이 많은 현상들의 **다양성**을 모두 **총괄한다**."

"사회는 개별적 인간의 생명발전의 **다양성**을 자신 속에서 파악하고 **총괄하는 통일**이다."

　우리의 저자는 이러한 요지경에 만족하지 못하여 또한 다른 방법으로도 자신의 개별성과 보편성에 대한 단순한 논술을 반복한다. 그는 먼저 이러한 몇몇의 애매한 추상을 절대적 원리로 내세우고, 현실 속에서 그와 동일한 관계가 되돌아와야 한다는 추론을 끌어낸다. 이렇게 함으로써 이미 연역의 가상 아래서 모든 것을 추상적 형태로, 그래서 결론으로서 외견상 구체적인 형태로 두 번 언급할 기회를 갖게 된다. 하지만 그런 후 그는 자신의 범주 양자에 붙인 구체적인 이름, 즉 무의식적 전체 생명, 의식적 전체 생명, 보편적 생명, 세계 유기체, 총괄하는 통일, 인간적 사회, 공동체, 우주의 유기적 통일, 보편적 행복, 전체의 복지 등 일련의 명칭으로 등장하고, 개별성은 그에 조응하는 이름으로, 즉 무의식적·의식적 개별 생명, 개별 생명의 행복, 고유한 복지라는 이름으로 등장한다. 우리는 이러한 각각의 이름과의 연관 속에서 개별성과 보편성에 관해 이미 충분히 언급했던 똑같은 문구를 다시 듣게 되는 셈이다.

그러므로 제2초석은 제1초석이 이미 포함하고 있는 것 이외에 아무 것도 담지 못하고 있다. 그러나 프랑스의 사회주의자들에게는 평등, 단결, 이행의 통일égalit, solidarité, unité des intérêts이라는 단어가 있었기 때문에 우리의 저자께서는 그 단어들을 독일어화시켜 진정 사회주의의 '초석'으로 삼으려고 한다.

> "나는 의식적 사회의 구성원으로서 다른 구성원 각자를 나와는 다른, 나와 대립해 있는, 그러나 동시에 다시 공동체적 존재 근원에 기초하며 그로부터 출발하는, 나와 동일한 본질로 인식한다. 나는 함께 살아 나가는 인간들 각자를 자신의 특수한 본성을 통해서는 나와 대립하고, 자신의 보편적 본성을 통해서는 나와 동일한 것으로 인식한다. 인간적 평등, 삶에 대한 만인의 권리, 정당화의 승인은 **따라서** 공동체적, 모든 공동의 인간적 본성의 의식에 기초한다. 사랑, 우정, 정의 및 모든 사회적 덕목은 마찬가지로 자연스러운 인간적 공동귀속성Zusammengehörigkeit과 통일의 감정에 기초한다. 사람들은 그것들을 지금까지 의무로 지칭·부과했으므로 외적 강제가 아닌 내적 인간적 본성의 **의식**, 즉 이성에 근거를 둔 하나의 사회에서는 그것들이 자유롭고 자연스러운 생명의 발로가 될 것이다. 따라서 자연적, 즉 이성적 사회에서 삶의 조건은 모든 구성원들에게 동일한, 즉 보편적인 것이어야만 한다."(161~162쪽)

저자는 우선 하나의 문장을 확언적으로 제기하고는 그 문장을 따라서daher, 그럼에도 불구하고dennoch 등의 단어를 통해 문장 자체의 귀결로서 정당화시키는 뛰어난 재능을 지니고 있다. 그는 이러한 주목할 만한 종류의 연역 한가운데로 '하였다Hat', '이다Ist', '그래서 …… 해야만 한다so Müssen', '그래서…… 된다so wird' 등의 단어를 사용함으로써, 케케묵은 사회주의적 문장을 자연스럽게 이야기하듯 밀수입하는 일에 도사가 되어 버렸다.

우리는 제1초석에서 한 측면으로 개별자를, 다른 측면으로 개별자에 반反하는 사회로서의 보편자를 보았다. 여기서 그 대립은 또 다른 형태로 자기 자신 속에서 하나의 특수한 본성과 하나의 보편적 본성으로 분열되어 가는 형태로 재등장한다. 그런 후 (개별자의—옮긴이) 본성으로부터 '인간적 평등'과 공동체적 성격이 추론된다. 그래서 인간의 공동체적 관계는 여기에서 '인간 본질'의 산물로, '본성'의 산물로 나타난다. 반면에 그것은 평등의식과 마찬가지로 역사적 산물이기도 하다. 저자는 여기에 만족하지 않고 '존재의 공동체적 근원'에 전면적으로 기초를 둠으로써 평등을 창출해 낸다. 우리는 158쪽의 서론에서 인간이란 "만물에 생명을 부여하는 보편적 위력과 성질을 가지고 있으며, 모든 것과 동일한 재료로 형성된다"라는 것을 알았다. 우리는 제1초석에서 자연이 '모든 생명의 토대'이며 그래서 '존재의 공동체적 근원'이라는 것을 알았다. 저자는 '의식적 사회의 구성원으로서' 인간 상호 간의 인간 평등뿐만 아니라, 벼룩, 짚으로 만든 빗자루, 돌과의 평등마저도 입증함으로써 프랑스 인을 훨씬 능가하고 있다.

우리는 우리의 진정 사회주의자들의 '모든 사회적 덕목'이 자연스러운 인간적 공동귀속성과 통일의 감정에 — 또한 봉건성, 노예제도 및 모든 시대의 모든 사회적 불평등이 이러한 '공동귀속성'에 그 기초를 두고 있음에도 불구하고 — 기초를 둔다는 것을 기꺼이 믿고자 한다. 이에 덧붙여 주목할 점은 이러한 '자연스러운 인간적 공동귀속성'이 인간의 손에 의해 끊임없이 변화되는 역사적 산물이라는 사실이다. 이것은 지금까지 계속해서 매우 자연스러운 것으로 보였지만, '인간'의 심판석뿐만 아니라, 앞으로 나타나게 될 혁명적 세대의 눈에도 아주 비인간적이고 부당한 것으로 보일지도 모른다.

우리는 우연히 지금의 사회가 '외적 강제에auf äußerm Zwang' 기초를 두고 있음을 알게 되었다. '외적 강제'를 통해서는 진정 사회주의자들이 주어진 개인의 제한된 물질적 생활 조건을 이해하지는 못한다. 그들은 단지 **국가의 강제**, 총칼, 경찰, 그리고 더 나아가 그것이 사회의 기초라는 사실과는 무관하게 국가 자신의 분절의 한 귀결에 불과한 규준만을 볼 따름이다. 이것은 이미 『신성가족』에서 설명되었으며, 지금 또다시 이 책의 제1권에서도 설명되었다.

사회주의자는 현재의 '외적 강제에 기초를 둔' 사회에, '인간의 **내적 본성**의 의식, 즉 이성'에 기초를 둔 진정한 사회를 대치시킨다. 따라서 진정한 사회란 의식의 의식에, 사유의 사유에 기초를 둔다. 진정 사회주의자는 표현을 사용하는 데서도 철학자와 한 번도 구별되지 않는다. 그는 인간의 '내적 본성' 및 인간의 의식, 즉 인간의 '이성'이 모든 시대에 걸쳐 하나의 역사적 산물이었다는 사실을 잊고 있으며, 그가 의미하는 인간 사회도 '외적 강제'에 기초를 두고, 인간의 '내적 본성'이 바로 이 '외적 강제'에 조응한다는 사실을 잊고 있다.

163쪽에서는 개별성과 보편성이 항상 따라다니는 수행원으로서, 개별적 복지와 전체 복지의 형상으로서 나타난다. 양자의 관계에 대한 이와 비슷한 설명은 경쟁을 벌이고 있는 모든 국민경제학 소책자들에서 찾아볼 수 있으며, 또 헤겔에게서 더욱 잘 드러나 있다.

실례.《라인연보》, 163쪽

"나는 전체 복지를 장려함으로써 나 자신의 복지를 장려하며, 나 자신의 복지를 장려함으로써 전체 복지를 장려한다."

헤겔의 『법철학Rechtsphilosophie』(1833), 248쪽

"나는 나의 목적을 촉진시켜 보편자를 장려하며, 이는 다시 나의 목적을 촉진시킨다."

또한 『법철학』 323쪽 이하 공민Staatsbürger과 국가의 관계를 참조하라.

따라서 최후의 결과로서 의식적 개별 생명의 전체 생명과의 통일, 즉 조화가 발생한다.(《라인연보》, 163쪽)

즉 다음과 같은 사실이 '최후의 결과로서' 나온다는 것이다.

"개별 생명과 보편 생명 사이의 극단적 관계는, 어떤 때는 양자가 서로

헤셀의 『법철학강요(Grun-dlinien der Philosophiedes Rechts)』(1821) 의 표지.

투쟁하고 적대적으로 대립하고, 또 어떤 때는 양자가 상호 조건을 지우며 기초를 지우는 식으로 성립된다."

헤겔은 현실의 인간과 사회공동체 속에서 움직이는 이성이 스스로 발전해 실정화됨으로써 법적인 존재 형식을 가지고 효력을 발휘한다고 보았다. 그가 본 국가는 인간 이성이 절대화된 상태이고 절대정신이 획득된 상태이다. 결국 이성은 국가를 통해 현실과 화해하고 조화되어 보편화되고 절대정신을 얻게 된다고 주장했다.

이렇듯 '최후의 결과로서'는 기껏해야 부조화와 조화의 조화로 귀결되며, 그 친숙한 문구의 전반적인 재반복으로부터 다음과 같은 저자의 헛된 믿음이 생긴다. 즉 개별자와 보편자라는 범주를 계속 다루어 왔던 그의 노고야말로 사회적 문제를 해결하는 진정한 형식이라는 저자의 헛된 믿음을 만들어 낸 것이다.

저자는 다음과 같이 나발을 불면서 끝을 맺는다.

"유기적 사회는 보편적 평등을 그 근거로 삼으며, 개별자와 보편자의 대립을 통해 자유로운 일치Einklang로, 개별적 행복과 보편적 행복의 통일로, '사회의gesellschaftlichen'(!!), 사회적sozialen(!) 조화, 즉 보편적Universellen 조화의 반영상으로 발전한다."(164쪽)

겸손한 자만이 이 문장을 하나의 '초석'이라 부를 수 있다. 이 초석은 진정 사회주의의 완전한 원석Urfels이다.

### 제3초석

"인간과 자연의 투쟁은 나의 특수한 삶과 자연의 보편적 생명의 극단적 대립 및 상호작용에 기초를 둔다. 이러한 투쟁이 의식적 활동으로서 나타날 경우, 우리는 그것을 **노동**이라 부른다."(164쪽)

거꾸로 '양극의 대립'에 대한 표상이 인간과 자연의 투쟁에 대한 고찰에 기초를 두어야 하지 않는가? 우선 한 가지 사실로부터 하나의 추상이 만들어진다. 그리고 나서 이 사실이 바로 이 추상에 기초를 두고 있다고 선언한다. 이렇듯 가장 널리 유포된 저질의 방식이 독일식의 심오하고 사변적인 것으로 나타난다.

〈실례〉

**사실**Faktum: 고양이가 쥐를 잡아먹는다.

**반성**Reflexion: 자연, 쥐 ─ 자연, 고양이에 의한 쥐의 소모=자연에 의한 자연의 소모=자연의 자기 소모.

**사실의 철학적 서술**: 쥐가 고양이에게 잡아먹힌다는 것은 자연의 자기 소모에 기초를 두고 있다.

그리하여 인간과 자연의 투쟁이 이러한 방식으로 신비화된 후, 자연과 관계된 인간의 의식적 활동은 현실적 투쟁의 단순한 추상에 불과한 **현상**으로 파악됨으로써 신비화되고 만다. 그런 뒤 결국 **노동**이라는 진부한 단어가 이러한 신비화의 결과로서 밀수입된다. 우리의 진정 사회주의자는 이 단어를 맨 처음부터 혀끝에 굴리고 있지만, 적절히 정당화하고 난 후에야 비로소 감히 털어놓는다. 노동은 발전 단계 전체에 적합한 동시에 적합하지 못한 하나의 방식으로 규정된다.

> "**그에 따라** 모든 노동은 인간의 의식적 활동이다. 인간은 그것을 통해 자신의 삶의 의식적 향유를 가져오고 자신의 정신적·육체적 충족을 가져오기 때문에, 정신적·물질적 관계 속에서 자연을 인간의 지배 아래 두려고 애쓴다."(같은 쪽)

그저 우리는 다음과 같이 화려한 결론을 주시해 볼 따름이다.

> "이러한 투쟁이 의식적 활동으로서 나타난다면, 그것은 노동이라 불린다―따라서 모든 노동은 인간의 의식적 활동이다."

이렇듯 심오한 통찰은 '양극의 대립' 덕분이다.

모든 능력의 자유로운 발전libre développement de toutes les facultés에 대한 생 시몽주의적 문장을 기억하기 바란다. 그리고 동시에 푸리에가 오늘날의 거부하고 싶은 노동travail repugnant의 자리에 매력적 노동travail attrayant을 자리매김하려 했음을 기억해 보자. 우리는 아래와 같은 문장의 철학적 근거 제시와 설명에 대해 '양극의 대립'에 감사해야 한다.

"**그러나**(이 '그러나'는 여기서 어떠한 연관도 없음을 의미한다) **생명**은 자신의 위력과 능력의 각 **전개**, 행사 및 발현 속에서 자신의 향유로, 자신의 충족으로 이르러야만 하며, 노동 그 자체는 인간적 기초의 전개Entfaltung와 발전Entwicklung이어야 하며, 향유, 충족 및 행복을 용인**해야만 한다**는 것이 밝혀진다. 노동 그 자체는 **이로써** 하나의 자유로운 생명의 발로가 **되어야만 하고**, 이를 통해 향유**되지 않으면 안 된다**."(같은 쪽)

여기에는 《라인연보》의 서론에서 약속된 것, 말하자면 "지금까지 형성된 독일의 사회과학은 프랑스와 영국의 사회과학과 어느 정도 구별되는가?" "공산주의의 교리를 과학적으로 서술한다"라는 말은 무엇을 뜻하는가가 제시되어 있다.

몇 줄 안 되는 글에서 논리상의 오류를 설명하는 일은 지루하고도 어렵다. 하지만 **형식논리학**에 먼저 메스를 대 보자.

생명의 발로인 노동이 향유를 가져와야 한다는 사실을 입증하기 위해서는 생명이 **각각의** 발현 속에서 향유를 가져와야 한다는 사실이 가정되고, 이로부터 생명 또한 노동으로서의 자신의 발로에서 이 향유를 도출해 내야 한다는 결론이 나온다. 저자는 하나의 요청이 하나의 결론으로 의역되는 이러한 이행에 만족하지 않고 잘못된 결론을 내린다. 생명이 각각의 전개 속에서 향유에 이르러야 한다는 식으로 생명의 전개양상 가운데 하나인 노동이 인간적 기초이자 생명의 '전개와 발전 그 자체'이어야 한다는 논리가 우리의 저자에게서 엿보인다. 따라서 노동은 지금 그대로의 것이어야 한다. 이러니 노동이 어떻게 '인간적 기초의 전개'이지 **않을 수** 있겠는가? 이것으로도 충분하지 않다.

노동은 이것이어야 하기 때문에soll, 노동은 '그로써' 생명이어야만 된다 muß. 그보다는 오히려 다음이 더 나은 편이다. 즉 노동은 '인간적 기초의 전개와 발전이어야 하기' 때문에, 노동은 그로써 완전히 다른 것, 즉 지금까지 전혀 언급조차 되지 않은 '생명의 자유로운 발로'가 되지 않으면 안 된다. 그리고 위에서는 삶의 향유라는 요청으로부터 직접적으로 향유로서의 노동이라는 요청이 귀결되는 반면에, 여기서는 후자의 요청이 '노동에서의 생명의 자유로운 발로'라는 새로운 요청의 귀결로서 서술되고 있다.

이러한 문장들의 내용을 살펴보더라도 왜 노동이 늘 노동이어야 하는 것이 아니었는지를, 왜 노동은 이제 그것이 되지 않으면 안 되는지를, 또는 왜 노동이 지금까지는 되어서는 안 되는 것으로 되어야 하는지를 알 수가 없다. 그러나 여태껏 인간의 본질과, 인간과 자연의 양극의 대립은 발전되지 않았다.

노동 생산물의 공동체적 소유에 관한 공산주의적 문장의 '과학적인 논거'가 뒤이어 제시되고 있다.

> "그러나(이 반복된 '그러나'는 위의 것과 동일한 의미를 지닌다) 노동 생산물은 동시에 개별자, 노동자의 행복과 보편적 행복에 기여하지 않으면 안 된다. 이는 상호작용Gegenseitigkeit을 통해서 모든 사회적 활동의 상호보완 gegenseitige Ergänzung을 통해서 이루어진다."(같은 쪽)

이 문장은 경쟁과 노동 분업을 다루는 모든 경제학에서 사후에 인정받게 되는 내용의 복사판에 불과하며, 이 말이 여기서는 행복이라는 단어에 의해 이리저리 떠다니고 있다.

끝으로 프랑스 노동 조직의 철학적 논증을 살펴보자.

> "즐겁고, 충족을 가져다주며 동시에 보편적 복지에 기여하는 자유로운
> 활동으로서의 노동은 **노동 조직**의 근거이다."(165쪽)

노동은 우선 '즐겁고 자유로운 활동'이어야 하며 그렇지 않으면 안
되지만, 아직은 그렇지 않기 때문에 노동 조직이 **역으로** '즐거운 활동
으로서의 노동'의 근거임을 예상할 수 있다. 그러나 이렇듯 활동으로
서의 노동의 **개념**은 (저자에게는—편집자) 전적으로 충분한 것이다.

저자는 자신의 논문의 결론에서 '결과'에 도달했다고 믿고 있다.

이러한 '초석'과 '결과'는 『21개의 호Einundzwanzig Bogen』, 『시민서
Bürgerbuch』, 『새로운 일화집』[64]에 나오는 그 나머지의 화강암과 함께, **진
정 사회주의**, 일명 **독일 사회철학**이 자신의 교회를 지을 암반을 형성하
고 있다.*

게다가 우리는 이러한 교회에서 불리는 찬송가 몇 곡을, 헤브라이
의 신비로운 우화적 찬가cantique allégorïque et hébraïque mystique 몇 소절을
듣게 된다.

---

\* 『마태복음』제16장 18절을 인용한 것이다—옮긴이.

부록

# I. 포이어바흐에 관한 테제<sup>*</sup>

카를 마르크스

## 1.

이제까지의 모든 유물론(포이어바흐의 것을 포함하여)의 주된 결함은 대상, 현실, 감성이 단지 **객체** 또는 **직관**des Objekts oder der Anschauung의 형식하에서만 파악되고, **감성적인 인간의 활동**, 즉 **실천**menschliche Sinnliche Tätigkeit, Praxis으로서는 파악되지 못했으며, 주체적으로 파악되지 못한 점이다. 따라서 **활동적인**tätige 측면은 유물론과 대립되는 관념론—이것은 물론 현실적인, 감성적인 활동 그 자체를 인식하지 못한다—에 의해 추상적으로 전개되었다. 포이어바흐는 사유 객체로부터 현실적으로 구별되는 감성적 객체를 원했다. 그러나 그는 인간 활동 자체를 **대상적**gegenständliche 활동으로 파악하지 못했다. 따라서 그는 『기독교의 본질』에서 오직 이론적인 태도만을 참된 인간적 태도로 보고, 반면에 실천은 단지 저 불결한 유대적 현상 형태 속에서만 파악하고 고정시켰다. 따라서 그는 '혁명적인', '실천적이고 비판적인' 활동"revoultionären" der "praktisch — Kritischen" Tätigkeit의 의미를 이해하지 못했다.

---

\* Marx/Engels Werke, Bd. 3—편집자.

## 2.

인간의 사유가 대상적 진리를 포착할 수 있는지 여부의 문제는 결코 이론적인 문제가 아니라 **실천적인** 문제이다. 인간은 실천을 통해 진리, 즉 그의 사유의 현실성과 위력 및 현세성Diesseitigkeit을 증명해야만 한다. 사유가 현실적이냐 비현실적이냐에 대한 논쟁은—이 사유가 실천으로부터 유리되어 있다면—순전히 **공리공론적인** 문제에 불과하다.


## 3.

환경과 교육의 산물이 인간이라는, 따라서 변혁된 인간은 또 다른 환경과 변혁된 교육의 산물이라는 유물론적 학설은 인간이 환경을 변혁시킬 뿐만 아니라 교육자 자신도 교육받아야만 한다는 사실을 잊고 있다. 따라서 이 학설은 사회를 두 부분으로 나누게 되는데, 그중 한 부분은 다른 부분보다 더 우월하게 된다(예를 들면 로버트 오웬의 경우).

　환경의 변혁과 인간 활동의 변혁 양자의 일치는 오직 **혁명적 실천으**로만 파악될 수 있으며, 또 합리적으로 이해될 수 있다.


## 4.

포이어바흐는 종교적 자기소외라는 사실, 즉 세계가 종교적, 표상적 세계와 현실적 세계로 이원화되었다는 사실에서 출발한다. 그는 종교적 세계를 그 세속적인 기초 안에서 해소시키는 일에 몰두하고 있다. 그는 이 일이 끝난 뒤에도 중요한 일이 아직 남아 있다는 사실을 깨닫지 못하고 있다. 그런데 세속적 기초가 그 자신으로부터 이탈하여 구름 속에

서 하나의 자립적 영역으로 고착된다는 사실은 이 세속적 기초의 자기
분열 및 자기모순에 의해서만 설명될 수 있다. 따라서 이 세속적 기초
자체는 우선 그 모순 속에서 이해되어야 하며, 다음에는 이 모순을 제거
함으로써 실천적으로 변혁되어야 한다. 따라서 예컨대 지상가족이 신
성가족의 비밀임이 폭로된 이상 이제 지상가족 그 자체가 이론적으로
비판을 받고 실천적으로 변혁되어야만 한다.

## 5.

포이어바흐는 **추상적인 사유**에 만족하지 않고 **감성적 직관**에 호소한다.
하지만 그는 감성을 **실천적인 것**으로, 인간의 감성적 활동으로는 파악
하지 못했다.

## 6.

포이어바흐는 종교의 본질을 **인간의** 본질 안에서 해소시킨다. 그러나
인간적 본질은 어떤 개개인에 내재하는 추상물이 아니다. 그것은 현실
적으로 사회적 관계들의 총체Ensemble이다.

　이렇듯 포이어바흐는 이 현실적 본질을 비판하지 못했기 때문에 불
가피하게,

1. 역사의 과정으로부터 인간적 본질을 간과하고, 종교적 심성 그 자체
　로서 고정시키며, 따라서 추상적인 ─ **고립된** ─ 인간 개체를 전제로
　삼지 않을 수 없었다.
2. 따라서 인간의 본질을 단지 '유Gattung'로서만, 즉 많은 개인들을 순전

히 **자연적인 방식**으로 결합시켜 주는, 내적이고 침묵을 지키는 보편
성으로서만 파악할 수 있을 뿐이다.


## 7.

따라서 포이어바흐는 '종교적 심성religiöse Gemüt' 그 자체가 하나의 **사회
적 산물**이라는 것을, 그리고 그가 분석한 추상적 개인이 사실은 일정한
사회형태에 속해 있다는 것을 보지 못했다.


## 8.

모든 사회적 삶은 본질적으로 **실천적**이다. 이론을 신비주의로 유도하는
모든 신비는 인간의 실천 및 이 실천의 개념적 파악 속에서in Begreifen 합
리적인 해결책을 찾아낸다.


## 9.

**직관적** 유물론, 즉 감성을 실천적 활동으로서 파악하지 않는 유물론이
얻을 수 있는 최고의 것은 '시민사회' 내에서의 개별적 인간에 대한 직
관이다.


## 10.

구태의연한 유물론의 입지점은 **시민**사회이며, 새로운 유물론의 입지점

은 인간적 사회 또는 연합적 인류die vergesellschaftete Menschheit이다.


## 11.

지금까지 철학자들은 단지 세계를 여러 가지로 **해석**해 왔을 뿐이다. 그러나 중요한 것은 세계를 **변혁**시키는 일이다.

1888년에 간행된 엥겔스의 원본에 따름

# Ⅱ. 헤겔 및 포이어바흐와 마르크스의 관계*

## 현상학의 헤겔적 구성

1. 인간 대신에 자기의식, 주관 – 객관

2. 사물의 **구별**Unterschiede은 중요하지 않다. 왜냐하면 실체가 자기구별 Selbstunterscheidung로서 또는 자기구별 및 구별 그리고 오성惡性의 활동 이 본질적인 것으로서 파악되기 때문이다. 그러므로 헤겔 철학에서 는 사변思辨 내부가 현실적인 사물을 파악하는 차별Distinktionen을 부여 한다.

3. **소외**Entfremdung의 지양이 **대상성**Gegenständlichkeit(특히 포이어바흐에 의해 전개된 한 측면)의 지양과 동일시되었다.

4. 표상된 대상의 지양Aufhebung과 의식의 대상으로서의 대상의 지양이 현실적인 대상의 지양과 동일시되고 있으며, 사유로부터 구별된 감 성적 행동Aktion, 실천Praxis 및 실질적인 활동reale Tätigkeit과 동일시되고 있다(더욱 전개되어야 할 것).

1932년, 모스크바의 '마르크스 · 엥겔스 · 레닌 연구소'에서 간행된 자료에 따름

---

* 이 메모들은 "Ⅰ. 포이어바흐에 관하여"의 11개 테제와 함께 마르크스의 메모록의 16쪽에 수록되어 있다 — 편집자(1845년 1월경 집필 — 옮긴이).

# Ⅲ. 시민사회와 공산주의 혁명*

카를 마르크스

1. 근대국가의 성립사 혹은 **프랑스 혁명**

   정치적 제도의 자부Selbstüberhebung — 고대국가와의 혼동, 시민사회에 대한 혁명가들의 관계. 시민적 제도와 국가 제도의 모든 요소의 이중화

2. **인권선언**과 **국가의 헌법**. 개인적 자유와 공권력. **자유 평등** 및 통일. 인민주권

3. **국가**와 **시민사회**

4. **대의제 국가**와 **헌장**

5. **권력분립**. 입법권과 행정권

6. **입법권**과 입법부. 정치 클럽

7. **행정권**. 중앙집권과 위계제Hierarchie. 중앙집권과 정치문화. 연방제도와 산업주의, **국가 행정**과 **자치제 행정**Gemeindeverwaltung

8-1. **재판권**과 **법**

8-2. **국민성**과 **인민**

9-1. **정당들**

9-2. **선거권**. 국가와 시민사회의 **지양**을 위한 투쟁

1932년, 모스크바의 '마르크스-엥겔스-레닌 연구소'에서 간행된 자료에 따름

---

\* 이 메모들은 "Ⅰ. 포이어바흐에 관하여"의 11개 테제와 함께 마르크스의 메모록 22~23쪽에 수록되어 있다 — 편집자(1845년 1월경 집필 — 옮긴이).

# Ⅳ. 포이어바흐에 관하여*

카를 마르크스


이기적인 인간에 대립하는 신적인 이기주의자

고대적 국가 제도에 대한 혁명기의 착각

'개념'과 '실체'

혁명=근대국가의 성립사


1932, 모스크바의 '마르크스-엥겔스-레닌 연구소'에서 간행된 자료에 따름

---

* 이 메모들은 "Ⅰ. 포이어바흐에 관하여"의 11개 테제와 함께 마르크스의 메모록 51쪽에 수록되어 있다 ― 편집자.

# V. (1) 포이어바흐에서[*]

카를 마르크스

과학에 대한 분업의 영향

국가, 법, 도덕 등의 억압 형태들

법률(상) 부르주아는 하나의 일반적 표현을 자신에게 부여해야만 한다. 왜냐하면 바로 그들은 계급으로서 지배하기 때문이다.[**]

자연과학과 역사

정치, 법, 과학 등의, 예술 종교 등의 역사는 존재하지 않는다.

왜 이데올로그들은 모든 것을 거꾸로 서게 하는가

종교가, 법률가, 정치가들

법률가, 정치가(위정자 일반), 도덕학자, 종교가들

하나의 계급 속에 존재하는 이러한 이데올로기적 구분으로는 우선 분업에 의한 직업의 독립화를 들 수 있다; 각 개인은 자신의 일을 진실한 것으로 생각한다. 그들은 자신들의 일이 현실과 맺고 있는 연계 Zusammenhang에 대해서 필연적으로 환상을 갖는다. 이것이 이미 일 자체가 되어—의식 속에서 여러 가지 개념으로 자리 잡게 된다. 그들은 이

---

[*] 이 메모들은 "I. 포이어바흐" 초고의 마지막 양쪽에 수록되어 있다—편집자.

[**] [마르크스의 방주]. 고대국가, 봉건제도, 절대왕정의 모습으로 나타나는 '공동체 (Gemeinshaft)'의 이러한 유대에는 특히 (가톨릭의) 종교적 표상이 대응한다 (entsprechen)[***]—편집자(이 글은 1845년 브뤼셀에서 집필되었다—옮긴이).

[***] 초고에는 entspricht로 되어 있다—편집자.

러한 관계를 넘어서지 못하고 있기 때문에, 이러한 관계의 개념도 또한 그들 머릿속에서는 고정적인 개념으로 남게 된다. 가령 재판관이 법전을 적용할 경우, 그에게는 입법이야말로 진짜 능동적인 추진자Treiber로 보일 것이다. 그들의 상품에 대한 존경: 왜냐하면 그들의 직업은 일반적인 것을 다루기 때문이다.

법의 이념. 국가의 이념. **보통**Gewohnlichen 의식에서 사물은 물구나무서 있다 — 종교는 원래 **초월**Transzendenz의 의식이며 (그것은) **현실적인** 필연mussen에서 일어난다.

이것을 보다 평이하게 —

법, 종교 등에서의 전통

개인들은 언제든지 자기로부터 출발해 왔고 언제든지 자기로부터 출발한다. 그들이 맺고 있는 관계들은 그들의 현실적인 생활 과정의 관계들이다. 그들이 맺고 있는 관계들이 그들에 맞서 독립적으로 되는 상황은 어디서부터 발생하는가? 그들 자신의 생활력들이 그들보다 우세하게 되는 원인은? 한마디로 말하면 분업이며, 그 단계는 그때그때의 발전된 생산력에 의존한다.

### 공동체 소유

토지 소유. 봉건적인 것. 근대적인 것
신분적 소유. 매뉴팩처 소유. 산업자본

1932년, 모스크바의 '마르크스-엥겔스-레닌 연구소'에서 간행된 자료에 따름

# VI. 포이어바흐*

프리드리히 엥겔스

(a) 포이어바흐의 철학 전체가 귀착하는 곳은 (1) 자연철학―자연의 영광과 전능에 대한 수동적인 숭배, 열광적인 복종Niederknien (2) 인간학, 특히 (α) 생리학, 여기에선 유물론자들이 육체와 정신의 통일에 관해 말한 것 이외에 아무것도 새로운 것을 말할 수 없다. 다만 별로 기계적이진 않더라도 어느 정도는 한층 더 허풍스럽다. (β) 심리학, 이것은 애정에 대한 기쁨 넘치는 찬가에 귀착하는데, 자연숭배와 비슷하지만 새로운 것이라곤 전혀 없다. (3) 도덕, '인간der Mensch'의 개념에 걸맞게라는 요청, 행동으로 옮겨진 무력無力, impuissance mise en action. 제54절 81쪽** 참조: 위胃에 대한 인간의 윤리적 및 이성적 관계는 동물적 본질로서가 아니라 인간적 본질로서 취급하는 데 있다―제61절: "도덕적 본질로서의…… 인간" 및 『기독교의 본질』 속의 수많은 도덕담들Sittlichkeitsgerede.

(b) 지금의 발전 단계에서 인간은 다만 사회의 내부에서만 자신들의 욕망을 채울 수 있다는 사실, 무릇 인간은 존재하자마자 서로를 필요로 하며, 오직 교류를 느낌으로써 자신들의 욕망과 능력 등을 발전시킬 수 있

---

* 여기에 표시된 절과 쪽은 포이어바흐의 『미래철학의 근본원리』를 말한다―옮긴이.
** 인간이라는 것(der Mensch)은 두뇌+심장이며, 이 양자야말로 인간이라는 것을 나타내기 위해 필요하다. 따라서 하나는 두뇌로서, 또 하나는 심장으로서 그들의 교류를 통해 나타난다―남자와 여자, 그렇지 않으면 왜 두 사람 쪽이 한 사람보다 인간적인가를 판단할 수가 없다. 생 시몽주의적인 개인.

다는 사실을 포이어바흐는 다음과 같이 표현하고 있다. 즉 "개개의 인간은 **자기만으로는** 인간의 **본질**을 **자신 속에** 갖지 **못한다."** "인간의 **본질**은 단지 **인간**과 **인간의 통일** 속에만, 공동체 속에만 내포되어 있으나, 이러한 통일은 단지 나와 너의 **구별**의 **실제성**에만 바탕을 두고 있다. 인간은 대자적 인간(평범한 의미의)이며 인간과 **더불어 존재하는** 인간—**나와 너**의 통일이야말로 **신이다"**(즉 초범적인 의미의 인간). (제61, 62절 83쪽)

인간 사이의 교류가 불가결하다는 사실을 인식하지 못했다면 일반적으로 이제까지 존재한 제2세의 인간도 결코 산출되지 않았을 것이다. 또한 이 사실은 이미 성의 구별 속에서도 존재한다. 그럼에도 철학이 도달한 곳은 그 불가결성에 대한 하찮은 사실을 자기의 경력 전체의 마지막이자 최대의 성과로서 내세우는 것이다. 더구나 "나와 너의 통일"이라는 신비로운 형태로. 만일 포이어바흐가 성행위, 유類적 행위, 단순한 χατ' εξδχην 나와 너의 공동체를 생각하지 않았다면 이러한 언사는 결코 가능하지 않았을 것이다. 그리고 그가 말하는 공동체가 실천적일 경우, 그것은 또한 성행위와 철학적인 사유 및 문제에 대한 이해, "참된 변증법"(제64절), 그리고 대화에 한정되며, "인간의 정신 및 육체적인 인간의 산출에 한정되고 만다."(67쪽) 이 산출된 인간이 "정신적으로" 그리고 "육체적으로" "인간을 산출하는" 것 이외에 또 무엇을 하는가라는 물음에 대해서는 아무런 답변도 없다. 포이어바흐가 알고 있는 것은 다만 양자 사이의 교류에 불과하며, "어떠한 본질도 그 자신만으로는 참된, 완전한, 절대적인 본질이 아니며, 진리와 완전성은 서로 본질상 동일한 두 개의 본질의 결합, 통일뿐이라는 진리"에 지나지 않는다.(83~84쪽)

(c) 『미래철학Philosophie der Zukunft』의 시작은 곧 우리와 그의 차이를 말해주고 있다. 즉 제1절―"근대의 과제는 신의 현실화 및 인간화이며, 신학의 인간학으로의 전화 및 해소였다.""신학의 부정은 근대의 **본질**이다."(『미래철학』, 23쪽)

(d) 포이어바흐가 제2절에서 가톨리시즘과 프로테스탄티즘 사이에 설정한 구별에 따르면, 가톨리시즘, 즉 "신학"은 "신이 그 자신 속에 존재한다는 사실에 구애받아""사변적, 관조적, 경향"을 갖는다. 반면에 프로테스탄티즘은 단지 기독교론에 불과하며, 그 자신 속에 존재하는 신을, 즉 사변과 관조를 철학에 의탁한다―즉 비교적 미발달한 학문에 걸맞은 필요에서 생겨난 하나의 분업이다. 포이어바흐는 신학 내부에서 비롯된 이 단순한 필요를 토대로 프로테스탄티즘을 설명한 다음, 여기에 하나의 독립된 철학사를 무리 없이 접목시키고 있다.

(e) "존재는 어떤 일반적인 사물로부터 떼어낼 수 있는 개념이 아니다. 그것은 '있는 것'과 하나이다.…… 존재는 본질의 정립Position이다. **나의 본질이야말로 나의 존재**이다. 고기는 물속에 있지만, 이 존재로부터 그 본질을 분리시킬 수는 없다. 이미 언어가 존재Sein와 본질Wesen의 동일함을 가리키고 있다. 다만 인간적 생활에서만 **더구나 비정상적이고 불행한 경우에만** 존재가 본질에서 분리된다―즉 인간이 자신의 존재를 가지면서도 자신의 본질을 갖지 못하고, 또 현실적으로 육체와 함께 있으면서도 바로 이 분리 때문에 진실로 마음과 함께 있는 것은 아니라는 상황이 발생한다. 다만 당신의 심장이 있는 바로 그곳에만 당신은 존재한다. 그러나 모든 사물은―반反자연적인 경우를 제외시킨다면―그것

이 존재하는 것에 있고 싶어 하고 또 그것이 있는 그 자체로 있고 싶어 한다."(47쪽)

현존하는 것에 대한 아름다운 찬사, 반자연적인 경우, 조금이라도 비정상적인 경우를 별도로 한다면, 당신은 일곱 살이 되면 탄광의 문지기가 되길 바라며, 14시간이나 홀로 어둠 속에 있길 바란다. 그리고 당신의 존재가 그렇기 때문에 당신의 본질도 그렇게 된다. 자동직조기 옆에서 실을 잇는 소년piecer an einem selfactor도 마찬가지이다. 하나의 노동 부문 속에 포섭되어 있는 것이 바로 당신의 본질이다.* 『신앙의 본질Wesen des Glaubens』 11쪽을 참조. "채워지지 않는 굶주림"……

(f) 제48절, 73쪽. "대립 혹은 모순된 규정들을 모순 없이 동일본질demselben Wesen 속에 합일시키는 **수단**은 다만 **시간**뿐이다. 적어도 생물에는 그렇다. 그렇기 때문에 가령 인간에게 **모순**이 출현해서, 지금은 모순이 출현해서, 지금은 **이러한** 규정 및 의도Vorsatz가, 다음에는 전혀 다른 정반대의 규정이 나를 지배하고 실현하게 된다."

이것을 포이어바흐는 이른바 (1) 하나의 모순 (2) 모순들의 합일이라 부르고, (3) 시간만이 그것을 수행한다고 말한다. 분명히 그것은 '실현된' 시간이기는 하지만, 역시 시간이며 시간 속에서 일어나는 것은 아니다. 이 명제는 시간 속에서만 어떤 변혁이 가능하다는 것에 다름 아니다.

1932년, 모스크바의 '마르크스-엥겔스-레닌 연구소'에서 간행된 자료에 따름

---

* 그 논의의 전개는 이 책의 87쪽에서도 알 수 있듯이, 초고에서는 궐문 형태로 중단되어 있었지만 여기서 마무리된다—편집자.

### ··· 포이어바흐에 관한 테제

1 「포이어바흐에 관한 테제」는 마르크스가 1845년 봄 브뤼셀에서 집필
했고, 이 테제는 마르크스의 1844~57년 메모록 속에 '(1) 포이어바흐
에 관하여1. ad Feuerbach라는 표제로 게재되어 있다. 이 글은 1888년 엥
겔스가 처음 책으로 펴냈다. 더 정확히 말하면 엥겔스의 저서 『루드비
히 포이어바흐와 독일 고전철학의 종말』의 개정 별책본의 부록으로 출
판되었다―이곳에 이 테제가 만들어진 장소와 시기가 명시되어 있다.
엥겔스는 출판 당시 "급히 썼으며, 결코 출판을 염두에 두지 않았다. 하
지만 새로운 세계관의 천재적인 싹을 틔운 최초의 기록"(엥겔스)인 메
모록을 일반 독자가 쉽게 이해할 수 있도록 이 테제를 편집상 약간 교
정했다.

　이 책에는 마르크스가 1845년에 쓴 텍스트를 우선 수록했고, 엥겔스
가 수정한 1888년판 텍스트를 부록으로 덧붙였다. 이 판은 마르크스의
초고에 근거하여 1888년 출판 당시 빠졌었던 강조와 인용부호가 추가
로 보충되었다. 「포이어바흐에 관한 테제」라는 제목은 '마르크스-레닌
주의 연구소'가 엥겔스의 저서 『루드비히 포이어바흐론』의 머리말과
일치시켜 채택한 것이다.

2   『독일 이데올로기』에서 「포이어바흐, 브루노 바우어, 슈티르너로 대표
    되는 근대 독일 철학에 대한 비판」 그리고 「독일 사회주의와 그 다양
    한 예언자들에 대한 비판」은 카를 마르크스와 프리드리히 엥겔스가
    1845~46년에 집필한 저작이다.

    1845년 봄, 마르크스와 엥겔스는 함께 이 저작을 집필하기로 결심했
    으며, 1845년 9월 열성적으로 이 작업에 착수했다. 초고는 약 50매의
    인쇄전지 분량이고, 2권으로 되어 있다. 제1권은 원칙적으로 사적 유물
    론의 기본 테제를 완성한 내용과 루드비히 포이어바흐, 브루노 바우어,
    막스 슈티르너의 철학관을 비판한 내용을 담고 있다. 반면에 제2권은
    '진정' 사회주의의 여러 다양한 대표자들의 관점을 비판한 내용을 담고
    있다.

    『독일 이데올로기』의 작업은 원래 1846년 봄에 끝을 맺었다. 이 시기
    에 제1권의 대부분이 끝났으며—즉 브루노 바우어와 막스 슈티르너의
    관점을 비판한 장(「라이프치히 공회」)—또한 제2권의 대부분도 끝났었
    다. 제1권의 첫 번째 부분(루드비히 포이어바흐의 관점에 대한 비판)은 1846
    년 후반기를 잡아먹었지만 끝을 맺지 못했다.

    1846년 5월 초, 제1권의 초고의 주요 부분들이 요제프 바이데마이어
    Joseph Weydemeyer가 베스트팔렌에 있는 인쇄소로 보냈다. 바이데마이
    어는 출판을 위한 재정적 도움을 받기 위해 그곳에 있는 사업가—'진
    정' 사회주의자들인 율리우스 마이어Julius Meyer와 루돌프 렘펠Rudolph
    Rempel—에게 도움을 청해야만 했다. 제2권의 대부분이 베스트팔렌에
    도착된 이후, 마이어와 렘펠은 1846년 1월 13일자 마르크스에게 보낸

편지에서 『독일 이데올로기』의 출판에 대한
재정적 도움을 거부했다. 1846~47년 마르크
스와 엥겔스는 자신들의 저작을 출판하기 위
해 새로운 출판사를 모색하기 시작했다. 한
편으로는 경찰에 의한 저지와 다른 한편으로
는 마르크스와 엥겔스에 반대하는 노선의 대
표인들에 대해 공감하고 있는 출판업자들의
지속적인 거부로 인한 어려움 때문에 이 노
력은 무위로 끝났다.

요제프 바이데마이어.

　마르크스와 엥겔스가 살아 있는 동안 단지 한 장Kapitel, 후, 바로『독일
이데올로기』제2권의 제4장이 잡지《베스트팔렌 증기선》(1847년 8월과 9
월)에 실리게 되었다.

　『독일 이데올로기』제1권의 제2장 중 몇몇 쪽만 일치하는 내용이 익
명으로 잡지《사회상Gesellshaftsspiegel》(1846년 1월, '소식과 메모'란, 6~8쪽)
에 소개되었는데, "브뤼셀, 12월 20일"이라고 날짜가 적혀 있었다.

　『사회상』제4권('소식과 메모'란, 93~96쪽)에는『독일 이데올로기』제2
권 제4장과 여기저기 일치하는 내용이 실려 있다.

　저작의 제목과 제1, 2권의 표제는 초고 속에 적혀 있지 않다. 이것은
마르크스의 카를 그륀을 반박하는 메모에 근거하여 1847년 4월 9일자
《트리어 신문Trier'schen Zeitung》에 소개된다.

　제1장 "포이어바흐"의 표제 설정이나 자료 정돈은 초고의 모퉁이에
적어 놓은 마르크스와 엥겔스의 방주傍註에 근거한 것이다. 성 막스Sankt
Max를 두 부분으로 구분한 것은―"1. 유일자와 그 소유Der Einzige und
sein Eigentum"와 "2. 변론적 주해Apologetische Kommentar"―이 장의 처음에
나타나 있는 편자와 지침에 따른 것이며, 이 장 전체 내용에 근거한 결

과이다(초고에서는 "7. 변론적 주해").

『독일 이데올로기』제2권 중 제2, 3장은 초고에 없었다.

3  디아도코이Diadochen: 알렉산드로스 대왕이 죽은 후 권력을 잡기 위해 격렬한 암투를 벌인 장군들을 말한다. 이 암투가 진행되는 동안(기원전 4세기 말부터 3세기 초까지) 아직 불안정한 군사·행정 연합체였던 알렉산드로스 제국은 몇 개의 개별적 국가들로 나누어지게 되었다. 디아도코이는 디아도코스의 복수이다.

4  『독일 이데올로기』에서 교류라는 용어는 매우 폭넓은 의미를 지니고 있다. 이 용어는 개인들, 사회 집단들 그리고 모든 나라들 사이의 물질적, 정신적 교류를 모두 포함하고 있다. 마르크스와 엥겔스는 이 저서 속에서 물질적 교류, 무엇보다 생산과정 속에서의 인간들 상호 간의 교류야말로 그 밖의 모든 교류의 토대를 이룬다는 사실을 보여 준다.

『독일 이데올로기』속에서 등장하는 '교류 형태' '교류 양식' '교류 관계'라는 용어는 그 당시 마르크스와 엥겔스에 의해 만들어진 '생산관계' 개념을 표현한 것들이다.

5  '부족Stamm'이라는 용어는 19세기의 40년 동안 오늘날보다 훨씬 더 큰 역할을 했다. 이것은 하나의 그리고 동일한 조상을 가진 사람들의 공동체를 가리키며, 오늘날의 '씨족Gens'이나 '부족Stamm' 개념을 포함하고 있다. 이 개념의 정확한 규정과 구분은 루이스 H. 모건Lewis Henry Morgan 의 저서 『고대사회Ancient Society: or Researches in the lines of human progress from savagery through barbarism to civilization』(런던, 1877)에 잘 나타나 있다. 이에 더해 이 탁월한 인종학자 겸 역사가는 처음으로 씨족의 의미를 원

시공동체의 전체 역사의 학문적인 기초를 마련해 주는 원시공동체 조직의 기본 세포로서 제시했다. 모건의 일반화된 연구 결과, 즉 '씨족'과 '부족'이란 개념의 내용을 엥겔스는 자신의 저작 『가족, 사유재산, 국가의 기원』에서 전반적으로 연구했다.

6 리키니우스의 농지법: 기원전 367년 평민계급 대 세습귀족 사이에 벌어진 투쟁의 결과로 받아들이게 된 농지법으로서, 로마의 호민관 리키니우스와 섹스티우스가 제정했다. 이 이후에 로마 시민들은 500유게라 Jugera, 약 125헥타르) 이상의 국가 공유지ager publicus는 소유할 수 없었다. 기원전 367년 이후 평민들의 토지에 대한 증대되는 요구는 군대를 출정시켜 평정하는 식으로 해소했다.

7 경험론자Empiriker: 철학의 한 유파로서 실험과 경험에 근거하며 감각의 '경험Sinnes "erfarungen"'을 인식의 유일한 원천으로 간주하는 경험론의 추종자. 관념론적 경험론(버클리, 흄, 마흐, 아베나리우스, 보그다나우 등)은 유물론적 경험론(베이컨, 홉스, 로크, 18세기의 프랑스 유물론자)과 반대로 (인식할 수 있는) 자연이 경험의 기초가 된다는 사실을 부인한다. 변증법적 유물론은 관념적 경험론을 거부하고 물질적인 것들로부터 출발하는 것이 사실상 옳다고 주장한다. 유물론적 경험론은 특히 치솟는 시민계급의 진보적인 힘에 의해서 대표된다. "개념적으로 파악하기 위해서는 학습을 경험적으로 시작해야만 하며, 경험으로부터 보편으로 상승해야만 한다"(레닌).

8 《독불연보》는 카를 마르크스와 아르놀트 루게의 편집하에 파리에서 독일어로 간행되었다. 우선 첫 번째 2권의 분책이 1844년 2월 출판되었

다. 이 책 속에는 마르크스가 쓴 「유대인 문제에 관하여」와 「헤겔 법철학 비판 서설」, 그리고 엥겔스가 쓴 『국민경제학 비판 개요』 및 『영국의 상태: 토머스 칼라일의 '과거와 현재'』(런던, 1843) 등이 실려 있다. 이 저작들은 마르크스와 엥겔스가 유물론과 공산주의로 옮겨가는 마지막 이행기의 특징을 잘 보여 주고 있다. 이 잡지가 발간된 계기는 바로 마르크스와 부르주아적 급진론자 루게와의 원칙적인 견해 차이 때문이다.
Friedrich Engels und Karl Marx, *Die Heilige Familie, oder Kritik der Kritischen Kritik. Gegen Bruno Bauer und Consorten*, Frankfurt a.M., 1845.

9  프롤레타리아 혁명은 단지 선진 자본주의 국가들에서 동시적으로만 일어날 수 있으며, 따라서 이 혁명이 개별적인 한 국가에서는 성공적으로 수행될 수 없다는 결론이야말로 엥겔스의 저작 『공산주의의 원리』(1847) 속에서 최종적으로 명확히 표현된다―이 결론은 독점자본의 이전 시기에 대해서만 합당하다. 새로운 역사적 조건하에서 V. I. 레닌은 제국주의 시기에 자본주의에서 보이는 불균등한 경제 및 정치 발전의 법칙에 근거하여, 사회혁명이 처음에는 몇 개의 또는 심지어 단 한 국가에서도 승리할 수 없기 때문에, 모든 또는 대부분의 국가에서 동시적으로 성공할 가능성은 없다는 새로운 결론에 도달했다.
　　이 새로운 결론은 V. I. 레닌의 논문 「유럽 연합국의 슬로건에 관하여 Über die Losung der Vereinigten staaten von Europa」 속에서 처음으로 명확히 표현된다(『레닌 선집 Ausgewählte Werke』, Berlin, 1953, Band 1을 보라).

10  《할레연보》와 《독일연보》: 청년 헤겔학파의 문학·철학 잡지의 축소판. 이 잡지는 일간지 형태로 1841년 1월부터 6월까지 '독일의 과학과 예

술을 위한 할레연보Hallische Jahrbücher für deutsche Wissenschaft und Kunst'라
는 제목으로 라이프치히에서 간행되었으며, 1841년 6월까지는 아르놀
트 루게와 테오도어 에흐터마이어Theoder Echtermeyer에 의해 할레에서
간행되었고, 1841년 6월부터는 아르놀트 루게에 의해 드레스덴Dresden
에서 간행되었다. 프로이센의 도시 할레에서 작센으로 편집진이 넘어
가면서 잡지의 이름도 바뀌었는데, 프로이센 내에서는 《할레연보》가
폐간당할 위기에 처했었기 때문이다. 그러나 이 잡지는 곧 새로운 이름
으로 간행되어야만 했다. 1843년 1월 《독일연보》는 작센 정부에 의해
폐간당했으며, 제국의회의 권한으로 이 금지 조치는 독일 전체로 확산
되었다.

11  Bruno Bauer, *Geschichte der Politik, Kultur und Aufklärung des
    achtzehnten Jahrhunderts*(『18세기 정치, 문화 그리고 계몽의 역사』).

12  〈라인 강의 노래Reinlied〉: 국수주의자들에 의해 끊임없이 인용된 독일
    소시민 출신의 시인 니콜라우스 베커Nicolaus Becker의 시. 〈Der Deutshe
    Rhein〉이라는 시는 1840년 만들어져 다음 해 노래로 여러 번 만들어졌다.

13  루드비히 포이어바흐의 논문 "Über das, 'Wesen des Christentums'
    in Beziehung auf den 'Einzigen und sein Eigenthum'" in *Wigand's
    Vierteljahrsschrift*, 1845. Bd. 2를 보라.
    《비간트 계간지Wigand's Vieteljahrsschrift》는 청년 헤겔파의 철학 잡지로,
    1844~45년 사이에 비간트Otto Wigand가 라이프치히에서 발행함. 참여한
    사람으로는 비간트 외에 브루노 바우어, 막스 슈티르너, 루드비히 포이
    어바흐 등이 있다.

**14** 브루노 바우어의 논문 "Charakteristik Ludwig Feuerbachs" in *Wigand's Vierteljahrsschrift*, 1845, Bd. 3을 보라.

**15** 괴테, 『파우스트』의 "Prolog im Himmel"에서 인용.

**16** 대륙체제: 나폴레옹 1세에 의해 영국에 대한 경제적 봉쇄를 목적으로 선포한 대륙봉쇄. 프랑스 함대가 트라팔가Trafalgar에서 영국 함대에 의해 전멸당한 후, 나폴레옹은 영국을 경제적으로 항복시키려 했다. 베를린에서 그가 발표한 훈령은 다음과 같다. "영국은 차단된 상태에 있다.…… 영국과의 무역과 어떠한 형태의 영국과의 관계도 금지한다." 프랑스의 모든 예속국가들과 동맹국들이 이 훈령을 따랐다. 이 대륙봉쇄는 나폴레옹이 러시아에서 패배함으로써 종말을 고했다.

**17** Die Anti-Corn-Law League(반곡물조례동맹): 1838년 맨체스터의 콥덴Cobden과 브라이트Bright가 기초한 자유무역 동맹. 곡물 수입을 제한하거나 금지시키기 위한 소위 곡물조례는 영국의 지방 귀족들을 포함한 대지주들의 이익을 대변한 것이었다. 이 동맹은 완전한 자유무역을 요구했으며, 노동자들의 임금을 내리고 지방 귀족들의 경제적 · 정치적 지위를 약화시킬 목적으로 곡물법을 폐지하기 위해 투쟁했다. 대지주들에 대항하는 투쟁 속에서 이 동맹은 노동자들을 이용했다. 그러나 바로 이 시기에 영국의 진보적 노동자들은 독자적이고도 정치적으로 명백한 노동운동에 발을 들여놓았다(차티스트 운동).
　산업 부르주아지들과 지방 귀족들 사이의 투쟁은 1846년 곡물조례 폐지 법안을 받아들임으로써 막을 내렸다—하지만 이 법안은 1849년까지 곡물의 수입에 대한 낮은 관세를 잠정적으로 유지하는 정도는 고려해 주었다. 이 동맹은 1846년 곡물조례 폐지안을 받아들인 후 자진 해체되었다.

18 「항해법」: 올리버 크롬웰O. Crommwell에 의해 1651년 선포되었고, 후에 여러 번 보충되어 새롭게 만들어진 항해법을 말한다. 이 법은 특히 네 덜란드의 중개무역을 겨냥했으며, 영국의 식민지 지배를 확고히 하는 목적을 수행했다. 이 법은 유럽에서 들어오거나 또는 러시아와 터키에서 들어오는 모든 중요한 상품들은 단지 영국 선박에 의해서만 또는 원산지의 선박에 의해서만 수입할 수 있도록 규정했으며, 영국의 연안은 오직 영국 선박으로만 운항하도록 규정했다. 이 법은 1793년과 1845년 사이에 폐기되었다.

19 차등관세는 동일한 종류의 상품들을, 이 상품들의 원산지에 따라 차등적으로 관세를 매겼다. 이것은 자국의 항해, 산업과 무역을 보호하는 데 이용되었다.

20 마르크스와 엥겔스는 이것을 핀토I. Pinto의 책 *Traité de la Circulation et du Crédit*(Amsterdam, 1771)에 실려 있는 'Lettre sur la Jalousie du Commerce'에서 인용한 것이다.

21 마르크스와 엥겔스는 애덤 스미스의 프랑스 어판 『국부론Recherches Sur la Nature et les Causes de la Richesse des Nation』을 인용했다. 영어 원본의 제목은 다음과 같다. *An Inquiry into the Nature and Cause of the Wealth of Nations*.

**22** 아말피는 10세기와 11세기 번창한 무역도시이다. 아말피의 해상법 Tabula Amalphiand은 이탈리아 전역에서 유효했으며, 지중해 연안의 거래가 있는 다른 모든 나라들에서도 유효했다.

**23** "Marseillaise," "Carmagnole," "Ça ira": 18세기 말 프랑스 시민혁명기의 혁명가. 이 노래의 맨 마지막은 다음과 같은 후렴구가 있다. "아, 그렇게 된다면…… 귀족들이 교회의 첨탑에 매달리게 된다면!"

**24** Jean-Jacques Rousseau, *Du Contract social*을 보라.

**25** 라이프치히 공회: 마르크스와 엥겔스는 이렇듯 아이러니컬한 투로 비판적인 '교부들'인 바우어와 슈티르너의 저작들이 《비간트 계간지》를 통해 라이프치히에서 출판된 사실을 말해 주고 있다.

**26** 〈훈 족들의 전투〉: 1834~37년 동안 완성된 빌헬름 폰 카울바흐Wilhelm von Kaulbach의 유명한 그림 중 하나. 이 그림은 사망한 전사들의 유령들이 전장의 공중에서 벌이는 전투장면을 묘사하고 있다. 이 그림의 역사적 배경은 451년 카탈라우니스 평원Katalaunischen Feldern에서 벌어진 훈족과 로마 인의 전투이다.

**27** 《베스트팔렌 증기선Das westphälische Dampfboot》: '진정' 사회주의자인 오토 뤼닝Otto Lüning에 의해 간행된 월간지. 이 잡지는 1845년 1월부터 1846년 12월까지 빌레펠트에서 발행되었는데, 첫해(1845)에 익명의 논문 「신성가족 혹은 비판적 비판의 비판Die heilige Familie, oder Kritik der Kritischen Kritik Gegen Bruno Bauer und Consorten. von F. Engels und K. Marx」

(Frankfrut, 1845)이 발표되었다.

28 《비간트 계간지》, 1845, Bd. 3에 실린 막스 슈티르너의 논문 "Recensenten Stirners"를 보라.

29 Santa Casa(성스러운 집): 마드리드에 자리한 종교재판소의 이름.

30 Dottore Graziano(그라치아노 박사): 이탈리아 가면희극의 인물로, 가짜 박사와 소인의 전형이다. '그라치아노 박사' 또는 '독일 철학의 그라치 아노 박사'라고 부른다. 마르크스와 엥겔스는 아르놀트 루게를 항상 그 렇게 불렀다.

31 《비간트 계간지》, 1845, Bd. 3에 실린 B. 바우어의 논문 「루드비히 포이 어바흐의 특징」이 여기에서 아이러니컬하게도 그의 저작 『자유의 대의 와 나 자신의 주장』의 제2권으로 이야기되고 있다.

32 《북독일신문》(1844, 제4호)에 실린 브루노 바우어의 논문 「루드비히 포 이어바흐Ludwig Feuerbach」를 보라. 《북독일신문》의 첫 호는 1844년, 두 번째 호는 1855년에 "Beiträge zum Feldzüge der Kritik"이라는 제목으 로 두 권이 간행되었다.

33 여기에서는 루드비히 포이어바흐의 저서 『신철학사』, 『피에르 베일』, 『기독교의 본질』과 1838년 《할레연보》에 익명으로 실린 그의 논문 「실 증철학의 비판에 대하여Zur Kritik der positiven Philosophie」를 말한다.

**34** 오레곤 문제: 미국 북서부 태평양 연안의 오레곤 지역은 미국뿐만 아니라 영국도 탐을 내고 있었다. 오레곤 지역을 차지하려는 전쟁은 1846년 미국과 영국이 북위 49도를 경계선으로 분할하면서 끝이 났다.

**35** Bruno Bauer, "Kritik der evangelischen Geschichte der Synoptiker": 3 복음 사가란 종교사에 대한 문헌 중에서 최초의 3개의 성복음집, '마태, 마가, 누가'의 저자를 말한다. "Das entdeckte Christentum"도 마찬가지로 브루노 바우어에 의해 집필되었다.

**36** 익명으로 간행된 논문: "Ueber das Recht des Freigesprochenen, eine Ausfertigung des wider ihn ergangenen Erkenntnisses zu verlangen" in *Wigand's Vierteljahrsschrift*, 1845, Band IV.

**37** Charon: 그리스 신화에 나오는 늙은 뱃사공. 그는 저승으로 가는 길목에서 죽은 자의 혼백에게 아케론 강Floß Acheron을 건너게 해 주고 그 대신에 통행세를 받았다.

**38** 마르크스와 엥겔스는 실러의 시 〈해녀Der Taucher〉에 나오는 "소용돌이 치는, 솟구쳤다가 수그러드는"이라는 말을, 브루노 바우어의 논문 「루드비히 포이어바흐의 특성」에서 인용한 구절에 삽입시켜 놓았다.

**39** 셰익스피어의 『십이야Was ihr wollt』 3막 2장에서 인용한 문구로, 거기에는 Kunst(예술) 대신에 Gunst(향기)로 되어 있다.

**40** *Literatur-Zeitung*, 제4호, 38쪽에서 인용된 말은 『신성가족』에서 따온

것이다. 《문학신문Literatur-Zeitung》은 청년 헤겔학파 브루노 바우어에 의
해 샤로텐부르크Charlottenburg에서 (1848년 12월~1854년 10월) 간행된 월
간지 《종합문학신문Allgemeine Literatur-Zeitung》의 준말이다.

41  엥겔스의 파우처Faucher에 대한 비판이 『신성가족』의 두 번째 장을 장식
하고 있다.

42  나우베르크 분쟁: 나우베르크와 베를린 대학 철학교수단 사이에 벌어진
논쟁을 말한다. 이 논쟁에 대해 에른스트 융니츠Ernst Jungnitz는 「나우베
르크 씨와 철학교수단」이라는 제목으로 《종합문학신문》(제4호)에 발표
했다.

43  《종합문학신문》(제4호)에 익명으로 발표된 브루노 바우어의 논문 「유대
인 문제에 대한 최신 저작Neueste Schriften über die Judenfrage」에서.

44  브루노 바우어의 《종합문학신문》에 익명으로 발표한 논문 「지금 비판
의 대상은 무엇인가?Was ist jetzt der Gegenstand der Kritik?」에서.

45  《라인신문Rheinische Zeitung für politik, Handel und Gewerbe》: 1842년 1월 1일
부터 1843년 3월 31일까지 간행된 일간지. 이 신문은 프로이센의 절대
주의에 반대 입장을 취하고 있던 라인 지방의 부르주아 대표자들에 의
해 설립되었는데, 청년 헤겔학파도 몇 명 작업에 참여했다. 1842년 4월
부터 카를 마르크스가 《라인신문》의 기고가가 되었고, 같은 해 10월부
터 편집장을 맡았다. 이 신문은 또한 프리드리히 엥겔스의 논문들도 실
어 주었다. 카를 마르크스가 편집을 맡으면서 《라인신문》은 점점 더 뚜

렷하게 혁명적-민주적 성격을 띠기 시작했다. 독일에서 인기가 꾸준히 상승하고 있던《라인신문》의 이러한 노선은 정부 당국의 불안과 불만을 고조시키고,《라인신문》에 대한 반동적인 신문의 격렬한 박해를 불러일으켰다. 1843년 1월 19일 프로이센 당국은 1843년 4월 1일자로 《라인신문》을 판금시키고, 특별히 엄격한 검열이 이 신문에 가해질 것이라는 규정을 발표했다. 주주들이 당국의 조치를 철회시키려고 신문의 성격을 더 온건한 색채로 바꾸려고 하자, 마르크스는 1843년 3월 17일 편집장을 그만두기로 결정했다.

46  실러의 희곡『발렌슈타인의 죽음Wallensteins Tod』4막 12장에 나오는 말.

47  브루노 바우어의 논문은《종합문학신문》(제1호)에 「하인리히의 정치강의Hinrichs politische Vorlesungen」라는 제목으로 실렸다.


··· 제2권


48  욀커스Oelchers의 『사회주의 운동과 공산주의 운동Die Bewegung des Socialismus und Communismus』(1844)을 보라.

49  토리당은 1660년 영국의 왕위에 다시 오른 스튜어트 왕조의 재건 이후에 성립된 정당이다. 이 당은 토지귀족의 지지를 등에 업고 정치적으로는 절대왕정의 토대 위에 서 있었다. 따라서 영국의 다른 정당들과는

달리 헌정을 관철시키는 데 전혀 기여하지 못했다. 결국 이 헌정의 관철은 발흥하는 부르주아지의 이해관계에 부응하는 것으로, 그 승리는 강력하고 결연한 인민대중의 참여를 통한 혁명에서 보장된다.

50 청년 독일의 문학가들: '청년독일파'라는 문학운동에서 1830년대에 독일에서 형성되어 그 당시 하이네와 뵈르네Börne의 영향을 받고 있었던 자유주의적 색채를 띤 작가와 비평가 집단. 이들은 '청년독일파' 운동에 참여했으며, 구츠코프Gutzkov, 라우베Laube, 빈바르크Wienbarg, 문트Mundt 등은 문학과 저널리즘 작품을 통해서 소시민계급의 대항적 분위기를 반영해 냈으며, 양심의 자유와 출판의 자유의 쟁취에 투신했다. '청년독일파'의 관점은 이데올로기적 미성숙과 정치적 모호함으로 특징지어지는데, 이들은 대개 곧 부르주아적 자유주의자로 변신했다. 1848년 이후에 이 집단은 해체된다.

51 《사회개혁을 위한 라인연보Rheinische Jahrbücher zur gesellschaftlichen Reform》는 헤르만 퓌트만Hermann Püttmann이 간행했으며, 이 연보는 2권으로 그치는데, 1권은 1845년 8월 다름슈타트에서, 그리고 2권은 독일과 스위스 국경인 콘스탄츠Konstanz 근교에 있는 소도시 벨뷔Belle-Vue에서 간행되었다. 독일에서 공산주의의 선전을 위한 입지점을 확보하는 과정에서 마르크스와 엥겔스는 이 잡지를 그러한 목적에 이용하는 것이 꼭 필요하다고 생각했다. 1권은 1845년 2월 8일과 15일 엘버펠트Elberfeld 집회에서 행한 엥겔스의 연설(엘버펠트 연설)을 담고 있으며, 2권은 「런던 만국 박람회Das Fest der Nationen in London」(MEW판 제2권, 536~557쪽 그리고 611~614쪽을 보라)라는 기고문을 싣고 있다. 그러나 이 연보의 일반적인 경향은 '진정' 사회주의의 대표자들에 의해 규정되었다.

**52** 헤르만 제밍Hermann Semming의 논문에 관한 것이다.

**53** 『1845년을 위한 독일 시민서Deutsches burgerbuch fur 1845』 22~48쪽에 실린「우리 사회의 고통과 그 제거에 관하여」라는 모제스 헤스의 논문을 보라. 『1845년을 위한 독일 시민서』는 1844년 12월 다름슈타트에서 헤르만 퓌트만이 간행한 연보. 이 연보의 일반적 입장은 '진정' 사회주의의 대표자들이 수행한 공동작업에 의해 규정된다. 『1845년을 위한 독일 시민서』는 1846년 만하임에서 발행되었다.

**54** 하이네의 "서정 간주곡Lyrisches Intermezzo" 50번 째 시를 변형해서 인용한 것이다.

**55** 수평파: 영국 혁명 당시, 수공업자와 농민으로 구성되어서 크롬웰군 내부의 병사들에게 커다란 영향력을 행사했던 정치적 집단이 스스로 지칭한 명칭. 그들은 인간은 태어나면서 자유롭고 서로 평등하다는 입장을 대변했다. 그들은 보통선거법, 왕정의 폐지 그리고 "울타리로 못 박아 버린" 토지를 농민에게 돌려줄 것을 요구했다. 동시에 그들은 사유재산의 단호한 옹호자였으며, 노동자와 하인들Dienstbote을 무산자로 보고 보통선거법을 이들에게는 유보시키려고 했다. 수평파의 이러한 입장과 고통, 기아 그리고 파괴로 불거진 인민의 수모로 말미암아 이 집단 내부에서는 진정한 수평파와 디거파Digger로 갈라진다. 이 디거파는 노동자 대중이 공유지를 경작해야 하며 이때 소작료를 내지 않는다는 입장을 대변했다. 몇몇 마을에서는 이 디거파가 비경작지를 소유하며 절대적 권력을 행사했으며, 이 땅을 파종을 위해 개척했다. 이들이 크롬웰군에서 축출당했을 때 이들은 이 투쟁에서 오로지 평화적 수단만

을 사용했으며 확신의 힘에만 의존했다.

56 샤스텔뤼Chastellux의『공중의 행복에 대하여De la Felicite publique』를 보라.

57 카베의 소설『이카로스로의 여행, 철학적 사회 소설Voyage en Icarie, roman philosophique et social』 2판, 파리, 1942. 카베는 이 소설의 초판을『이카루스에서의 윌리엄 카리스달 공公의 여행과 모험Voyage et Aventures de Lord William Carisdal en Icarie』이라는 제목으로 1840년에 2권으로 발표했다.

58 자연의 체계systéme de la nature: 이 부분은 프랑스 유물론자 폴 앙리 디트리히 돌바흐Paul-Henri-Dietrich d'Holbach의『자연의 체계』라는 저작을 가리키는데, 이 책은 저자가 1760년에 작고한 '프랑스 아카데미' 위원장 G. B. 미라보Mirabaud의 이름을 빌려 영감을 기초로 하여 서술한 것이다.

59 『시대사Zeitgeschichte』 총서에 실린 하이네의 시 〈전도된 세계Verkehrte Welt〉에서 인용.

60 Humaniora: 고전주의적 고대문화의 학습을 목표로 삼는 교육 분과의 총칭. 르네상스의 인문주의자와 그 제자들은 이 분과를 인문주의적 교양과 교육의 토대로 삼았다.

61 하이네의「독일, 겨울이야기Deutschland, Ein Wintermärchen」 7쪽에서.

62 루돌프 마태이Rudolph Mathäi의 사설에 관한 것이다.

**63** 독일 동요의 후렴구.

**64** 이것은 1845년 5월 말 다름슈타트에서 출판된『새로운 일화집Neue Anekdota』을 말한다. 이 일화집에는 검열에 걸린 모제스 헤스, 칼 그륀, 오토 뤼닝 등의 사설들이 실려 있는데, 이것들은 주로 1844년 초반에 씌어진 것들이다. 일화집이 출판된 직후 마르크스와 엥겔스는 모제스 헤스에게 쓴 편지에서 밝힌 것처럼, 그 내용에 대해 매우 비판적인 견해를 표명했다.

카를 마르크스Karl Marx, 1818~1883와 프리드리히 엥겔스Friedrich Engels, 1820~1895

옮긴이 **김대웅**

전주에서 태어나 전주고와 한국외국어대학교 독일어과를 나와 민예총 국제교류국장, 문예진흥원 심의위원, 영상물등급위원회 심의위원을 지냈다. 지금은 서울아트센터 대외협력이사로 있으며, 전문 번역가로도 활동 중이다.

저서로는 『커피를 마시는 도시』, 『영어 교양 상식 사전』, 『그리스 신화 속 7 여신이 알려주는 나의 미래』가 있으며, 편역서로는 『배꼽티를 입은 문화 1·2』, 『반 룬의 세계사 여행』이 있고, 역서로는 『가족, 사유재산, 국가의 기원』, 『마르크스(상·하)』, 『마르크스, 엥겔스 평전』, 『마르크스에서 헤겔로』, 『마르크스 엥겔스 문학예술론』, 『루카치: 사상과 생애』, 『게오르그 루카치의 미학사상』, 『여신들로 본 그리스 로마 신화』, 『무대 뒤의 오페라』, 『영화음악의 이해』, 『패션의 유혹』, 『상식과 교양으로 읽는 영어 이야기』 등이 있다.

# 독일 이데올로기

1판 1쇄 발행 2015년 8월 15일
1판 5쇄 발행 2023년 3월 20일

지은이 카를 마르크스 · 프리드리히 엥겔스
옮긴이 김대웅
펴낸이 조추자 | 펴낸곳 도서출판 두레
등록 1978년 8월 17일 제1-101호
주소 서울시 마포구 독막로 100 세방글로벌시티 603호 (04075)
전화 02)702-2119, 703-8781 | 팩스 02)715-9420
이메일 dourei@chol.com | 인스타그램 instagram.com/dourei_pub

* 책값은 뒤표지에 적혀 있습니다. 잘못 만들어진 책은 구입처에서 바꾸어 드립니다.

이 도서의 국립중앙도서관 출판예정도서목록(CIP)은 서지정보유통지원시스템 홈페이지(http://seoji.nl.go.kr)와 국가자료공동목록시스템(http://www.nl.go.kr/kolisnet)에서 이용하실 수 있습니다.(CIP제어번호: CIP2015020170)

ISBN 978-89-7443-102-0 03300